2024

ISSUE NO. 4

翻译研究

第四辑

翻译与
文化跨域传播

上海译文出版社

通信地址：南京市栖霞区仙林大道 163 号（邮编 210023）
　　　　　南京大学仙林校区外国语学院
电　　邮：nju_fyyj@163.com

目　录

中国传统译论现代转换与创新及其语言问题

浙江大学 许 钧*

摘 要：本文立足西学东渐以来由翻译带来的思想革新与话语融合困境，分析中国传统译论现代转换的逻辑起点及转换与创新的理据。文章在充分肯定新世纪以来中国翻译学者在挖掘中国传统思想、构建翻译新学方面所做开拓性工作的基础上，着重探讨中国传统译论转化所面临的古代译论话语现代转换与跨语际转换的双重语言问题。

关键词：中国传统译论；转换与创新；话语体系；语言问题

Title: Linguistic Issues in the Modern Conversion and Innovation of Traditional Chinese Translation Theories

Abstract: Based on the ideological innovation and challenges of discourse integration brought by translation since the Western Learning Spreading to the East, this essay analyzes the logical starting point of the modern transformation of traditional Chinese translation theories, as well as the rationale for the transformation and innovation. With full acknowledgement of the pioneering work done by Chinese translation scholars in exploring traditional Chinese thought and constructing a new study of translation, the essay focuses on the dual linguistic issues of modern conversion of ancient translation discourse and inter-lingual conversion faced by the transformation of traditional Chinese translation theories.

---

* **作者简介**：许钧，浙江大学外国语学院教授、博士生导师，浙江大学中华译学馆馆长。研究方向为翻译学和法国文学。联系方式：xujun@nju.edu.cn。

Keywords: traditional Chinese translation theory; conversion and innovation; discourse system; linguistic issue

最近一个时期,脑子里始终萦绕着一个与翻译和翻译理论建设密切相关的问题。在我看来,从"五四"以来,这个问题一直难以回避。它不仅仅是翻译与翻译理论建设所遭遇的问题,也是中国传统思想进行现代转换必须面对的问题:这就是语言问题。如此推开去,我便产生了一个驱之不去的疑问:中国传统译论的现代转化与创新发展的语言问题是否得到了很好的解决?

1 中国传统话语现代转换的逻辑起点

从翻译的角度看,语言问题被尖锐地提出,应该是在"五四"前后那个时期。西学东渐,要把西学中的新观念、新思想吸收进来,改造国人的思维,首先要改造汉语。如果不改造汉语,用古汉语来译介西学,那么西学中的新概念、新术语、新表达便会在自成体系、传统深厚的古汉语中被稀释、被同化、被改造,西学的一些新术语、新说法很有可能在古汉语中失去特质,难以达到译介的真正目的。鲁迅对翻译中语言问题的认识最为敏感、最为深刻。他一直倡导,而且身体力行,通过翻译改造汉语,引进新的表现方法,进而改造国人思维。对此,有学者评论道:"改造传统汉语,促使汉语现代化,让中国人拥有新型的语言,是"五四"一代知识分子追求的重要目标。鲁迅的翻译方式和翻译风格与这一目标有直接的联系。"(刘少勤,2004:9)五四运动中,白话文运动成为最基础的运动,是有其必然性和必要性的,恰如刘云虹(2021:10)所言:"革新是五四时期具有革命性意义的追求,五四运动所选择的求'新'途径在于与旧思想、旧道德决裂,在于向域外寻求新的思想和道德,'这样一来,翻译便成了必经之路',必然在语言、文学、文化等多个层面肩负起创新的使命。"

从历史的角度看,应该说,在西学东渐过程中,翻译在语言的改造和新思想的引进等方面确实起到了很大的作用。但在这个过程中,我们有得也有失。得的是,通过翻译输入了新表现法、改造了汉语,对现代汉语建设起到了重要作用,为新思想的引进做出了先锋性的贡献;失的是,翻译浪潮中没有完全处理好语言的问题,现代汉语中通过翻译引进或创造的一些新词、新术语与古汉语完全割裂,形成了一个与古汉语承载的思想体系和话语体系格格不入的表达系统,造成了汉语表达的某种"西化",而这种西化在很大程度上也割断了与中国思想、文化传统的联系。这种割裂或者决裂,往往是通过语言来体现的,历史上的汉字拉丁化运动就是明证。就学科理论建设而言,由于吸收外来术语与思想比较彻底、全面而且系统,便造成了一个明显的后果,那就是中国的现代哲学、现代法学、现代政治学、现代经济学没有了中国传统思想的踪迹,以至于西方的一些学者常常说中国没有哲学,中国没有政治学,似乎一切学说都是西方创立的。

走过的路不可能重走,但历史的经验可以汲取。在新的历史时期,我们有了文化自省、文化自觉、文化自信。习近平总书记在中国人民大学考察时强调:"加快构建中国特色哲学社会科学,归根结底是建构中国自主的知识体系。要以中国为观照、以时代为观照,立足中国实际,解决中国问题。"自主的知识体系,包括学科体系、学术体系和话语体系。知识的创造与创新离不开语言,话语很关键。曹顺庆特别关注中国文论的发展,在中国传统文论创新方面做了深入思考。他一直强调,中国传统文论要发展,必须有现代转换。但是,他很遗憾地指出,中国传统文论现代转换遭遇了"失语症"。对这一失语症,他在 10 年前就在话语层面做了精辟而深刻的剖析:"中国传统的固有话语规则是什么呢? 在我看来,主要有两个:一是以'道'为核心的意义生成和话语言说方式;二是儒家'依经立义'的意义建构方式和'解经'话语模式。这两条主线生成又派生出众多的附属生成规则,如言不尽意、立象尽意、微言大义等等。中国传统文化与文论长期以来受中国特有的话语规则的主导,而如今的'失语'是指我们失去了固有的具有民族性的意义生成和话语言说的话语规则,失去了我们自己的基本理论范畴和运思方式,只能照搬和套用西方的理论,扮演学舌鸟的角色,结果既未形成当代具有民族创造性的理论,同时在对传统文论的研究方面也难以取得真正进展。"(曹顺庆,付飞亮:2013)曹顺庆对中国传统文论现代转化之失语症的论述,具有重要的启迪意义。由此,笔者联想到中国传统译论的现代转换问题。

2 中国传统译论现代转换与创新的理据

中国的传统译论值得特别关注。罗新璋为他编的《翻译论集》写了一个长序,题目很明确,就叫《我国自成体系的翻译理论》。在序中,他开宗明义,表明了自己对西学和中学的态度,写道:"近年来,我国的翻译刊物介绍进来不少国外的翻译理论和翻译学派,真可谓'新理踵出,名目纷繁';相形之下,我们的翻译理论遗产和翻译理论研究,是否就那么贫乏,那么落后? 编者于浏览历代翻译文论之余,深感我国的翻译理论自有特色,在世界译坛独树一帜,似可不必妄自菲薄!"(罗新璋,1984:1)为了表明中国传统译论的历史深厚、观点精辟,罗新璋(同上)举了唐朝贾公彦在《义疏》里提到的翻译定义:"译即易,谓换易言语使相解也。"并推演分析说,"用现代文艺理论和语言理论,也许可以诠释为:翻译是把一种语言文字换易成另一种语言文字,而并不变更所蕴含的意义——或用近年流行的术语说,并不变更所传递的信息——以达到彼此沟通、相互了解的目的。此处仅举一例,借以说明我国古代的翻译理论,已有相当精辟的见解,倘能用现代学理,发掘淘炼,当能发幽显微,推陈出新。"罗新璋在40年前,就前瞻性地展现了中国译学的学术自信,同时以开放的视野,提出了中国传统译论现代转换、推陈出新的必要性与可能性。

对于中国传统译论的现代转换与创新,中国译学界有不少探索。张柏然、王宏印等翻译学者提出了许多具有方向性的观点。张柏然认为,对传统译论的阐释与转换,首先要"将古代译论作为资源,把其中那些具有普遍意义的与当代译学理论在内涵方面有着共通之处的概念及有着普遍规律性的成分清理出来,赋予其新的思想、意义,使其与当代译学理论融合,成为具有当代意义的译学理论的血肉"(张柏然、张思洁,2001:92-93)。王宏印对中国传统译论的诠释,有较为系统的思考和研究,他撰写的《中国传统译论经典诠释——从道安到傅雷》一书,在系统梳理传统译论的继承上,对其进行历史评价、理论评判和创造转化。关于中国传统译论的现代转换,学界有较为统一的认识,这一工作应该包括"对传统译论问题的清理、对传统译论意义的阐释、对传统译论形态的转换"(许钧,2018:108)。这三个方面的工作固然重要,但笔者认为,话语的转换与建构是基础。方梦之对中国传统译论的基本概念与术语做过梳理,整理出了在表述翻译价值观、方法论、翻译主体、翻译策略、翻译过程等方面的核心概念或术语一百余个,如关于翻译价值观与方法论的,就有"文、质、案本、达旨、八备、求真、喻俗、忠实、通顺、信达雅、信达切、善译、美译、会通、神似、神韵、虚实、意境、化境、三美、翻译标准、中学为体、西学为用等"(方梦之,2017:96)。

中国传统译论的现代转换和创新,离不开对传统译论思想来源的探索。罗新璋(1984:15)指出:"翻译是把外国的文化科学介绍进来,但饶有意味的是,我们的前辈翻译家在厘定翻译标准时,倒没有就近取譬,采用现成的欧化标准。一些重要译论,大都渊源有自,植根于我国悠久的文化历史,取诸古典文论和传统美学。严复的信达雅,如他自己在《译例言》所标榜,是稽之古籍,有'易曰''子曰'为依据,承袭古代修辞学和文艺学的成说而移用之于翻译。"译论的创新,要回到思想的源头。中国翻译学界有学者认为中国的译论思想之源,是儒家思想,如蔡新乐(2022:91)就持这样的观点,他主张中国译学建设要打破西方中心论,认为儒学哲思是中国译论的"思想源泉"。也有学者认为道家思想是中国译论的思想之源,老子的"信言不美,美言不信"之说意义深远(许渊冲,2021:105-106)。在新的历史时期,中国译论有必要进行现代转换,其目的在于建设中国特色的翻译理论。对此,笔者是非常关注的。早在上个世纪末,张柏然和笔者本人(1997:序2)就指出:"只有把握住了我们自己的传统,才可能在对话中充满底气,使弘扬落在实处,为创造打下基础。"不久前,笔者曾就中国特色翻译理论的建设问题专门谈了自己的看法,就探索中国特色翻译理论的必要性、可行性与主要路径提出了明确的观点(许钧、朱含汐,2024:32-42)。

3　中国传统译论现代转换与创新的语言问题

回望改革开放以来中国翻译学界所走过的路,可以清晰地看到,我们一直在两条腿走路。一方面,学界致力于国外翻译理论的引进、研究、批判和借鉴;另一方面,学界着力于中国传统译论的梳理、阐释与重构,不断探索,尝试构建新的理论。"外国翻译理论在与中国本土翻译理论不断碰撞、交流和融合的过程中,逐步汇入中国翻译学科自身的理论体系之中。"(许钧,2018:132)但我们也注意到,在中国翻译学科的建设中,译学话语体系的建设并未得到充分重视。有学者指出,"中国现代翻译理论基本上是借用西方的一整套话语,特别是关键词和核心概念"(王秉钦,2010)。方梦之(2017:93)则认为:"我国学人的理论原创性欠缺,译学术语西化,学术话语不够丰富,与译学大国的地位不相称。"我们欣喜地看到,进入新世纪以来,中国学者的理论意识加强,对译学话语建设的重要性有了更为深刻的认识,尤其是近年来,翻译学界在挖掘中国传统思想、构建翻译新学方面做了很多开拓性的工作。"我们的译学话语体系发生了很大的变化,从改革开放初期理论话语的恢复,学者们在传统的话语体系基础上,发展出更加丰富的话语表达改革开放带来的新的翻译活动和翻译现象,到通过引入西方现代翻译理论而转入到现代译论话语的阶段,再到自我话语意识的觉醒,不断地探索和构建新的译学话语。我国译学话语的发展和演变与改革开放以来中国社会发展密切相关,是开放、创新的社会思潮在翻译研究中的体现,从译学论题的生发和丰富、译学论域的拓展和变化中,我们可以看到一个较为清晰的从相对单一走向多元、从引介交流走向自觉自立的过程。"(蓝红军、许钧,2018:7)在这个过程中,笔者发现有不少学者在中国传统思想中不断挖掘探寻译学的理论与话语资源,构建译学新论,创立新学说,如生态翻译学、和合翻译学、大易翻译学、文章翻译学等等。这些努力是可喜的,也是值得鼓励的,笔者曾在很多场合表明了自己的肯定和支持。但最近在阅读有关著作和文章的过程中,我发现,这项与中国传统译论现代转换密切相关的翻译新学构建工作在语言层面遭遇了难以解决的问题。

别的不论,单以"大易翻译学"为例。记得是在 2017 年暑期,中国翻译协会在西安翻译学院举办全国翻译师资培训,我在翻译理论研讨班授课,与陈东成结识,他送我一本书,书名便是《大易翻译学》。学界有不少重量级的学者对这部书进行了推荐,在该著"序言"前,有"学者点评",多位著名学者给予了评价。国际易经学会会长、美国夏威夷大学终身教授成中英赞誉该书"以易治译,以易弘译,是译学中一大创新型研究成果"。对翻译界创立新学非常关注的方梦之教授评价说:"译学界给翻译的定义林林总总,但是就其凝练与精当而言,首推《大易翻译学》的表述:生生之谓译。"香港浸会大学谭载喜教授关注到了作者的努力,评价说:"作者立足《周易》所承载之中国传统哲学思想,'援易入译',系统阐释当代翻译学的新话题。其价值性、合理性及科学性如何,读者自有思考与判断。"这是一种很委婉的保留性表达。

打开《大易翻译学》,封面勒口有该书的内容简介,字数不多,援引如下:

> 《大易翻译学》援易入译,以易治译,以易弘译,为翻译研究提供一种新的途径。全书共十三章,主要从哲学上探讨翻译含义、翻译本质、翻译标准、翻译原则、翻译策略、翻译方法、翻译审美、翻译伦理、翻译风格、翻译距离、翻译批评、翻译生态环境、复译等问题。作者较有创见性地提出并论证了翻译本质"交易论"、"太和"翻译标准、"阴化、阳化"翻译策略、"中和"翻译批评标准、"善、公、实、全"翻译批评原则、翻译风格"模仿说"、"生生为美"的翻译审美观、"利以合义"的翻译伦理观、"保合太和"的翻译生态环境观等,为中国传统译论灌注了新的血液。该书是大易翻译学的奠基之作,融易学和译学为一体,既弘易道又弘译道,既适合翻译理论研究人员参考又适合译学、易学爱好者阅读与欣赏。

关于大易翻译学的"价值性、合理性及科学性",还是像谭载喜所说,请各位读者思考与判断。读了内容简介,再细读《大易翻译学》全书,可以清晰地感受到作者汲取易学构建译学的努力。全书中,最主要、最核心的就是易学的理解、阐释与借鉴。但是,译学的构建,如同其他学科理论的构建一样,以话语的构建为基础。笔者在阅读《大易翻译学》时,最深刻的感受便是作者在语言和话语的层面遭遇了巨大困难。

《大易翻译学》的内容简介,想必是作者精心撰写的。在短短三百余字中,我们可以看到两个话语体系的呈现。一个是借鉴西方融合构建而成、以现代汉语为基础的现代翻译话语体系,其表达如翻译含义、翻译本质、翻译标准、翻译原则、翻译策略、翻译方法、翻译审美、翻译伦理、翻译风格、翻译距离、翻译批评、翻译生态环境、复译等;另一个是以古汉语为基础的杂糅话语体系,其表达如"太和"翻译标准、"阴化、阳化"翻译策略、"中和"翻译批评标准、"善、公、实、全"翻译批评原则、翻译风格"模仿说"、"生生为美"的翻译审美观、"利以合义"的翻译伦理观、"保合太和"的翻译生态环境观等。在这两种话语体系的交叉或者杂糅式使用中,笔者明显可以看到古汉语与现代汉语、中国传统话语与国际较为统一的话语表达之间存在难以逾越的融合困难。不久前,笔者阅读了《大易翻译学》作者撰写的论文《大易哲学视域下的翻译生态环境观》,该文试图从大易哲学的高度审视和阐释翻译生态环境存在与发展的有关规律,系统分析"交通成和、和而不同、相生相克、生生不息、保合太和"等能够为翻译生态环境研究提供新途径的概念(陈东成,2023:47)。文中存在同样的问题。最主要的困难就是中国传统思想的核心术语,如"交通成和、和而不同、相生相克、生生不息、保合太和"等,都是古汉语。这些概念在古汉语的语言体系和语义场中可以得到较为深刻和全面的理解,可一旦进入现代汉语体系,不仅与现代汉语的词语表达会有矛盾,而且其意义在新的语言体系或语义场中会发生变化。如"简易""不易"这样的词语,在古汉语与现代汉语的不同体系中,基本意义会有别。

中国传统译论的现代转换,面临着两大困境。一是中国传统思想的核心词语,如上文提及的《周易》的一些词语,在语言层面难以进行现代转换,难以找到准确、科学的现代表达。二是中国传统译论必须进行国际化的转换,而这种转换所遭遇的语言问题更为明显,比如大易翻译学要转换为英语,就非常困难,作者自己给出的答案,也只能是:YI-Transtology。几年前,我们曾提出过这样的疑问:"'阴化'和'阳化'是否具有很好的中外融通性?'太和'和'中和'在实践中如何实现操作化?如何确定'适旨、适性、适变、适度'中'适'的范围?我们希望这些新创话语能历久行远,却也无法回避疑虑:用'古典化'语言表达今时的翻译认识,这是否有利于实现我们译学话语体系的国际化?"(蓝红军、许钧,2018:8)由此,笔者想:中国传统译论转换所遭遇的语言问题,或许也是中国人文学科话语体系构建中所遇到的问题,值得学界思考与探索。

参考文献

[1]曹顺庆,付飞亮,2013. 再谈传统文论现代转换之失语症[N]. 中国艺术报,3月20日(3).

[2]蔡新乐,2022. 被历史遗忘的翻译本体:儒家观点看"心源"[J]. 外语教学,(3):87-92.

[3]陈东成,2016. 大易翻译学[M]. 北京:中国社会科学出版社.

[4]陈东成,2023. 大易哲学视域下的翻译生态环境观[J]. 翻译研究,(2):47-55.

[5]方梦之,2017. 翻译大国需有自创的译学话语体系[J]. 中国外语,(5):93-100.

[6]蓝红军,许钧,2018. 改革开放以来我国译学话语体系建设[J]. 中国外语,(6):4-9+15.

[7]刘少勤,2004. 从汉语的现代化看鲁迅的翻译[J]. 书屋,(3):9-15.

[8]刘云虹,2021. 导言[A]. 刘云虹,中华译学馆·中华翻译家代表性译文库 刘半农卷[C]. 杭州:浙江大学出版社.

[9]罗新璋,1984. 我国自成体系的翻译理论[A]. 罗新璋,翻译论集[M]. 北京:商务印书馆.

[10]王秉钦,2010. 东西方大师的对话——关于重建中国翻译理论话语之我见[N]. 中华读书报,12月15日(19).

[11]许钧,2018. 改革开放以来中国翻译研究概论(1978—2018)[M]. 武汉:湖北教育出版社.

[12]许钧,朱含汐,2024. 关于探索中国特色翻译理论的几个问题[J]. 中华译学,(1):32-42.

[13]许渊冲,2021. 谈诗歌英译[J]. 中国翻译,(2):102-108.

[14]张柏然,许钧,1997. 翻译论集[C]. 南京:译林出版社.

[15]张柏然,张思洁,2001. 翻译学的建设:传统的定位与选择[J]. 南京大学学报,(4):87-94.

(责任编辑　鹜龙)

翻译与人生

北京外国语大学　王克非 *

人生是个很大的话题。

对于热爱翻译的人来说，翻译可能贯穿一生，甚至就是其人生。

初看，觉得翻译很普通，就是将外语翻成母语，或反之，使言语不通的人得以沟通。

再看，明白翻译很有力，使各国的文学、文明的思想、先进的科学，一一传递过来，让我们打开了眼界，认识到天外有天。

细看，才知翻译很神奇，能将他族语言容器内的宝物，搬运到本族语言容器里，化人为己，永久存续，既为同人所用，亦为后人所享。

这三个认识，是我在以翻译为人生的路上渐渐领悟的。套用大家熟悉的一本书的书名，*Metaphors We Live By*（我们赖以生存的隐喻/生活离不开隐喻），我们也可以说，Translations we live by（我们赖以生存的翻译/生活离不开翻译）。

1　五六十年前始读翻译

人的一生都会或多或少地读过翻译作品。我读译作并不早。小学开始读课外书时，除了《水浒传》《三国演义》，就是革命战争年代的故事和小说。小学一二年级课本上读过的乌鸦喝水的故事、列宁与门卫的故事，还有《卓娅和舒拉的故事》《夏伯阳》等连环画，算是最早读到的翻译作品。真正读翻译小说，可能是到五年级读了苏联作家奥斯特洛夫斯基的《钢铁是怎样炼成的》。书中"人最宝贵的是生命，生命属于人只有一次。一

---

*　作者简介：王克非，北京外国语大学中国外语与教育研究中心讲席教授。研究方向为语料库翻译学、翻译文化史。联系方式：kfwang@bfsu.edu.cn。

个人的生命应当这样度过:当他回首往事的时候,不因虚度年华而悔恨,也不因碌碌无为而羞耻。……"这些名句,不仅是记在心里了,也不觉间影响了自己的人生观。前面说的苏联卫国战争时期的那些读物,都是自己早年接触的译作,也是对外国文学和社会一点浅浅的认识。

也有不大喜欢的译作,如小时候偶然翻到一本鲁迅翻译的果戈里的《死魂灵》,读了一页,第二页就读不下去了,有味同嚼蜡之感。可能对于一个五年级的小学生,平时读多了革命战争文学,这本译作是不大能读出味道来的。后来知道这还是鲁迅先生一生中最后的译作,是抱病完成的,据说翻译时用的是《死魂灵》的德译本,因他在日本学医时学了德语,还参考了英语和日语的译本。再往后读了些翻译史,看过许广平的回忆短文,说鲁迅先生在翻译《死魂灵》时为了找到贴切的译语,殚精竭虑,强撑着虚弱的病体完成全部译稿。鲁迅为国为民所做的大量翻译引进,奠定了他不仅是文学家、思想家,也是翻译家的历史地位,令人肃然起敬。

中学时读的译作更多了。尽管"文革"时期绝大部分外国文学、思想的书籍都被列为禁书,但我们还是设法寻找和传阅。那时读过英国莎士比亚的《罗密欧与朱丽叶》《仲夏夜之梦》《哈姆雷特》《威尼斯商人》等许多部剧本,读过狄更斯的《大卫·科波菲尔》《双城记》《匹克威克外传》、哈代的《苔丝》、高尔斯华绥的《福尔赛世家》等翻译小说,以及拜伦、雪莱、济慈等著名诗人的诗作;喜欢法国作家巴尔扎克的《人间喜剧》,雨果的《悲惨世界》《巴黎圣母院》,还有大仲马、左拉、福楼拜、莫泊桑、乔治·桑等人的小说,我也都读得很入迷;那时书很难得,译作更难见,我倒是也收藏了大诗人歌德的《浮士德》《少年维特之烦恼》以及海涅的《诗歌集》等;还热衷读美国作家马克·吐温的《汤姆·索亚历险记》《哈克贝利·芬历险记》《镀金时代》等长篇和他的许多幽默中短篇,读杰克·伦敦的《海狼》《马丁·伊登》、德莱塞的《嘉莉妹妹》《珍妮姑娘》《金融家》《天才》等等,更多的是安静地读着俄罗斯作家列夫·托尔斯泰的《战争与和平》《安娜·卡列琳娜》《复活》、屠格涅夫的《猎人笔记》《父与子》《罗亭》《前夜》、陀思妥耶夫斯基的《罪与罚》《穷人》《被侮辱与被损害的人》以及普希金、莱蒙托夫的许多诗作,甚至在煤油灯下手抄过《叶甫盖尼·奥涅金》(另有译本作《欧根·奥涅金》),还读了苏联作家高尔基的几乎每一部作品,以及肖洛霍夫史诗般的《静静的顿河》、法捷耶夫的《青年近卫军》《毁灭》,还有较晚一些作家的《州委书记》《叶尔绍夫兄弟》《多雪的冬天》等等,多得难以胜数。列出这些书名时心里都会浮想起当年阅读时的场景,就连这里面最没有名气的一本——《多雪的冬天》,都给我留下很深的印象。外国文学名著的阅读也使我认识了不少翻译大家,如英语的朱生豪、董秋斯、冯至、冯亦代、张友松,俄语的戈宝权、耿济之、汝龙、梅益,法语的傅雷、李青崖,等等。人们会永远记住他们的名字和从域外撷取火种的功绩。

年轻时读过的书,有时一生都忘不了,潜移默化地融入心底,包括思想、观念、语言、审美。习近平曾在访问法国、俄罗斯时提到他青年时代读过许多外国文学名著,说书中许多精彩章节和情节都记得很清楚。晚年才出名的文学家、画家木心曾说世界名著本本都影响了他。我看到这一类的话就很有同感,同感于翻译作品的力量,翻译是人生不可缺少的一部分。

也不都是读文学译作。马克思、恩格斯、列宁的书,在 20 世纪六七十年代是最容易得到的国外书籍,对于青少年的我,也很有兴趣去读。除了《共产党宣言》(多遍)、《反杜林论》、《家庭、私有制和国家的起源》、《社会主义从空想到科学的发展》、《国家与革命》等译作,我甚至还读过当时几乎没有人读的一些马克思著作。印象特别深的是,十五六岁时的一个夏天,我第一次乘长途江轮从长沙到澧县(湖南北部的一个小县城),历时近 20 个小时,随身就带了一本书,漂亮得少有的精装书。凌晨起航,朦胧地睡了一夜后,大早上火红的太阳照在江面和行驶的轮船上,我手拿着那本精装书走到甲板上,坐在长椅上慢慢地读起来。这本书就是《福格特先生》,一本言辞犀利的论战性著作,让我对马克思的丰富知识和逻辑性极强的辩才十分佩服。其实大多并不懂,但阅读时心里受到的一种震撼感染了我,也让我对国外文学之外的思想著作发生浓厚的兴趣。

以上简述,算是我翻译人生的第一个阶段:读译,探寻世界的一扇窗。没有这个阶段,就不会有后面的翻译人生之路。

2 四十多年前始学翻译

读翻译带给青少年的常常是缤纷的世界,放飞的想象,异样的憧憬。但那时还不会外语。

到 20 世纪 60 年代末,我才在动荡的学校里开始了带有时代烙印的英语学习。真正自觉学习英语是 70 年代早期,但命运没有给我多少学习机会。"文革"结束后的一天,我买到一本海观翻译的《老人与海》的中英文对照本,心想是不是可以从这里学学怎么做翻译呢? 于是,我试着不看中译文,开始尝试自己翻译海明威这本中篇小说。很多时候是硬着头皮往下译的,译了一两页后再对照着海观的译文,来检查自己刚才译得很费劲的地方,究竟是理解得不对,还是译得生硬。

例如 *The Old Man and the Sea* 的起始部分:

He was an old man who fished alone in a skiff in the Gulf Stream and he had gone eighty-four days now without taking a fish. In the first forty days a boy had been with him. But after forty days without a fish the boy's parents had told him that the old man was now definitely and finally salao, which is the worst form of unlucky, and the boy had gone at their orders in another boat which caught three good fish the first week. (Hemingway, 2004:3)

我自己先翻译为：

> 他是个独自在海湾水流里的小帆船上打鱼的老人，他去了八十四天到现在都没打着一条鱼。最开始四十天里一直有一个小男孩跟着他，但四十天后，没钓到一条鱼，这个小男孩的父母亲就跟他说，这个老人现在一定最后都是挺倒霉的，最没运气了，这个小男孩就按他们的旨意去了另一只船，第一个星期里就钓着三条好鱼。

这开头的一段其实并不难，但当时不知道 Gulf Stream 是什么，更不知 salao 是什么意思，字典上查不到，还有一些地方也不大清楚，于是就想看看海观是怎么翻译的。翻到他的译文，原来是这样：

> 他是个独自在湾流里一只小船上打鱼的老头儿，他到那儿接连去了八十四天，一条鱼也没有捉到。头四十天上，有一个孩子跟他在一起。可是，过了四十天没有捉到一条鱼，孩子的爸妈就对他说，老头儿现在一定"背运"了（那是形容倒霉的一个最坏的字眼）。他们吩咐孩子搭上另一只小船到海里去，在那只船上，头一个星期就捉到了三条好鱼。（海明威，1957:1）

学到很多，于是改译：

> 他是个老头儿，独自驾着小帆船在墨西哥湾流里打鱼，可八十四天都没打着一条鱼。开始还有个小男孩跟着他，但四十天也没钓到一条鱼后，孩子的爸妈就说，这个老头儿肯定挺倒霉的（用的是最差劲的字眼），于是小男孩就听了他们的话去了另一只船，头一星期里就钓着三条大鱼。

就这样一页页地尝试翻译了几十页，饶有兴趣，飘飘然以为很快能成翻译家了。

70 年代末改革开放后，大批年轻人终于有机会进入大学读书了，而我那时受限于体检条件，只能在大学门外彷徨。我开始寻找一个能实现自己青年人梦想的门径，甚至幻想得到一个可遇不可求的机会，例如，做外国文学编辑就是我当时比较天真的理想。不久，湖南人民出版社的一位老编辑给了我一个试译文学作品的机会。我的第一部译作，竟是把托尔斯泰《战争与和平》英文缩写本翻译成中文。试译得到认可，我花了一年业余时间，努力去理解托尔斯泰和他小说中的人物，尽量用上自己大量阅读外国文学译作时得到的滋养,使译本不要太对不起这本世界名著。当译作交给编辑审定,不久印制成书时,那种欢愉真不是言语可以传达出来的。

后来我在地质科研部门工作,发现单位大量的地质科技书刊很少有人阅读,显然因为外语是一道难以逾越的门槛。于是我一边提高自己的外语水平,一边自学地质专业知识,心想文学翻译家做不成的话,也可以翻译外国科学文献为科技现代化做点贡献。这个方向一确定,我开始了自己地质科技翻译之路,白天上班处理公务,或翻阅英文地质期刊,晚上就埋头将选好的文献翻译出来,投到一家家科技期刊。《地质地球化学》《化工地质》《世界地质科技译丛》等就是我经常投稿的刊物。每过一段时间就发表一篇译文,心里非常充实。同时我也认识到,科学方面的翻译,一定要懂相关科学知识,否则译出来专业人员很难看懂。因此我经常阅读英文的科技书刊,熟悉科学术语、短语的表达,明白论文里的意思,只有这样才能真正学会做科技翻译。后来不仅翻译科技期刊论文,还翻译了较大部头的书,如《金伯利岩及其捕房体》这样的涉及岩石学、矿物学和矿床学的地质学著作,在北京的地质出版社出版。

以上是我翻译人生的第二个阶段:学译,了解翻译之难和译出佳句之快。当然,这个阶段,如同第一个阶段,一直伴随着自己的人生,并从中享受到许多的乐趣。

3 三十多年前始探翻译

20世纪80年代是个欣欣向荣的时代。国家全面改革开放,人民竞相施展才干,各行各业焕发勃勃生机。在这个时代,翻译发挥了巨大的促进作用,实际促成了新一轮翻译高潮,即全方位经由翻译汲取现代自然科学、社会科学和人文学术知识,更新我们的思想、文学、制度、观念。

这时,我在自己一生最好的时候遇到最好的导师——许国璋先生。他摒除清规戒律,破格给予我报考他博士生的资格。在备考和考试的过程中,我像进了大学课堂一般受到学术的熏陶和训练。考试之后,许先生说需要考查我的研究和论文写作能力,要求我两个月内提交一篇相当于硕士论文的论文,题目是“论严复的翻译”。为此,我在业余时间里紧张地收集和阅读文献,整理自己的思路,寻找新的研究切入点,最后如期完成了让导师满意的论文。

这个考试和这篇论文的写作,让我探索出了自己后来几十年的学术之路。几乎所有人都在人生中有过读翻译的经历,少部分人走上了学翻译、做翻译的第二阶段,进而也可能对翻译实践中的种种问题、难题进行探讨,并形成研究课题,或总结下来教授学生。我的第三阶段走的不是这条路,而是从更深广的层面探究翻译的价值和作用。除了导师富有学术眼光的判断和指导外,还有三位学者让我受益良多。一是著有《西方哲学史》的英国著名哲学家罗素(Bertrand Russell),一是中国著名史学家陈寅恪,一是哈佛大学中国历史学者史华兹(Benjamin Schwartz)。罗素的哲学史,是从古往今来政治的、社会的大背景来分析和评判哲学的演进和哲学家、哲学流派的争论;陈寅恪在冯友兰《中国哲学史大纲》审查报告上写道:"凡著中国古代哲学史者,其对于古人之学说,应具了解之同情,方可下笔。盖古人著书立说,皆有所为而发。故其所处之环境,所受之背景,非完全明了,则其学说不易评论。"而史华兹在他《寻求富强——严复与西方》(*In Search of Wealth and Power*:*Yen Fu and the West*)这本功夫很深的专著中,逐篇分析《天演论》《原富》《群己权界论》《法意》《社会通诠》和《穆勒名学》等严译名作,认为严复在翻译过程中始终怀有向西方寻求富强的心结,因而他是一边翻译,一边探寻西方强盛起来的原因,又一边从所处中国的境地出发去思考西方思想与传统文化接应之点。即严复的翻译不是一般的语言文字转换,而是在借由翻译向西方寻求真理。这三位大家并不相关,看起来各做各的研究,但给我的启发是,认识翻译,应当同翻译所处的时代、历史、文化相关联,同译者的知识和认识相关联。也就是说,对译者择书而译应具了解之同情,才能解读译者为何而译,认识译作的价值和历史意义。这就是我在最初研究翻译问题时的基本认知:将翻译史同思想史、文化史联系起来,做翻译文化史研究。

我对翻译问题的研究兴趣,不是起于翻译实践,也不同于 20 世纪八九十年代的大多数翻译讨论,而是思考由翻译这样的跨文化沟通引发的学术和思想的影响。许国璋先生非常鼓励这样的研究,因与他的思想契合。他并不关心一般翻译理论或技巧问题,而是注重翻译在不同语言文化中的沟通意义。季羡林先生两次参加我的论文答辩(硕士和博士),也充分肯定我做的工作。他将翻译比作"新水注入"的说法,与鲁迅先生的"注重翻译,以作借镜"的观点,都高度认识到翻译对于民族发展和文明互鉴的伟大功绩。正是这些前辈学者的认识,让我坚定了探讨和比较近代中国和日本如何通过翻译摄取西方学术思想,进而开辟翻译文化史研究路径。

也正是在长期进行这类翻译文化史研究之后,我深感翻译的中介作用,远不止于所谓舌人牵线搭桥、文字转换,也不止于将外国文学文化译入中国或反过来译出那样译完了之。常人所了解的翻译,只是完成了译介沟通的一半;另一半,是译入之后,译作对译入语和译入文化持续发生的作用。因此,我提出翻译具有双重中介作用(王克非,2022):一是直接的语言之间的转换,完成显性的翻译,二是显性翻译之后,译作进入受译语言这个抽象的容器中,将间接地、渐渐地对受译语言文化产生持久的影响。中国百多年来的语言、文学、思想、科技、制度等方面的巨大变化,不都是含有无数翻译中介的因素吗?

我近四十年的学术探讨除了翻译文化史之外,还有一项,就是双语语料库的研制以及基于语料库的翻译研究。这是因学校工作之需而开辟出来的,但仍然是围绕着翻译。二十多年前,我在阅读国际文献中,发现了双语平行语料库这块处女地。我感觉,双语语料库是天然落在外语界身上的一大研究课题,也是外语界、翻译界可以长久耕耘的园地和开展多种研究的平台。我在这方面的研究可以概括为三点。一是双语平行语料库的创建,既有大型的、专用的、多语的语料库建设,也开发出多个类比语料库和历时语料库,为各类研究的展开做好基础工作。二是基于设计好、研制好的语料库做各种感兴趣的研究,例如运用一个双语双向平行语料库,可以进行语言对比研究、翻译转换研究、翻译教学研究及双语词典编纂研究等。事实上,二十多年来也做出了许多与国际接轨的研究,包括翻译简化、显化、范化等翻译特征研究,翻译文体研究,翻译对比研究,翻译教学研究,以及语料库加工检索技术研究等。三是构建新型历时复合语料库,开展翻译与语言接触方面的研究(国际上称为 LCTT,即透过翻译的语言接触),以深入观察、比较和分析翻译给目标语带来的词汇、句式、结构、语篇、修辞等种种变化。中外历史上有不少翻译与目标语演化关系密切的案例,但以往研究的语料来源不够丰富,考察范围有限,研究的深度和广度大受制约,对原生汉语同翻译汉语间的互动关系也缺乏了解。我们希望通过历时语料数据的获得和分析在这方面研究中取得新的突破。

从国际上开展双语语料库研制和研究以来,三十年里,与英语相关的双语平行语料库已不计其数,但与汉语相关的双语平行语料库还基本只能依靠中国学者来研制,而所涉语种非常少。我们基于英汉/汉英平行语料库已开展了许多研究,不少成果发表在国际期刊上,对英汉/汉英翻译的探讨也比较充分,但其他语种与汉语的平行语料库还很少,也不够规范,那么相应语对的翻译研究也很短缺。实际上,中国一百多年来无数的翻译活动,不仅为中国社会发展带来崭新元素,也为汉语的发展起到很大的推动作用。因此,透过翻译的语言接触研究,面对深受翻译影响的中国语言和文学,如同面对非常丰富的资源,会产生许多有意义的课题。这是为什么我在语料库翻译研究方面耕耘二十多年并始终饶有兴趣的原因所在。

概而言之,读译打开视野,学译感到乐趣,研译认识到翻译的思想文化价值。回顾来路,深感翻译人生,不虚此行!

谨与大家共勉。

参考文献

[1] Hemingway, E. 2004. *The Old Man and the Sea* [M]. London: Arrow Books.

[2] 厄·海明威,1957. 老人与海[M]. 海观,译. 上海:新文艺出版社.

[3] 王克非,2022. 论翻译的双重中介性[J]. 中国翻译,(6):36-44+191.

(责任编辑 施雪莹)

智能时代文学翻译的"艺·术·心三维"

——与郭国良教授的对谈*

四川外国语大学　张可人　浙江大学　郭国良**

摘　要:人工智能在翻译界的应用与普及引发了诸多思考与理论争鸣。然而,在这样热烈的探讨声中,却鲜见一线译者基于个人翻译实践经历就人工智能对文学翻译影响的问题展开论述。文学翻译当下该"何以自在"? 文学译者在未来该"何以处之?"这实乃当下智能时代文学翻译最为紧迫的核心问题。有鉴于此,作者与郭国良教授围绕智能时代下译者如何凸显文学翻译本质,如何运用文学翻译技巧、技术,如何彰显翻译精神等方面展开了对谈。郭国良教授从文学翻译之"妙"出发,围绕"艺—译""艺—术""心—术"三维度深入阐发了机器翻译与文学翻译,尤其是机器翻译之"技"以及人类译者之"心"之间的关系。他认为,机器翻译所欠缺的体悟能力印证了"文学翻译乃艺术之辩证"。从这一意义上看,人类译者需保译者之本心。此外,访谈也涉及了翻译技术伦理、文学翻译批评、译者心理等当今译坛的热点问题,对未来相关研究具有一定参考价值。

关键词:郭国良;文学翻译;翻译技术;人工智能;艺术;心理

Title: The Relationship between Art, Tech and Mind in Literary Translation in the Age of Artificial Intelligence: An Interview with Prof. Guo Guoliang

---

　*　感谢四川外国语大学蒋林教授在本访谈过程中的陪同与参与!
　**　**作者简介:**张可人,四川外国语大学博士研究生。研究方向为当代译论。联系方式:corryz@163.com。郭国良,浙江大学外国语学院教授,博士生导师。研究方向为英美文学和文学翻译。联系方式:guoliangguo88@163.com。

Abstract: The application and popularization of Artificial Intelligence in the translation community has triggered many theoretical debates. However, few translators have talked about the actual impact of AI on the literary translation and translators based on their personal experiences. Nor is there a thesis that deals with the position of literary translation and the attitude literary translators should adopt in the future. The two issues are urgent indeed for literary translation in the AI era. In the following article, the author interviewed Prof. Guo Guoliang, a contemporary translator of English literature, on such topics as the essence of literary translation, translation techniques, translation technology, translator's spirit and mentality. He started with dialectic relations in dyadic concepts like "art/translation", "art/tech", and "mind/tech", and he later argued that the machine's lack of embodied experience proved the thought that literary translation is about the "dialectic of art". Therefore, human translators need to "preserve the true mind of translators". The interview can also shed light on subsequent research of technological ethics of translation, translation technology training, literary translation criticism, and translators' psychology.

Keywords: Guo Guoliang; literary translation; translation technology; artificial intelligence; art; psychology

【访谈者按语】

近年来,由于技术的跃进,翻译实践方式出现了深刻的变化,出现了利用基于生成式预训练对话模型 ChatGPT 进行翻译活动的趋势,也出现了基于神经网络(Neural Network)seq2seq 联接模型的翻译机器与翻译实践融合发展的势头。从译者全权接手翻译实践,到机器辅助人类译者工作,再到机器为主译、人类译者仅充当译后编辑,这一转变反照出了翻译实践的历史性变革,见证了翻译从模糊嬗变的乌卡时代(VUCA)向脆弱焦虑的巴尼时代(BANI)的转型。问题在于,在人工智能环境下,翻译是否还能保有其彰显人之精神、情感以及审美的"艺术"特质?文学翻译在智能时代又有何变化?文学译者又如何应对技术冲击?就这些问题,访谈者与郭国良教授展开了为期三天的面对面讨论,现撮要辑录如下。

1 艺—译之辩:机器翻译"妙"之匮乏

张可人(下文简称"张"):首先感谢郭老师百忙之中接受访谈!郭老师,面对人工智能,国内译界现多谈论的是翻译技术伦理(祝朝伟,2018;郝俊杰、莫爱屏,2019;蓝红军,2019、2023;王华树、刘世界,2023;吴美萱、陈宏俊,2023 等),基本都以概念梳理为主,在理论建构层面发力;海外则多注重分析机器对文学翻译风格的影响(Constantine,2019;King,2019;Youdale,2019 等)。您是我国知名文学翻译家,笔耕不辍,长年深耕于文学翻译实践,至今已出版了近六十部文学译著。在您翻译的作家中,有当代英国文豪朱利安·巴恩斯(Julian Barnes)、伊恩·麦克尤恩(Ian McEwan),还有文艺批评家特里·伊格尔顿(Terry Eagleton)。在丰富的文学翻译实践的基础上,您近年来也不断对翻译进行反思,提出了不少精辟的见解(郭国良等,2015;赵国月等,2018;杜磊、郭国良,2022;赵国月、郭国良,2023)。鉴于此,我首先想问郭老师,您觉得当下文学翻译受到了哪些来自于技术层面的影响呢?

郭国良(下文简称"郭"):首先,我也先来个首先,首先感谢蒋林教授的邀请!我也很高兴能以文学译者这个身份与你聊聊人工智能与翻译技术方面的话题。前几天,我看到你准备的问题,坦率地说,我有点不知所措。如果我们按照"你问我答"形式进行访谈,那还不如你我对谈。你刚刚说技术对文学翻译的冲击,可我心里想的却是:是技术冲击了文学翻译还是文学翻译冲击了技术?我还在想,什么是文学翻译或者文学翻译到底翻译什么,文学译者要不要使用技术进行辅助?市场对文学翻译高效产出的需求与可批量生产、质量"说得过去"的机翻文学译本之间又是什么关系?总之,我觉得我们可谈可论的问题有很多。但我们今天明确了一个基本话题——智能时代下的文学翻译。我想我们还不如从冰冷的技术的背面谈起,或者再明确一点说,从基于审美、人情以及生命的"艺术"与基于功能、机械以及程式的"译术"间的关系聊起。

张:好的。郭老师,您近年来在文章和访谈中多次强调译者在文学翻译中的核心作用,并主张译者在处理原文本时应保持灵活。您提出,文学翻译要坚持"全方位忠实",翻译应随原作风格而变,遵循原作家的行文特点,以原作家风格为基准进行翻译。您反对机械运用"增词""减词""词性转换"等翻译技巧,以免产生通顺却失去原作精髓的译文。这显示出您非常注重翻译过程中的主体性和创造性,而非简单地照搬原文或过度发挥。那么,您是否认为这种翻译理念体现了"译"即"艺"的主张?如果是这样,我们不禁要问,现今的翻译机器是否能够达到您所倡导的"文学翻译全方位忠实"的水平?

郭:确实如此!当我们讨论文学翻译时,我们实际上在探讨的是翻译文学性的传达,而不仅仅是文字表面的转换。当我们谈论文学性时,我们实际上在探讨的是"艺",

那是一种超越语言、超越个体,无法用言语准确表达的直观感受,激情、凄苦、悲怆与幻灭。这种深层次的情感与体验,是"能指—所指"这一语言结构无法完全涵盖的。以你所提及的巴恩斯的《唯一的故事》为例,这部作品所传达的是一种深沉而难以定义的爱。爱之所以难以定义,是因为每个人对爱的理解和感受都独一无二,难以用言语准确表达。简而言之,人的情感体验有时超越了语言的表达能力。正如《诗经·大序》中所言:"永[咏]歌之不足,不知手之舞之,足之蹈之也。"在文学翻译过程中,译者需要巧妙地把握度,既不能过于拘泥于原文的字面意义,也不能过分自由发挥,以免偏离原作的精髓。文学翻译因此是一项需要高度技巧和敏感度的任务,如同绘画需要关注线条的粗细,唱歌需要掌握音调的高低,翻译者需要在文字背后寻找那无法用尺度衡量的高低之处。

张:您说的触及了文学翻译的一个核心特性——"留白"。这是一种介于"原作者—译者—读者"之间的微妙而模糊的状态,正如德里达在讨论翻译时所提及的,当语词的物质性被完全扬弃后,所呈现的如梦似幻的"诗境(poésie)"(Derrida,1978:210)。这种状态在翻译,特别是文学翻译中表现得尤为明显。对于这样的留白,我认为是机器所无法理解和把握的。换句话说,机器翻译实际上是对译者情感投注的一种排除和简化。如果缺少了译者的情感注入,离开像本雅明在《译者的任务》中所强调的那样,对原本的意图发出呼声并产生共鸣(Benjamin,1997:159),那么,译本就只是被剥离了灵魂的语言躯壳。翻译就会因此失去其存在的核心价值——传情达意。翻译机器表面的"人性化"恰恰是对译者的"去情化"。从这个角度看,机器翻译的入场恰恰反证了人类译者所独具的"留白"尺度。人类译者对无法言明或译出的"终极意义"或"作者感情",即沉淀在语言难以精确所指之处,进行曲喻式增删减补的能力方可彰显人之为人的独特性,成为人类存在的证明。机器始终会根据原作向受众提供一部"宽泛"且"完整"的译本,但人类很有可能在原作的刺激下进行反思后给出一部"模糊"甚至"匮乏"的译本。正因此,翻译中"留白"的艺术,或"留白"所反映人原初的"匮乏"是否成为了人类与机器在翻译上的一大基本差异?

郭:我认为可以这么讲。忠实的核心要义是"留白"。"留白"概念在文学领域中常被视为一种具有深度的"静默"。这种"静默"并非简单的"沉默",在翻译中是译者主动选择的"沉默",是一种精准地呈现原作独特视角或深沉情感的手段。"留白"也是一种选择,一种源于译者对原作深入理解与尊重的选择,同时也体现了其个人的审美与思辨。"留白"所体现的情感忠实,相较于目前机器翻译所能提供的文本忠实,更富有灵活性与深度。从我个人的经验来看,翻译机器不是人类,它摸不到,也摸不准留白的"界限"。它往往会侵入,甚至会破坏"留白"。

机器翻译的不足还不限于此。用 ChatGPT 或 DeepL 来翻译一部小说,尽管它们或许能够处理好基本的文字转换,但却无法像人类译者那样,深入到原作的思想与文学主张中,进行批判性的解读。在没有人类编辑的介入下,它们也无法独立完成前言、后记、序跋等具有批判性解读的文本创作。这就证明机器翻译虽有其优势,但在文学的翻译与解读中,仍需人类的深度参与和监督。文学翻译不仅仅是文字的转换,更是情感、艺术、文化等多个层面的交融与碰撞。机器可以处理基础的文字转换,但无法触及这些深层次的、具有力度的元素。人永远不是机器。梅尔维尔(Herman Melville)的小说《巴特尔比》(*Bartleby, the Scrivener: A Story of Wall Street*)中的抄写员巴特尔比尽管每天都在机械地抄写文字,但他仍反叛式地说出了"我宁愿不"这句话。如果说巴特尔比式的"嬗变"人性体现了个体对既定规章的反抗(Agamben,1999:268),照见了人在社会层面的主体性;那么无法被机器所替代的"情与艺"恰恰体现出了人在文学翻译活动中的主体性。所以,无论是留白、静默,还是翻译中的语词、情感或人原初的匮乏,都是构成文学翻译全方位忠实不可或缺的部分。我想说,机器不仅印证了人的匮乏,还突出了人对匮乏的追求。机器不可能与原文进行"二重奏",人类译者明白这个道理,机器越是普及,我们就越能体悟自己翻译过程中"求意而不得"的矛盾心境。

张:您近期谈到的全方位忠实存在于语篇以及风格层面,是否现在又拓展了一些内涵呢?我也关注到,您上次还谈到,由于译者本身的"读—译"二面性,"译者须以自身之死"换取"读者之生"(赵国月、郭国良,2023:8),强调译文本身之重,没有必要增添过多的译者注释。然而,机器翻译与人工翻译的差别之一或在于后者能够基于自身的经验、感悟、知识以及兴趣对原文进行注解。照郭老师此前的意思,是否机器就可以在除"留白"之外的文内翻译层面代替译者,作为人类译者阐释能力的机器替身,成为译者的"阐释义肢"呢?换言之,是否机器翻译也可算得上一种阐释过程,代替了人类译者翻译过程中隐含的"阐释循环"?

郭:这个问题有点尖锐,涉及翻译与阐释的问题,但我这里想做点澄清。上次我说的是"我越来越不想去添加译者注,写一些前言和后记",为的是多给读者一些直接阅读译文、理解译文的空间。其实我自己认为我比机器更有优势,因为机器不能选择,我可以选择去写这些让我"显身"的副文本,但"我也可宁愿不"。我有对作者、作品以及译作读者群体的考虑。我与我译的作者以及我预期的读者之间有一种冥冥之中的"共情",而"情"这样的"抽象经验"在机器那里只能矮化成数据处理。我想说的是,阐释的起点在于阐释者的情,就比如斯坦纳的"阐释四步骤"首先便是"信任"。从这一点看,机器就没有真正意义上的阐释能力,即便它会用"相对精准的"译本来迷惑读者。另外,作为人类译者我可以选择怎么处理译本,我的阐释融在了译笔之间;我哪天也可能突发奇想,突然在某一页脚添加译者注。这就是人类译者在翻译过程中的可能性,一种随性而为的"阐释潜力"而非"阐释实然"。若称机器有所谓的阐释,那只是一种去掉阐释过程的结果,没有一种主体的随性而发。这或许是机器的死板之处,它不会也没有权力对人,不论作者还是读者,说出"不"字。

其次,我上次与赵国月谈及"翻译全方位实现"时借用了莫言作品译介并成功传播的案例,说明翻译中的"变通度"或是一种机器所不能实现的"灵活度"问题,旨在让译者把握一种文学翻译的基本取向,即"度"——对待原文的不偏不倚。这一次和你谈的"度"则侧重文学性传递的层面,与其说这是一种"度"还不如称其为"妙"。为什么?因为"妙不可言"。原文之妙不可言,作者设下重重机关,译者便是侦探,细微之处得体悟;用译语再现亦妙不可言,译者把握作者内在意旨并恰当留白,让细心读者心中感受到妙。

说到这里,你的第二个问题就有了答案。如果说"文学翻译全方位忠实"算"变通度",那现在机器是可以做到的,甚至变得比有经验的译者速度还要快,神经网络翻译机器甚至还可以同时给你一些译项供你挑选。然而,在审美价值、文化特征、连贯叙事、情意风格的传递上,或说得更宽泛些,翻译之后出版社做的那些润色审校、投递译稿、出版发行、处理回馈等工作层面上,机器难以企及。再高级的机器,再大规模的语料,融入与产出的仅仅只是符号本身,尚不能触及灌注了人心、人情、人意的文学性上,难以树立一种对文字精雕细琢的工匠精神,也难以对未来读者给予人文关怀。原因很简单,它始终是"物",没有具身体验,更无译者的责任心。它的目标仅为多语传达,甚至没有人类译者特有的"转换"流程。就当下来看,机器难以读心,就算能读心,也不能让"已然死去"的作者再回首当时写作的那番滋味,更不能在译文落地后,让隐身的译者成为"当时存在"的作者,传递他愿传递的感情与诗意。机器更谈不上"自反",不能"怀疑与思考",也就是不会问"为什么我要这样翻""为什么要翻这个作家"这样重要的问题。所以,机器之能在于"精"而非于"妙",差这一"妙"字便丧去了"艺",有损于"全方位的忠实"。

2 艺—术之辩:智能时代的文学翻译"艺—术"辩证法

张:郭老师的回答和您说的文学翻译之妙相当精彩!您谈到了"艺"在文学翻译中的核心位置、"妙"与"艺"的辩证关系,以及机器仅"精于算计"而"损在达情"的现状。这里我想就这一点继续深入下去。译学界曾在世纪之交就"翻译是科学""翻译是艺术"还是"两者兼备"这一主题发表了诸多争论(黄振定,1998;方梦之,1999;劳陇,2000;刘重德,2000;刘云虹,2006等)。如今以科学实证主义为基本逻辑的翻译机器出现后,是否反倒将曾经的论题又拉回了学术舞台?

郭:你说的这个争论我也关注、思考过。我个人认为,学界现已不大讨论"翻译是科学还是艺术",转而关注其他主题,并不代表这一基本的翻译之辩不存在。这就和哲学上的观念论与实在论之争一样。研究虽谈不及此,但其实始终围绕这两端在言说。又比如阐释学的发生也是针对科学的客观主义。虽然学界在话题上更迭迅速,但我相信学者始终会在代表感性的"艺"以及代表理性的"术"之间讨论,最后就会落到一种辩证的模式上,即"艺—术"辩证上。我认为文学翻译就是"艺—术"二字最好的呈现。

张:我赞同郭老师的"艺—术"辩证的提法。既然翻译有郭老师刚谈到的"艺",也有囊括技术含义的"术",请问两者在文学翻译中存在何种关联,如今的人工智能翻译是否可以替代"艺—术"之"术"?

郭:要注意,"艺—术"并非"艺"加"术",而是两者相通、相融、相解、相释。何以见得呢?文学翻译就是一个例子。刚刚我们谈到的是文学翻译的"艺",也就是一种审美、审情、审势之度。但就文学翻译之"术"来看,译者就需要在选词、造句、构篇上作灵活地调控和变通,但是这一变通的根本准则在于全方位传递原文的信息。变通之"术"在于尽力弥合原语语境与译语语境之间在语词、语用、语体、语域等诸多语言相关层面的差异。可见,翻译之"术"的最终指向还是"传",但"传"不是死译、硬译。因为越是在语言层面生搬硬套原文,距离原作就会越远,语言间、文化间生来便有距离。译者越是复制,那就越会重现两者的差距,而非差异。

张:确实如此,我是否可以更进一步地说,"艺"传"情",且"情皆中外相通";"术"达"理",且"理靠言语组合相解"。谈到这里,我也发现,即便翻译机器介入,在"艺"和"术"两层均不可复制人类译者。且不说传情,就连"术"层面的"达理"都十分困难。因为,我认为文学翻译中的"理"并不是"信息"这样简单,而暗藏信息变通的玄机。单纯的信息转换只能"相解"但差点"组合",而语句的编排、组合恰恰体现本子的"差异"和"文气"。

郭:对的,你的这一看法很确当。不少现在从事翻译的老师、学生、编辑等人往往都只看到了机器传达信息的层面,而未从我们刚刚谈到的翻译"艺—术"辩证观去审视翻译机器。我个人认为,看文学翻译的"艺—术"就要看它彰显的差异性。差异在翻译中是一定要有的。甚至可以说翻译的一大作用便是凸显差异。要不是翻译生产的差异,我们怎能"打开母语的封闭状态,为创造新词、新语、新观念提供可能性"(许钧,2021:93)?翻译之用大矣!其可观、可创、可激、可换亦可通。然而,机器采集的语料再大,收录的词句均为人造。人类一直使用机器,用一种过去的、过时的、简单的语言,久而久之,不但翻译制造的语言活力消散无几,就连人类以差异化的文学语言制造艺术之美、审美之趣的能力恐也消磨殆尽。

张:这里有个疑问。我们现在还处于传统的人翻和机翻之间,我们的后辈万一生来便在人工智能翻译机器提供的"便利"中,很难逃出一种机器给予我们的固定翻译模式或说机器提供的生硬语言,那是否这预示着文学翻译提供的"差异性"就会大打折扣?越来越多的人不会主动借翻译去阐释与理解,仅仅依靠数据的拐杖走路了呢?

郭:我认为这是做翻译研究的学者应加大讨论力度的问题,也是翻译教师如何进行合理引导的翻译伦理。你刚刚说的问题令人担忧,这不仅仅涉及文学翻译"如何做",还涉及文学翻译者未来的地位与处境。如果文学翻译日后可以轻便地靠机器完成,或许是一种"脑机接口"的方式以"脑—机—脑"的途径完成信息、审美以及情感的传递,文学译者工作的样态即便存在,也仅仅存在于个人兴趣的层面,也就是"翻译使我快乐"的地步。这样,文学译者的地位也会大大降低,从事文学翻译工作的人会更稀少,甚至翻译的地位也会随之落入谷底。

这种未来发展的可能性就要求现在翻译教学除了教会学生术语管理、机器使用、译后编辑,还要让学生真切体悟翻译之美、翻译之趣、翻译之妙。也就是让学生在翻译中体味"艺"与"术"的辩证观念。就现在来看,我们作为译者或研究者一定要明确机器翻译的工作机制。据我了解,机器翻译的一大数据来源是深度学习,也就是自动爬取已有信息;在译本产出阶段结合语境交叉匹配词句,并算出一个看似合适的译本,在此之后,这个机器就学到了怎么译相似句子了。问题也就在这里。若不同译者都偏向于一个表达的话,久而久之,深度学习就会自动把选择频次最高的词语自动且强行投喂到下一位遇到相似文本的译者那里。下一位译者很有可能会使用这个已经被机器同质化的翻译选项。就像大数据平台根据用户喜好自动推送的前三位"你可能喜欢的"商品一样。当然有译者也选择自己在机器基础上发挥一些创造,但他根据原文特定语境创造语言的空间是如此渺小,很快就被淹没在"前三"的选项中了。创作始终比动动鼠标点击选项困难得多。这点是非常值得你们这一代未来将走上讲台的翻译教学工作者警醒的。其弊不亚于"温水煮青蛙",我愿意称其为翻译进入"科技工业化"时代带来的隐形灾难。所以我想,在智能语境下,我们或要合理引导译者或学生首先当一名合格的文学阐释者,再传授其人机交互工作的基本技术,让文学性与差异性在技术发达的未来也能持续存有。

张:的确,不论翻译机器有多么先进,只要它仍然采用人类语言,采集人类感情,模仿人类说话,即便通过了"图灵测试",也不能代替文学翻译中的"差异性"生产,或者说,一种翻译过程中的"主体化生成"(刘云虹,2022:591),而主体化的过程中也就涵括了彰显文学译者"类"属性的"艺—术"辩证法。

郭:若又说到翻译"艺"与"术"的辩证上,我想强调的是,我并不是想推翻我原来忠实原作以及原作者的翻译主张,而是想说明,审美、风格、价值层面也一定要跟着原作者,但是选什么词去更好贴近作者就是译者"术"层面的问题了。换句话说,"术"在翻译上指的是"更准确地传"。这样看来,文学翻译为"艺—术"指的是在感性层面体悟、解读、传达原作者借原文本想表达的情感、美感、直观、思想;又要在语言辞藻上甄别、选择、定夺译作的语言特点、风格、构造。这两方面在文学翻译中相辅相成。这也便是翻译,至少是文学翻译的"艺—术"所在。可见,文学翻译"艺—术"之难,是一个多元并举,表里均顾的精细功夫。一面需要体悟原作,与原作者共情,把自身视点移到作者身上;另一面要用相较于原语存在语言、文化、审美差异的译语适恰展现原作音、词、句、篇各层次信息,构设原文语境,特别是审美语境;还要注意控制自己的译笔,不要离作者以及作品太远。所以"艺"加"术"本身已经超越了文学翻译的"审美性"与"技术性"之合,而是在两者间的精妙平衡。

从这个界定出发,我们至少可以知道,现在无论多精密的翻译机器,它是需要人去举谬的。悖论在于,译者始终要给生成式 AI 机器一个指令(prompt)让它产出各类文本,包括但不限于论文、综述、诗歌、散文,也可以"让"它给出一个译本,但它始终处于一种"义肢"层面,是一种人类偷懒用的工具,既然是工具,那就需要突出它的"功效性"。诚然,在翻译向市场化纵深发展的过程中,有个这样能快速产出"说得过去(good-enough)"译本的工具能快速满足出版的市场要求。然而,它始终无法真正代替译者去体现翻译的"创造性"。这样的创造性本身就潜藏在翻译实践,至少是文学翻译之"术"中。我想再次强调,文学翻译的"术"与"艺"是一体二面,我们根本不能在文学翻译中只谈语言转换,而割裂了语言转换后的"艺术性"或说"文学性"。首先,"文学性"体现在文本中,是与文学文本不可割裂的一部分。换言之,"文学性"让文学作品"是其所是"。其次,"翻译术"让原本的"文学性"再现,而这一再现必定需要填补,没有填补的"术"很难再现原文的"艺";再次,"艺—术"这一辩证观一定是人为阐释的结果,而非机械运转得来的转述。总而言之,人的翻译体现了信息传达的艺术性以及转换间尝试着弥补的艺术性。这是机器不能做到的。

3 心—术之辩:智能时代文学译者之"情"

张:我们已深深陷入大数据时代中,数据的势头相信在以后也将持续。就像您刚提到的那样,在翻译过程中,我们更习惯大数据给我们的"语词投喂(word feeding)"。在外部快速产出的节奏与压力下,我们很难自己逐字逐句斟酌情节、对话、描写以及更深层面的角色心理。因此,我们还想请教郭老师一个问题:在人机共生的文学翻译语境下,译者捕获原作角色的心理状态以及相应的用词会不会受到大数据的遮蔽?

郭:肯定会被遮蔽,因为角色心理的传达始终大于刚刚提到的"术",术的层面是具体的,而"心"的层面是整体的。这样的"整体性"甚至会延伸到作者本人的人生感悟、情感波澜以及心理心态。值得注意的是,作者不同阶段创作的文本所投射出的角色集体心理特征与张力也不尽相同,而且这样的差异是一种隐形且精妙的差异,是有形文字不可代替的。比如同样一句"Are you hungry?",生硬的机器会直接用最泛泛且最不容易出错的"你饿了吗?"来对照。但如果前后文表现的是说话人对接受者的"暗暗不满"或者"不耐烦",这句话或许还可以译作"饿了吗,你?""你要吃了?"或是"你又要吃了?"等等。此外,语境的微妙变化还会要求不一样的遣词造句。如果用惯了机器翻译,译者很有可能在审核到这句话的翻译时,就采纳了机器的翻译,因为机器翻出来的本子始终是"语义正确"。最关键的是,始终"正确"的文学译本倒还没了味道,也就没了"真切"层面的正确性,仅仅是一种语言层面的"真实",而非情感层面的"真诚"。因为一个人的心理是复杂的,往往在于"说一词但指另一意(to say one word to mean another)"。这就要求我们译者在人机共在的语境下更要细心,要译者自己真切把握了文本或某一角色的心理基调后再思考如何忠实地向读者传达这一心理。文学译者要去除机器在心理层面的遮蔽就需要调动自身的心理活动,与作者或者角色这个"人"对话,而不是面对一个不解人情的"语言机器"。

张:有没有一种可能,机器也有自己对人情绪或心理的观察?机器是否会在以后发展到一定程度,从多方位解读作者的心理基调或是一个角色的心理特征呢?

郭:现在我还不能给出这个问题的答案,但我还是坚持认为,机器得出的结论是数据,这些数据是有形的数据,而且有形数据展现的信息,不能完全与心理挂钩。这些数据即便呈现出一些情感的迹象,那也不是真实的情感,是情感的幻象。我看了2023年的贺岁档,冯小刚执导的《非诚勿扰3》。电影很有趣,导演结合当下的AI大潮,引出了一个搞笑却令人深思的问题——人的爱情是否也能AI?我想不少和我一样看过这部电影的人都会同意:再完美的人工智能也不可能替代人类。机器人再好那也是机器人,沟通再顺畅再默契,那不也是程序设定的吗?尽管机器人具有诸多优点,但其本质仍然是机器。即便沟通再顺畅,它始终为基于预先设定的程序。就像你感兴趣的精神分析所揭示的那样,很多情绪是压抑的浮现,而这样的情绪、感觉、欲望闪动始终是流动的,不是翻译机器的工作单位,即一个词、词组或是段落能够锚定的。麦克尤恩就是一位将人性、心理甚至精神分析利用得很好的文学家,他在《赎罪》(*Atonement*)中也或隐或显地呈现了一种专属于人类借助书写而达至的"流动之心":"当梦想成真的那一刻,她就用语言来描绘。写作不正是一种翱翔,一种可以做到的飞翔的、梦幻的、想象的形式吗?"(麦克尤恩,2008:169)

说到这,我想再一次强调,若光看词后面的信息,那机器可以完整传达。这在应用翻译文本上无可厚非,因为这一类翻译的目的就是精准传递信息,就是要生产格式化的译语表达,容不得译者变动。所以谈到集艺术性、创造性、差异性、审美性为一体的心理层面,我们更应该想,机器有没有心理活动。答案肯定是否定的。首先,机器是没有自主意识的,因为它们的根据是算法,算法的根据是数据,数据是否有自我意志?我认为是没有的。但是,翻译流程涉及的主体是有自我意志以及心理活动的。就角色心理特征来看,作者构建一个虚构角色,甚至这个角色是作者本人的心理投射。比如在《没什么好怕的》(*Nothing to be Frightened of*)这部作品中的角色代表了巴恩斯自己的心理活动以及对时间与记忆的沉思。这表明,作者构建一个角色,特别是一个丰满的角色,并不是单靠言语描述其外表与想法,而是要涉及一系列的事件、情节、对话甚至是动作,而这些都是向未来的阐释者敞开的。也就是说,角色在各类情景中怎么思考,怎么反应都不一定是我们从文字中看到的那样,甚至作者也不明确他为何在那一刻如此描述,这也就要求阐释者或者译者有一种对自己的人生体悟,或者对原作者人生以及风格的整体认知。

张:这样的体悟我也认为相当重要。到现在来看,文学翻译的着力点并不是"用什么语言"(what to)而是"怎么用语言"(how to),这或许也昭示着翻译研究,特别是翻译批评研究从译语描述、译法解读向译者体悟、译本氛围的回溯性转变。只有看清作为"人"的译者如何思、如何悟、如何感才可能挖掘出译者精神。我想,也恰恰是因为机器少了这些,我们在说"机器精神"时多少有些荒谬。

郭:的确如此。文学翻译并不是一种没有生命温度的转换,并非西方"忒修斯之船"这样的"平行"隐喻,而更应该注重东方"羽化而登仙"这样的"飞升"隐喻。然而,飞升之处在于"修炼"。文学翻译在我看来并不是一段枯燥且充满危机的大海航行,而更像是一种自我修炼,一种如何靠近优秀原文作家并让他们的作品照进我生活的修炼。在不断的翻译中,我也逐渐与这些作家神交,这样的思想共流、生活共鸣、体悟共感也丰富了我本人的精神世界。不论是文学传递还是生活体验,都让我觉得翻译是幸福的,是一种文学充盈生活、滋养生活、引领生活的途径。机器是不会以文学为乐的,更不会自认为乐在其中。它们要做的就是抹杀译者体悟的过程,甚至是误解的过程。因为生命体悟这一过程对机器来说太耗时间,拉高了译本产出并获利的成本。话说回来,在人工智能无处不在的年代,在处理一些句式上,一种不那么直接粗暴的"迂回式"翻译或许更可贵。这些译笔或许正代表了译者本人将原作"内化于心再外现于形"的过程。你刚刚又谈及译者精神,这也是一个很好的课题。机器入场后,将文学翻译单纯视为工作而非生活样态的文学译者很容易懒散起来,有很大概率会失去"如切如磋,如琢如磨",或是"一名之立,旬月踟蹰"的"求真精神",甚至还会利用机器高效产出之便去争名夺利,消解"奉献精神"(冯全功,2023:100)。所以,不论从文学翻译的艺术观、创造观,译者的精神观、伦理观来看,机器是不可代替人类的。

张:最后还想问郭老师,您使用或者使用过翻译机器吗? 您认为文学译者在当下的智能时代又如何泰然处之呢?

郭:曾有同事建议我用一下试试看,但我从未在翻译签了合同的文学作品时机翻过。我本人对翻译有一种"洁癖",不愿意让其他外力左右我的翻译选择。个人认为文学译者的价值体现在自主、自为、自适上。若机器帮助我去处理文本,我倒还丧失了乐趣。每天翻译已经成了我的生活习惯。比如你有天天跑步的习惯,突然有一天叫一个机器人代替你跑,你只需要监视着它帮你跑步,岂不荒谬? 这也自然谈到文学译者在"译术之新"的时代保持译者真心的问题。我个人认为,文学译者首先需要与机器保持一个友善的距离,若要将技术当作无处不在的幽灵,那我们或要敬鬼神而远之。我们虽要敬重科学家的努力,但人文精神始终要润化僵硬的数据。其次,我们或要学会变通。我说不定哪一天就不做翻译了,完全转向文学或者翻译学研究。翻译不论是过程还是整个实践活动都不是死板僵硬的,不能以一种工作的方式对待,更不能让翻译锁住了译者自身在生活和选择层面的自主性。最后,我们须坚信文学在智能时代的地位。正是科学弥散的时代,我们或许更需要文学本身的生命力,也正是译者的求实、求美、求真、求趣的生活态度,才会感染更多生活在虚空且无聊的技术茧房的人们。

张:谢谢郭老师的精彩分享!这次谈话让我看到了一位文学译家面朝数据海浪并怡然自得且满怀激情的心态,也让我看到了翻译与译者生命相融的"在世之在(In-der-Welt-sein)",这或许也解答了我本人读至福柯《词与物》(*Les Mots et les Choses*)结尾处产生的疑问:人为何会如沙滩上的脸一般被潮水抹去?现在发现,被抹去的只是平面的符号画像,而站立且面对数据狂潮的译者,即便在阐释循环中被淹没,也可立下译者精神的崇高之美。

郭:谢谢,我们共同努力!

参考文献

[1] Agamben, G. 1999. *Potentialities: Collected Essays in Philosophy* [M]. D. Heller-Roazen, trans. Stanford: Stanford University Press.

[2] Benjamin, W. 1997. The translator's task [J]. S. Rendall, trans. *TTR: traduction, terminologie, rédaction*, 10(2):151 – 165.

[3] Constantine, P. 2019. Google Translate gets Voltaire: literary translation and the age of artificial intelligence [J]. *Contemporary French and Francophone Studies*, (4):471 – 479.

[4] Derrida, J. 1978. *Writing and Difference* [M]. A. Bass, trans. Chicago: University of Chicago Press.

[5] King, K. M. 2019. Can Google Translate be taught to translate literature? A case for humanists to collaborate in the future of machine translation [J]. *Translation Review*, (1):76 - 92.

[6] Youdale, R. 2019. *Using Computers in the Translation of Literary Style: Challenges and Opportunities* [M]. London/New York: Routledge.

[7] 杜磊,郭国良,2022. 让翻译照进文学,文学点亮翻译——郭国良教授访谈录[J]. 译苑新谭,(2):163 – 171.

[8] 方梦之,1999. 科技翻译:科学与艺术同存[J]. 上海科技翻译,(4):32 – 36.

[9] 冯全功,2023. 翻译家精神:内涵分析与潜在价值[J]. 外国语,(1):96 – 103.

[10] 郭国良,许钧,薛倩,2015. 翻译,是历史的奇遇——关于文学翻译的对谈[J]. 外国文学,(6):146 – 154.

[11] 郝俊杰,莫爱屏,2019. 翻译技术的伦理探索[J]. 上海翻译,(5):58 – 63.

[12] 黄振定,1998. 翻译学:艺术论与科学论的统一[M]. 长沙:湖南教育出版社.

[13] 蓝红军,2019. 关于翻译技术伦理性的思考[J]. 上海翻译,(4):8 – 13+94.

[14] 蓝红军,2023. 翻译技术的理论研究:问题与路径[J]. 英语研究,(1):47 – 58.

[15] 劳陇,2000."翻译活动是艺术还是科学?"——对《翻译学:艺术论与科学论的统一》的一点意见[J].中国翻译,(4):63-64.

[16] 刘云虹,2006.翻译的本体论:"科学观"与"艺术观"之外的第三条道路——《翻译的本体论研究——翻译研究的第三条道路、主体间性与人的元翻译构成》评析[J].中国翻译,(5):49-51.

[17] 刘云虹,2022.文学翻译生成中译者的主体化[J].外语教学与研究,(4):590-599+640.

[18] 刘重德,2000.问题抓根本,方法要辩证——《翻译学:艺术论与科学论的统一》简评[J].外国语,(2):69-71.

[19] 麦克尤恩,2008.赎罪[M].郭国良,译.上海:上海译文出版社.

[20] 王华树,刘世界,2023.数字人文视域下译者数字素养研究:内涵、问题与建议[J].外语教学理论与实践,(2):70-79.

[21] 吴美萱,陈宏俊,2023.人工智能时代机器翻译的伦理问题[J].外语学刊,(6):13-18.

[22] 许钧,2021.关于文学翻译的语言问题[J].外国语,(1):91-98.

[23] 赵国月,郭国良,2023.什么是"文学翻译全方位忠实观"?——郭国良教授访谈录[J].翻译教学与研究,(1):1-8.

[24] 赵国月,周领顺,郭国良,2018.当译者遇上作者——郭国良教授访谈录[J].翻译论坛,(3):1-4.

[25] 祝朝伟,2018.机器翻译要取代作为人的译者了吗?——兼谈翻译人才培养中科技与人文的关系[J].外国语文,(3):101-109.

（责任编辑　施雪莹）

译者行为理论和研究关系的一体两面

扬州大学　周领顺*

摘　要: 译者行为批评和译者行为研究呈现为一体两面的关系,译者行为研究是译者行为批评指导下的研究,译者行为批评是开展译者行为研究的一个行之有效的理论工具。本文主要讨论了译者行为批评和译者行为研究的关系问题,并提出译者行为批评和译者行为研究的一体化发展路线,旨在追本溯源、展望未来,使未来的研究更加全面和深入。作为译者行为理论的译者行为批评,其构建来自实践,应研究之需而诞生。译者行为研究实现了翻译从文本层面到人本层面的跨越,具有坚实的创新基础,有效的创新路径和无限的创新空间。

关键词: 译者行为批评;译者行为研究;翻译批评

Title: On the Integrity and Duality of Translator Behavior Criticism and the Translator Behavior Studies

Abstract: The Translator Behavior Criticism theory and Translator Behavior Studies present a dual relationship: Translator Behavior Studies is guided by the Translator Behavior Criticism theory, and the Translator Behavior Criticism theory has been proven to be an effective theoretical tool in the studies of the translator behaviors. This article mainly discusses the relationship between the Translator Behavior Criticism theory and the Translator Behavior Studies, and proposes an integrated development path of Translator Behavior Criticism and the Translator Behavior Studies, aiming to trace the origin, look forward to the future and make

---

* **作者简介:** 周领顺,扬州大学翻译行为研究中心教授。研究方向为框架语义学、译者行为批评及其研究。联系方式:zhoulingshun@163.com。

future research deeper and more comprehensive. As one of the translator behavior theories, the construction of Translator Behavior Criticism came from practice and was born to meet the needs of research. The Translator Behavior Studies has taken a leap from the textual level to the humanistic level in translation, with a solid innovative foundation, effective innovative paths and infinite innovative space.

Keywords: Translator Behavior Criticism; Translator Behavior Studies; translation criticism

1 译者行为理论和研究概览

"译者行为批评"(概称为"译者行为理论")属于理论,"是 21 世纪初期我国译学研究最具代表性的 6 种学说之一"(方梦之,2024a:12),重在理论本身的建设和研究;译者行为批评理论指导下的"译者行为研究"重在应用,以此开展应用研究,是对于理论与事实相结合的运用及其效果的检验;"译者行为评价"是译者行为批评理论指导下更有针对性的批评理论建设和评价实践,比如构建评价模型以提高评价的操作性。"批评"和"评价"是一体的,但在"'翻译批评'大概念下的实践操作宜称为'评价'"(周领顺,2024a:108)。鉴于除了理论建构本身和评价在实践上的操作外,其他皆属于"研究"的范畴,所以一般情况下,在与理论相对而言时,皆以"研究"相称,除非着意区分"应用研究""评价"或者某个侧面。

译者行为研究走过了"理论构建期""实践检验期",并正在经历着"整合再构期"(周领顺,2023a:21‐22),可具体化为"发轫期(2002—2009)""成长期(2010—2013)""成熟期(2014—2018)"和"深化期(2019 至今)"(李正栓、张丹,2023:24‐25)。王卓(2024)写道:"以周领顺'译者行为批评'理论创新的译者行为研究为例,这一创新理论业已形成较为完整的理论框架、一定规模的研究队伍、一定内在逻辑的研究成果群,并逐渐形成了一个译者行为研究的学术共同体,在中国翻译研究领域开创了一种现象级的原创理论。"那么,译者行为研究是怎样的一种研究呢?"译者行为研究是以译者行为批评为理论,以译者行为为研究对象和立足点的外化、动态、人本属性的译者研究,也是以译者行为为基点和研究对象的翻译批评研究,还是以译者行为为研究基点的行为过程研究,目前以批评研究最为成熟。"(周领顺,2024b:77)或者简单地说,译者行为研究是以人为本的互动关系研究,包括译者研究、行为研究和批评研究等研究领域。译者行为批评首先以翻译批评为目标,所以才有了张思永和宋庆伟(2024:79)所说的"'译者行为批评'不只局限于翻译批评领域,也可朝翻译理论或翻译思想史研究的方向发展"的提议。"译者行为批评"理论名称本身暗示了三大研究领域的存在,即扩展的"译者研究""行为研究"和"批评研究"(周领顺,2023a:19-20;2024b:87),这是外三层的研究领域。简单地说,"译者研究"指向人的研究,体现译者行为批评"以人为本"的理念;"行为研究"指向译者行为过程的研究,体现译者行为批评互动关系的理念;"批评研究"指向评价目标研究,体现译者行为批评作为评价理论的理论建设及其在实践上的操作,处于三个不同的范畴。

译者行为研究本体还含有内三层理论建设,即本文所说的"译者行为批评""译者行为研究"和"译者行为评价"的三位一体。此时,内三层中的"译者行为评价"与外三层中的"批评研究"走向一体,所不同者,"批评研究"是学科意义上的宏观建设,"译者行为评价"是微观层面操作的研究领域。译者行为批评作为评价理论,直接指向翻译批评和评价实践,但植根于翻译实践(事实),所以其研究成果也间接或直接对翻译实践发挥着指导的作用。本文将主要讨论内三层中的译者行为批评理论和译者行为研究的问题源点,只有具备发现问题的意识,才能够说明研究目标是明确的,针对性是充分的;只有能够实现一体化发展,才说明它具备可持续发展的特质,也才能够真正持续地发展下去。

总体而言,译者行为批评理论和译者行为研究呈现为一体两面的关系。译者行为研究是译者行为批评理论指导下的研究,属于译者行为研究中第一大阵列的研究(周领顺,2023a:17)。所以,讨论理论的应用,也是讨论译者行为的研究,而讨论译者行为研究,也会涉及理论方面的问题,比如对于理论的验证、丰富和完善。二者互为关系,相互补益。译者行为研究大有可为,源于它有着坚实的创新基础,有效的创新路径和无限的创新空间(周领顺,2024c),而开拓的源点是创建者应该首先具备的足够强的问题意识。

关于可以拓展的空间,各位研究者结合自己的研究已有所述。这些研究者包括方梦之、许钧、刘云虹、李正栓、傅敬民、黄勤、王卓、徐莉娜、胡开宝、卢卫中、谭业升、李金树、任东升、王峰、王军平、赵国月、张思永、姜淑芹、袁丽梅、郑剑委、冯曼、冯全功、刘泽权、王宏、张汨、张威、耿强、许明武、闫怡恂、胡安江、李迎迎、滕梅、徐德荣、霍跃红、董晓波、谭业升、孙会军、覃江华、朱义华、彭白羽等,有兴趣者可以追踪查看,恕不一一注明出处。笔者也在几篇文章中谈过一些设想,而对诸位研究者提及的可开拓空间进行对比整合并重新规划,本身便是一个可行的和有价值的研究课题。正如王卓(2024)所说,"任何时代、任何领域,对人的研究都是最复杂的,也是最有挑战性的,需要跨学科研究方法的整合、宏阔的研究视野以及对文本和人的深度洞悉力。"

2　作为译者行为理论的"译者行为批评"

关于译者行为批评理论,方梦之(2024b:134)写道:"周领顺创建的'译者行为批评'

系统理论是开展译者行为研究的理论工具,是以译者行为为中心,以译者意志及其行为为切入口,以社会视域为评价视域,旨在评价译者行为和译文质量、译者行为和社会服务等双边关系的描写性、批评性和框架性翻译理论体系,得到译界的普遍认可和应用。"

改革开放后,我们曾大量引进西方翻译理论,却被证明解释乏力(如国际上的翻译批评主观性太强),此后才逐渐有了创建理论意识的觉醒。译者行为批评是以探寻解释现象和解决问题的路径为出发点的,不唯理论而理论,所以不会成为自话自说的理论话语。许钧(2023:5)的一段话既是鞭策,也道出了译者行为批评理论创建之实。他讲道:"首先,理论创新的起点应该是问题,始于问题,坚持求真。我想指出,时下有一种理论创新的热潮,这是好事;但是,我认为我们学者应该坚守学者的本分,坚持求真的立场。对于学界理论创新的努力,我一向是支持的,但是我也要特别提醒,理论创新不能唯理论而理论,更不能生造术语,特别是生涩的术语。而就'译者行为批评'理论而言,我觉得它不仅系统鲜明、简洁,而且其术语有强大的解释力,这应该是理论创新应有的学术特征。'译者行为批评'的理论探索在这一点上做了很大的努力。"

译者行为批评明显区别于传统,比如传统上老套的译者研究"基本都是记叙式、访谈式、经验式、点评式的研究"(张汨、文军,2014:101),皆在文本中心视域打转。传统上的文本中心视域在翻译批评上主要聚焦于翻译质量的评估,解释不了人在行为上的表现,这对于旨在追求翻译批评全面性、客观性和科学性的总目标而言是不利的,因此需要超越传统认识翻译。不仅要超越传统,还要学会跨范畴看问题,而"外化性""人本性"和"动态性"(周领顺,2023b)兼具的译者行为批评主张从翻译的外部观察内部,从文本中心范畴进入人学范畴,使现象得到了较好的解释。这是理论工具性的主要体现。

从"翻译"的本义(从河的对岸把东西运送过来)上讲,译者首先要为原文和作者服务,帮助作者传达意义,使作者思想"行远",所以本能上表现为"求真",尽量防止"走样"(钱锺书语),求翻译之"译",译文处于"准不准"的层次上;经过翻译后把东西送给读者,译者又要做到"务实",译文处于"好不好"的层次上,实际务实效果决定于读者、市场和社会。"务实"既是译者的努力,也是读者、市场和社会的需求。其他还有方式(包括审美、修辞、风格等)上的务实效果等问题,比如翻译得准但传播效果并不理想的情况,反之亦然。这些皆说明翻译过程是复杂的,而导致整个翻译活动极具复杂性的就有以译者为代表的意志体,毕竟译者是翻译活动的执行者,是中枢,是"牛鼻子",也是观察的制高点。译者需要左右逢源,其纠结的心理过程、身份和角色化在行为上的表现等等颇值得研究。这些翻译现象(准确地讲是翻译过程中的现象)是将翻译看作翻译活动时所产生的现象,但怎样从理论的角度给语境中的这些现象以合理的解释呢?此时需要恰当的理论工具出场。

对于电影片名的翻译已经有过很多的讨论,但文本中心视域仅限于总结翻译的方法,比如什么样的是直译,什么样的是意译等等,在说不清并在特别受到感动时描绘为

"创造性翻译""创造性叛逆""创造性变译""忠实性再创造"等表述方式内部有些自我抵牾的字眼。这些字眼的使用,皆因传统上的"翻译"定义难以包容或者即使包容但难以解释现象和解决问题。所以,在译学界,有人重新命名,有人更新定义,但不一定是概念出了问题,而可能是理论解释工具的无力,毕竟在文本视域中看问题,不能有效解释或者甚至没必要解释人的行为上的问题是理所当然的。当解释无力时,关注译者行为、从社会学角度出发的人本思想即应运而生。

从评价的角度看,译者为什么要那样做?他的身份在翻译内外发生了怎样的变化?需要通过描绘合理度而确认译者行为的合理性,这些皆不是原型的翻译应该包容和包容得下的,比如原型的翻译定义中就没有人的因素的存在。而进入了人学范畴、发生了范畴转移后,看问题的角度也相应发生了转化,审视问题的视野得到了拓展。目前创建的译者行为批评理论所具有的"外化性"特征就指向外部研究的译者行为研究,它将译者和行为等因素纳入视野而又兼顾了翻译的内部。

这是跨界(跨范畴)的思维,关于这一点,我们可以对李金树(2024:16-17)的一段话加以分析。他写道:"针对具体译作的效应考察聚焦于译作在翻译批评前后的'自我革新'和价值衍变。译作的'自我革新'实际上关乎译本语言层面的异动,即译本'求真度'(周领顺语)的波动。针对译作的诸多批评话题,如:译文理解是否正确?选词是否确当?表达是否文从字顺?文体是否对应?等等,都可成为有效的观测点。基于此,译者行为视角的观察便显得尤为重要。译者如何看待这些批评?如何回应这些批评?回应的理据是什么?为何如此回应?译者对译作做了哪些辩护或做了哪些改变?等等。由此生发的批评或反批评(抑或对话/对谈),甚至是翻译史上重要的批评事件(如1995年关于《红与黑》的汉译大讨论),都是极具价值和意义的研究课题。"关于译文理解是否正确,选词是否确当,表达是否文从字顺,文体是否对应等等,这些问题都是文本中心视域的问题,但对于翻译批评的目标而言必定是不全面的。文章所使用的"求真度"虽然是对于意义再现程度而言的,但借用"求真度"一语,就给需要进入人本视域看问题埋下了伏笔,毕竟"求真度"是译者行为批评的术语,而传统上在讨论译文与原文的关系时使用的是"忠实"或"忠实度"。至于为什么"译者行为视角的观察便显得尤为重要",是因为仅仅在文本中心视域进行考察限于静态研究的思维,需要转入人的行为的范畴才可能做到尽可能地全面。至于译者如何看待这些批评,如何回应这些批评,回应的理据是什么,为何如此回应,译者对译作做了哪些辩护或做了哪些改变等问题,可简单地概括为:所有的回答都是基于以人为本互动关系的回应,这是动态研究的思维。诸如此类问题,皆反映了译者行为批评理论构建的必要性,也证明跨范畴思考问题的正当性。至目前,译者行为批评已经做出了较好的回答,较大程度上避免了翻译批评主观性较强和实践上操作性不够高的一面。

译者行为理论的构建来自实践,以解决翻译批评中的问题、解释现实中的现象并迎合研究上的需求。许钧(2023:5)高屋建瓴地指出,"理论的创新要解决什么问题,解释什么现象,指导什么样的实践,我们对此应该有一个明确的追求。'译者行为批评'针对的是翻译批评这个大目标,它的问题意识很明确,目标也很明确。"关于译者行为批评的理论源流、理论归因和理论应用等问题,周领顺(2023c)有过详细的讨论。译者行为批评是理论本身,也是解释现象和解决问题时的理论工具。"译者行为批评"这一表达中包括了研究的对象、方法和目标,它"批评译者行为",所以本身是批评的一部分。

3 作为理论应用研究的"译者行为研究"

董洪川(2024)评价道,"译者行为研究抓住了翻译研究的'牛鼻子',精确阐发了主体实践'内因—外因'的辩证关系,拓展了翻译批评在心理、情绪、生活、环境等诸多方面对译者实践的影响。"译者行为研究,更精准地说,其中的"译者"是真正的"牛鼻子",但它是怎样的"牛鼻子"呢?

开展译者行为研究充满必要性,这是因为:传统期是以"忠实"看待翻译上的问题和现象,虽然对于解读文本的意义很重要,但如果放在语境(包括"活动""过程"和"社会")的范畴或者整个社会视域内看问题,这类静态的研究就本能地对人等意志体的问题持排斥或者有意忽略的态度,但翻译活动是复杂的,导致翻译活动复杂的就有人的因素,所以将"翻译的目的"演变为"译者的目的"者屡见不鲜。在目前翻译学和社会学等学科相互结合的转型期,必须抓住一个研究的中心,而译者等意志体自然当仁不让,毕竟译者是翻译活动的执行者,所以就有了翻译学研究中的译者主体性研究和社会学研究中的译者行为研究等。作为翻译活动执行者的译者,其行为就自然而然地能够成为批评的"牛鼻子"。译者行为批评理论指导下的译者行为研究拥有三大路径:翻译外部与翻译内部相结合,人本研究与文本研究相结合,静态研究与动态研究相结合。三大研究路径与理论上的三大属性(外化性、人本性、动态性)相互照应,一脉相承。或者说,这三大研究路径是译者行为批评三大属性在事实上的体现。另外,译者在翻译实践上还努力在"求真"和"务实"之间表现出平衡性的特征。

译者以文本为中心时,倾向于将注意力集中在文本上,当译者在潜意识中以原文为本时,就会把文本作为经典对待,希望通过翻译完成经典化的过程。这类做法适用于真正的经典,比如考古、科技、政治、法律等严肃的文本类型,所以"对与错"的标准总萦绕于心。而与经典化相对的是通俗化,通俗化翻译及其研究的弊端正好相反,它过于凸显译者(包括"非译者")的能动作用,忽略原文属于经典文本的类型意义。研究者在进行评价时,倾向于以务实于社会的结果来判断翻译的合理性,即使某些结果超越译者的职责范围,跨越翻译的基本伦理,但只要务实于社会的程度高,也仍然会被贴上高合理性的标签,此时求的是翻译之用。在忠实于原文和务实于社会之间,研究者最易忽略的是译者的身份、意志和行为等等元素之间的互动关系。

在译者行为理论指导下的译者行为研究领域开拓之前,翻译研究在做法上限于文本中心视域。研究者借旁征博引作解经式、考证式的比对是通行的做法。但这类静态研究的不足是显而易见的,它容易忽略经过翻译转手后译者作为意志体"人"的存在,当研究者心中只有经典存在时,所有的错误都会被认定为来自译者,此时的译者只是成了被攻击的靶子,忽略了译者作为一个社会人能动的一面,这是对现实翻译过程和翻译活动复杂性的有意漠视,或者说是研究上选择了视而不见。

译者行为研究是动态研究,而动态研究是关系研究,它不仅不忽略文本,更是把文本作为追踪译者行为痕迹的发生地,借以寻找译者行为的规律,从而发现译者合理性的一面;不仅评价文本,也评价翻译过程直至整个翻译活动,与纯粹的文本研究相比,多出了一个合理性解读的维度,即使对于传统上老生常谈的文本话题(如"翻译腔""文化负载词""歇后语""方言""典籍"的翻译),也能得出更新的、更合理的解释。对于意志体人的解读更是如此,比如严复主张"信",但为什么他自己又没有完全如此? 要想弄清楚真实的意义,就要动态地看问题。译者翻译电影片名,严重偏离原文的现象部分说明在实际的活动(包括心理活动)中,译者已经反复揣摩了译文将和社会发生的关系(如票房收入),所以在翻译的初期就已经做到了了然于心。再上升一个层次看问题,就会发现只要涉及利益的商业翻译,几乎都会偏离原文,因为要务实于市场和社会;只要能展现个人文笔才华的文学翻译,也几乎都会偏离原文,因为夹杂进了译者个人创作的欲望和个人的风格,所以就有了许渊冲的"超越原文""与原文竞赛",也有了钱锺书一边批评林纾一边自己也在二度创作的事实。这一切都是译者作为社会人在其中发挥了作用,他的行为是社会性的,也是社会化的,与翻译的整个社会化相关,既有译者正常的社会性表现,也有译者正常和非正常的社会化作为,静态的研究方法对此束手无策。

通常所说的"行为研究"就是动态研究(也称为过程研究、关系研究、互动关系研究),而相对的"非行为研究"便是静态研究。"译者行为研究"中的"译者行为"是研究内容,而"行为研究"也潜藏着以人为本研究的方法论。静态的非行为研究只关注语言的静态研究,比如翻译技巧、翻译单位、句子结构的复杂度、词采和词的大小等。就翻译技巧而言,静态的"非行为研究"可以总结出直译、意译、合并法等方法,但"行为研究"则需要解释为什么译者可以在直译的情况下却要意译,或是反之,坚持直译而非意译等,这涉及译者的目的性行为和环境性因素之间的相互作用,以及二者对译者的影响等。"非行为研究"是在文本中心的视域看待译文和原文关系,主要发生于传统期,而"译者行为研究"是在语境研究的视域内看待译者的意志、身份、行为和译文等等因素之间互动关系的研究。语境包括自然环境、社会环境、过程等在内的一切外部环境因素,对上述各因素都会产生影响,所以和上述各因素之间既不是平行关系,也不是对立关系,而是互相包容并互动的关系。传统上比较一个原文的几种译文时,关注的是对和错,而从人的角度切入讨论时,关注的是围绕人的行为和过程中发生的一切,虽然也存在对和错,但明知故犯不是翻译执行者译者的原因吗? 只是在传统研究上选择了对译者行为的视而不见。

译者行为研究中的社会性和社会化、意志和行为、行为和译文、译文和社会等等元素之间的辩证、互动关系及其印证研究形成了一个动态的网络,各元素之间的互动,显示的是研究的路径和方法,所有元素作用于行为并通过译者表现出来。正如王卓(2024)所言,"译者行为研究最大的创新在于将翻译行为从语言层面推进到社会文化层面并最终进入人学层面,从而实现了翻译从文本层面走入人本层面的跨越。事实上,翻译理论和实践领域一直有一种从文本走向人本的冲动。"

4 译者行为批评理论和研究发展的一体化

笔者的系统研究路线的主线是:建设理论—验证理论(译者行为研究)—加强评价—扎根翻译实践。对于这条路线,马冬梅(2024)进行了详细的阐释。具体而言,目前笔者的一体化研究路线是:

第一,建设理论:"文本—行为—社会"三位一体分析框架和"3+1"维度分析、评价模型构建等。译者行为批评属于翻译批评,所以在翻译批评领域用力较多。

第二,深化研究:细化概念(如角色化、译者行为研究关键词、"翻译外"、非译)、广义和狭义研究、元素之间互动关系研究、修正研究(如对于"理想中的平衡""关键词"等表述)。

第二,加强手段:语料库、跨学科等,建设理论,验证事实。语料库等是科学的手段,但不是目的,论文的结果虽然在于发现和创新,但整个过程要以思辨为主线,思辨是"论文"之"论"的灵魂,是批判思维的直观体现,而跨学科是跨范畴思维和发现真正问题的捷径。

第四,拓展领域:译者研究、行为研究等。继续加强批评研究,特别是翻译批评操作性的提升。

第五,解释传统:如对于"忠实"和"忠实性"、"可译性"和"不可译性"、"神似"以及"化境"等的译者行为考察和验证。

第六,开发路径:如进行与传统译学、现代思维、认知研究、中国本土翻译理论建设、译者研究等等之间的关系研究等。可以开拓的研究是无限的,比如与其他理论的打通研究、与社会学视域译者行为研究的对比研究、服务社会的对接研究等。

谭业升(2024:28)指出,"近年来以周领顺等学者为代表的译者行为批评……符合多元化和多维度发展的总趋势,与布尔曼的模式相比,虽在精细度和可操作性上稍逊,但在关注译者主体性方面具有理论思路上的一致性。"译者行为研究任重道远。

译者行为批评是翻译批评的一部分,在译者行为批评内部,除了理论建设外,还涉及很多操作有效性的问题,即译者行为评价实践问题,需要专题讨论。翻译批评迄今尚未确立属于它的概念系统和需要划清的边界,所以人们一般将翻译批评性质的研究都看作翻译批评研究,或进行内部本能的翻译质量评估,或进行外部翻译产品的译介和影响评价,而译者行为批评是具体的,有自己独立的概念系统,边界清晰,研究方法明确,目标清晰。

译者行为批评内涵丰富,维度多,比如有的论文用"求真—务实"译者行为连续统评价模式,有的用"社会性"和"社会化",有的用"翻译内"和"翻译外"来分析等,有用于指导翻译实践的,也有用于指导翻译评价的。总之,虽然论文里同样都是对译者行为批评的理论介绍和文献回顾,但角度完全不同者并不鲜见,这与梳理目的论、功能对等理论等理论时有着明显的不同。

据笔者观察,目前新出现了几种新颖的研究视角,比如哲学探源、认知解释、理论间融合和对比、理论融合后创生新范畴、通过技术手段等在事实的验证中升华、领域拓展研究、结合新时代和理论新的发展阶段所作的各种反思等。即使套用理论,也是在其他领域所进行的验证。可贵的是,有的在套用中细化,比如对于"翻译外"因素、角色化和群体行为表现等,从而使理论得到丰富和升华。

5　结束语

"译者行为批评"是理论本身,但概称为"译者行为理论",是为了为未来可能的其他译者行为理论留下空间;"译者行为研究"是研究对象本身,与"译者行为批评"理论之名分开对待是为了给其他理论指导下的译者行为研究留下空间。

也有将"译者行为研究"称为"译者行为批评研究"的,两者有稍许的不同。"译者行为批评研究"带有翻译批评的目标,而"译者行为研究"是基于事实的研究,比如可归入翻译史研究、翻译策略研究等,当然也可以归入翻译批评研究,只是不像前者预先设定了翻译批评的目标。

译者行为理论和译者行为研究呈现为一体两面的关系,也暗含着两种扎实的研究路径。理论指导下的研究走的是"自上而下"的路线,而基于事实的研究走的是"自下而上"的路线,将两种研究路径相结合,既避免了理论的纯粹套用,也会在与事实的结合中使理论得到不断的丰富和升华,从而实现不断的创新。

"译者行为批评"和"译者行为研究"既可以是一体的,也可以分离。一体的时候,

"译者行为研究"的理论工具是"译者行为批评";分离的时候,"译者行为研究"可以是任何其他理论指导的研究,比如王晓莉、胡开宝(2024)在语料库批评翻译学视域和刘佳、李瑞雪(2024)在生态翻译学视域开展的译者行为研究。有必要说明的是,有些理论不一定是冲着解决现实中的问题而来的,理论需要体系,但体系又分很多种,有的是研究体系,方便研究使用;有的是内容体系,呈现为彼此相关的研究板块;有的是自身的逻辑体系,比如在学位论文目录上呈现出的逻辑框架。译者行为批评凸显工具性,强调其对于应用研究和评价实践甚至对于翻译实践的指导效果。在许钧先生的关心下,周领顺等人所著的《译者行为批评应用研究》(外语教学与研究出版社,2024)的出版,更是对这些指导思想的进一步印证。译者行为批评及其研究"已经在国内获得了较高关注"(谭载喜,2024:133),以下将在继续与事实的结合中不断得到完善。

译者行为理论和译者行为研究的宏观建设路线见于周领顺(2024d),请读者结合阅读。

参考文献

[1] 董洪川,2024. 外国语文大家谈第二讲——"译者行为研究的理论建构"成功举办[EB/OL]. 微信公众号"外国语文":4 月 24 日,https://mp. weixin. qq. com/s/Ddk4ta8Lt6PDgVgLgqMeAw,[2024-04-24].

[2] 方梦之,2024a. 探寻中国译学话语的发展之路——写在《中国译学大辞典》(第二版)出版之前[J]. 北京第二外国语学院学报,(3):3-14.

[3] 方梦之,2024b. 中国译学话语:建构与阐释[M]. 北京:外语教学与研究出版社.

[4] 李金树,2024. 论翻译批评效应研究的三重视阈[J]. 中国翻译,(2):14-21.

[5] 李正栓,张丹,2023. 译者行为批评理论发展研究[J]. 中国翻译,(4):22-28.

[6] 刘佳,李瑞雪,2024. 生态翻译学视域下严复的译者行为探析[J]. 长春大学学报,(7):59-63.

[7] 马冬梅,2024. 周领顺译者行为研究思想的系统性发展[J/OL]. 北京第二外国语学院学报:7 月 3 日,https://link. cnki. net/urlid/11. 2802. H. 20240702. 1348. 002,[2024-07-27].

[8] 谭业升,2024. 新时期文学翻译批评的焦点问题与认知转向[J]. 中国翻译,(2):28-37.

[9] 谭载喜,2024. 中国翻译理论建设的任务与原则——谭载喜教授访谈录[J]. 中国翻译,(4):129-135.

[10] 王晓莉,胡开宝. 2024,语料库批评翻译学视域下译者行为研究:前沿[J]. 外语与外语教学,(3):125-134.

[11] 王卓,2024,AI 时代译者行为研究的创新与挑战[N]. 中国社会科学报:7 月 4 日(3).

[12] 许钧,2023. 理论创新的起点与重点——在第三届全国"译者行为研究"论坛上的讲话[J]. 北京第二外国语学院学报,(4):4-5.

[13] 张汨,文军,2014. 国内翻译家研究及其流变趋势[J]. 中国外语,(4):97-104.

[14] 张思永,宋庆伟,2024. 中国翻译理论史研究:"一体双层"模式建构[J]. 北京第二外国语学院学

报,(1):62-82.

[15] 周领顺,2023a. 译者行为研究及其理论建设[J]. 中国翻译,(1):16-23.

[16] 周领顺,2023b. 探析译者行为研究的理论属性[N]. 中国社会科学报:6 月 27 日(7).

[17] 周领顺,2023c. 译者行为批评理论及其应用问题——答研究者(之一)[J]. 北京第二外国语学院学报,(4):6-23.

[18] 周领顺,2024a. 译者行为评价系统的学理性[J]. 外语导刊,(1):106-114.

[19] 周领顺,2024b. 译者行为批评理论及其应用问题——答研究者(之三)[J]. 外国语文,(1):77-89.

[20] 周领顺,2024c. 译者行为研究的创新性[J]. 扬州大学学报(人文社会科学版),(1):59-67.

[21] 周领顺,2024d. 译者行为研究及其理论建设一体化路线图[J]. 外语教学,(5):77-83.

（责任编辑　施雪莹）

译理的"钟摆"

——一次译释学的哲学实验*

刘华文　上海交通大学**

摘　要：中国哲学如果可以用"理"这个概念总括的话，那么对中国哲学的翻译就是对"理"的翻译。对"理"的翻译是一个识别和诠释"理"的内涵的过程，也是说明"理"如此之译的合理性的过程。"理"先从语内进行动词和名词词性识别之后再进行语际也就是翻译识别，说明了"理"的翻译经历了从 pattern 到 coherence 这样一个演变过程。借助译释出来的"理"的 coherence 即连贯内涵，说明翻译也有这样一个"连贯"之理，进而可以运用钱穆的"钟摆"理论描述这一连贯之理的运行机制。于是得出这样一个结论：原文具有道性，译文具有理性，它们都在反讽性和非反讽性之间摇摆，这种摆钟式的摇摆背后的"重力"是"体"和"自然"两种主体性范式。

关键词：理；译理；"钟摆"；反讽性；体；自然

Title: *Li* in Translation as the Pendulum: A Philosophical Test for Trans-hermeneutics

Abstract: If Chinese philosophy can be generalized as *li* 理, to translate Chinese philosophy is to translate *li*. Translating involves the identification and interpretation of *li*, as well as the justification of its translations. *Li* is subject to being identified as both a verb and a noun when undergoing intralingual interpretation. Then the translingual translation of *li* evolves from *pattern* to *coherence*. *Li* as coherence is set into operation in the way as Qian Mu's pendulum theory implies. Finally, it comes to

---

*　本文系国家社会科学后期资助一般项目"中国哲学典籍译释论"（批准号：23FYYB001）；江苏高校哲学社会科学研究重大项目"宋明理学关键词的现当代英译及影响研究"（编号：2023SJZD111）的阶段性研究成果。

**　**作者简介**：刘华文，上海交通大学外国语学院教授，博士生导师。研究方向为译释学、翻译诗学、认知与翻译、语际历史书写等。联系方式：liuhuawen318@sjtu.edu.cn。

the conclusion as follows: the source text is characterized by *Dao* 道, which is responsible for generation while the target text by *li* responsible for coherence and continuation; both of them sway between the ironic and the non-ironic in the way as the pendulum does; the gravity that setting the sway into action is provided by *ti* 体 (embodying) and *ziran* 自然 (self-so), the two subjective paradigms.

Keywords: *li*; the coherence of translation; pendulum; ironic; embodying; self-so

1 引　言

　　伽达默尔的哲学诠释学将"诠释"看作是人的根本存在方式,我们也同样将"翻译"以及其中的译释普泛化为一种存在的根本方式,无论是发生在言内还是语际、主体内还是主体间、文化内还是文化间。翻译比诠释多了一个阶段就是要把诠释的东西表达出来。甚至诠释发生的同时表达也一起发生,因为诠释就是语言的诠释,"释"者"译"也,"译"者"释"也。诠释本体论就是翻译本体论,或者反之也成立。译释有着交替显性和隐性的特征。传统概念上的翻译,其诠释阶段是隐性的;语际发生的、非基于具体源文本的对中国哲学的诠释则是显性的,而翻译是隐性的。一言以蔽之,只要是发生在不同语言、不同文化之间的诠释活动就是译释。

　　中国古典诠释传统可分为两个阶段,即经学阶段和理学阶段。(何俊,2021)中国传统的经学诠释针对的是经典文本,"经"强调的是接受诠释的对象的文本性。后来,到了宋代,经学就慢慢地过渡到道学或理学,对诠释对象的强调逐渐从文本性转向义理性。如果说在历史上发生过经学的翻译和理学的翻译,那么翻译所实施的对象也有文本性和义理性之分。同时,我们需要就中国哲学的翻译提出这样一个问题:翻译是译"意"、译"道"还是译"理"? 美国学者任博克(Brook Zyporin)通过"翻译""理"来定义"理"(Zyporin,2012/2013)。他的译释"理"的方法能否给我们在认识翻译方面有所启示?先前我们研究翻译都是针对原文的"意"或"道"如何翻译,现在可否将焦点转向原文的"理":翻译实际上翻译的是原文的"理"。"意"的表达是修辞性的;"理"的表达是连贯成形的。奥斯汀的言语行为理论(Austin,1962)中处于最基本水平的言语行为是"以言表意",这个水平是非目的性的、非实用性的言语行为,但言语行为不止于此,还要有一定的目的,即要"以言行事"和"以言取效"。"道"的阶段实际上是行事的阶段:"道行之而成,物谓之而然。"(《庄子·齐物论》)(引自陈鼓应,1994a:61)而"理"的阶段实际上是取效的阶段,尤其是当"理"被译释为 coherence 即"连贯成形"(任博克,2023)的时候。译释如果作为一种言语行为也不外乎有这三个阶段。

2 中国哲学的"理"和翻译之"理"

这里的"译理"有两种理解方式:"译"是动词,"理"是名词,作"译"的宾语;"译"是修饰语,是"理"的定语。这也说明了这个研究有两个任务:其一是在对翻译的对象"理"如何识别;其二是翻译的"理"是否与中国哲学意义的"理"相呼应。

唐君毅通过考察"理"在中国哲学史上的发展脉络,总结了这个概念的六种内涵,其中有"文理",强调的是"理"的文化语境;"名理",强调的是对哲学抽象属性的逻辑推理,基本与"玄理"相同,着重其玄奥或形而上的层面;还有强调虚空的"空理",强调人性一面的"性理",与事件或事务相关的"事理",与具体的实在相关的"物理"。(唐君毅,1986:21-89;Zyporin,2013:26)当我们探讨翻译之"理"的时候,所涉及的应包括上述六种"理":翻译是发生在特定文化语境里的主体间性活动,所以包含"文理";翻译涉及从原文到译文的一个认知思维转换过程,必然有逻辑性的推演在其中,所以也有"名理";翻译可以在形上层面进行讨论,具有逻辑性但又非纯逻辑性的推演,有着玄妙色彩,如不可译问题,所以也必然包含"玄理"和"空理";翻译是人的活动,也必然涉及人性的维度,所以也有着"性理";翻译既是对原文中事件的语际转述,同时它自身也是一个事件发生的过程,所以也有着"事理";最后,翻译是对原文所关联的实在的语际表达,所以也与"物理"有关。综上说明,我们所考察的翻译之"理"涵盖了"理"的各个方面,也会有着作为从中抽象出来的"理"的运行机制,而"译理"的运行机制不妨借助"理"在语际中识别出来的运行机制进行描述。

译文有着负载它所要追求的价值的关联物,即原文。译文是通过与原文的关联而"连贯成形"的,译文的实现是"理"的运作的结果。我们当下的任务是识别出这个翻译之"理"。不妨从考察"理"这个中国哲学概念的译释史开始这一识别任务。《诗经》中有以下几句诗及任博克的译文:

信彼南山,维禹甸之。畇畇原隰,曾孙田之。我疆我理,南东其亩。

Truly, the region of that southern hill
Was governed so as to bring forth crops by Yu.
The lands of those marshes and plains
Are now made into fields by his distant descendants.

We separate them, we *divide* them

Into acres stretching to the south and to the east. (Zyporin，2013：27)

在这首《诗经》中的诗里面出现了"理"，与跟它同现在诗句里的"疆"同一，都是"分成部分""划分"或"区分"的意思。在这句诗中，"理"指的是将田地进行划分从而能够种植庄稼，在田地上设置阡陌小路以方便通达。这就让"理"意味着"切分以便适合人的特定价值"(Ziporyn，2013：27)，换言之，"理"就是一种"连贯"(coherence)，"与某种人的欲望或倾向必然性地关联起来。"（同上）郝大维(David L. Hall)和安乐哲(Roger T. Ames)也谈及这句诗的"理"字，但是他们所强调的是"理"的物理性的或物质性的切分或区分："将土地分开成种植的田地以便与自然的地势协调。"（引自 Ziporyn，2013：27）在任博克看来，"理"的人的行为、欲念和价值更应该成为强调的语义维度。所以"理"应该更全面地理解为"切分以便与地势甚至是更确定地与人的需求、欲念、价值追求和反应相协调。"（同上）这是安乐哲和郝大维更希望在这一传统中看到的唯名论的暗示。

对于翻译来说，译者经过对原文的解读，再将解读出来的语义表达为译文。这个过程的终点译文有着负载它所要追求的价值的关联物。翻译不是简单的物理性或物质性的语际操作，而更多的是具有精神性的面向，要反映从而协调人的需求、欲念和价值。从唯名论角度来看，翻译中的原文和译文各自成立，不需要硬性要求译文九九归一地指向原文的"源意"，原文和它在理论上讲无限量的译文各有各的存在理由，可以关联不同的人的需求、欲念或价值。而从唯实论角度来看，则正好相反，原文和译文，不论译文有多少，它们都指向先期设定的"实在"，要与这个"实在"发生关联，是万川映月，不同于唯名论所强调的差异性的月映万川。

"译"有两个词性，即动词和名词。同样地，"理"也有这两个词性。"理"包含了分离和区分的理念，这两者的趋向是不可离析的遍在，是一个由主观到客观的过程。而这些离析和区分都归趋于"连贯"，也就是 coherence。这种关联将区分的有限性和无区分的遍在整合在一起，实现从分到合的过程，也是一个主观性和客观性相互转化的过程。"理"隐含统一性和差异化这两层意思，说明它是时间性的、目的性的人的活动，是一种围绕一个确定意向目的的指向性方式。(Zyporin，2013：29)这种目的性、意向性的人类活动可以用"朴"和"器"的关系来说明。在《老子》那里，"朴"是未接受加工切割过的原材料，是未分化的普遍性的普遍性(undivided universal universal)，具有整体性、统一性和遍在的；而"器"则是从未加工的原材料加工切割而来的"具有文化价值"的客体，在主体间性意义上有着"市场价值"。（同上：30）甚至"从自然的、未雕琢的原材料制作符合文化价值的'器'被看成是对原料的暴力，改变并且毁坏其真正的价值"。（同上）类比下来，在翻译中，原文已经是"器"，但为了接受"理"的加工要被当作"朴"看待，再被译者加工雕琢为作为译文的"器"。

原文和译文之间的关系类似于"一"与"异"的关系,它们之间是一种相互排斥的关系。它们所涉及的问题其实就是唯名论和唯实论之间的关系。唯名论和唯实论问题实际上是从一与异的关系派生出来的问题。唯名论更靠近"异"这一端,唯实论更靠近"一"这一端。"我们所能够思考的真正意义上的'一'既从他性那里抽象而来,又对他性予以排斥,实际上就是相关意义上的抽象实体。"(Zyporin,2013:33)从唯名论来看,这个抽象的"一"没有一对一的实在,实在之间是相异的,只不过它们的名称是抽象而来的同一个而已。相对而言,唯实论则认为抽象得来的"一"在实在界有着具体的实体与之相对应,同一名称下的实体也是同一的,而不是相异的。那么翻译中"理"的切分就有了两种模式,其一为唯名论式的:原文作为"一"有着复数的译文即"异";其二为唯实论式的:原文这个"一"有着本质上相同的复数译文这个"多"。

3 "理"的翻译:从 pattern 到 coherence

葛瑞汉(A. C. Graham)接受了这样一个中国哲学关于"理"的认识,即"理"的运行是从整体切分下来,这些整体内含着关于在哪里切分或分割的引导,而在一些情形中有不止一个可能的方式合法地进行这些分割。(Zyporin,2013:34)所谓的这些引导其实表明对整体的切分是主体性的行为,而不是部分自身的自主行为。葛瑞汉通过比较英汉两种语言对"有"的表述方式来说明这一行为的主体性特征。在他看来,汉语中缺乏印欧语系中像 being 这样的存在性和述谓性的词类。汉语里的"有"主要意指"在世的在场",并不适用于抽象的谓词或语境为空的物质。在印欧语系中的 X exists 这样的表达,到了汉语那里 X 就会被位移到宾语的位置,这样就预设了一个潜在主体的存在,"也就是说有某一个实体'拥有 X'。"(同上)汉语思维中是谁拥有某物在很大程度上决定了某物的性质,而在西方思维中是某物自己决定了自己的性质。

"理"这个中国哲学概念的英译已然形成了一个关于这个概念的翻译史。(张帆、刘华文,2022)其中葛瑞汉将"理"译为 pattern,具体来讲就是重复性的范型,事物在其中得以组织,用来整理事物的思维是人的思维。(Zyporin,2013:36)如果原文中的"理"作为被翻译对象,用葛瑞汉所识别的"理"进行描述的话,应该是这样的:原文文本中包含着一个总的"理",需要包括译者在内的读者"连贯成形"地识别出来,然后复制到译文中去,继续经受"连贯成形"式的建构,让它在译文中"重现"。

如果将"理"作为一种范型(pattern)来理解的话,这个范型在葛瑞汉看来还面对描述性和规范性的问题。自发性先期发生,我们的思想在初期都是自发地朝各种方向发散,之后才会有规定性的道德话语出现;自发性意味着可变性,会因出现对更多或其他事物的意识而发生改变。中国的伦理文化就是促使人们意识到相关的暗示,从而我们会自发地朝不同的方向迸发，也就是说这些方向是符合道德或伦理规范的。但是翻译中始终都存在着使然（what makes things what they are）和应然（how things should be）的矛盾统一：译者所译成的并非就是应该译成的样子。如果原文的"理"被译者复制到译文中去的话，所复制出来的"理"中描写和规范、实然和应然之间的关系理应处于一种最佳的状态。

译者在翻译原文的"理"的时候会将原来的"理"所包含的范型即 pattern 抽空，然后重新填充进内容。这些内容应该与原文的"理"的内容相当。这也同时说明了对"理"作为范型的"复制"式的翻译过程是一个抽空和填充的动态性过程，也可以称作是一个事件发生的过程。葛瑞汉认为朱熹的"理"是一个三维结构。就一切运动的线路来讲，"理"体现为"道"；就独立于个人欲念来讲，"理"是"天"的身份强加在人身上的；从作为人自己的观点的体现者即范型来讲，"理"体现为人的基本的"性"。（Zyporin，2013：37-38）这是朱熹对"理"的范型内容的识别。这种道、天、性的三维结构与中国哲学的其他三维关系实际上有着很大程度的呼应，比如天地人、物身心和言象意。从相当意义上讲，中国哲学翻译的范型复制所涉及的就是这四组三维关系的重新调整和整合。而这里的范型上的调整和整合实际上就是裴德生（Willard Peterson）所建议的"理"的另外一个译法即 coherence。

裴德生用 coherence 翻译"理"，旨在表达的意思是"'黏着在一起的品性或特征'，也暗示有随着语境变化而变化的内涵"。（Zyporin，2013：38）这说明在一个整体内部成分之间是黏着在一起的，同时这个整体与周围的环境也黏着在一起。而这种黏着的方式（sticking together）在郝大维和安乐哲那里表述为"关联的、类比的、隐喻的"模式，而不是"分析性的、因果性的、转喻的"模式。关联式的黏着就是将整体中的部分意象性地簇集起来，彼此联想互映，给出的意义是模糊的、不确定的。"因此意义不是单一的，而是审美性的联想做主导。"（同上：40）这种联想是唯名论意义上的、实用性的、取决于历史语境的，因而也就具有歧义性以及可商讨性。"据称这种关联性思维允许那些在特定属类中的成分自由联想，这种联想在很大程度上也包括和它们一起经验的主体或文化价值所做出的反应。"（同上：41）这也让被翻译成 coherence 的"理"带上了反超验性的、过程性的、交互性的特征。"理"因而也就成为了一个连续体：它是敞开的，不是一个封闭的系统或者有机体；他是偶然的，不是通过遵守原则而必然实现的；它是关联性的，不是因果性的、必然性的，也就意味着缺乏可复制性。

任博克沿用了裴德生对"理"的译法，但他做了进一步的补充和修正，这种补充和修正的工作其实也是一种对"理"被译为 coherence 的合理性的说明（justification）。于是，"气"就被借用来解释"理"的运行方式。"理"就像是"穿孔"（perforations），"气"在其中流通，借此进行再组织。这一再组织既有分离也有融合，不仅仅是像一个网络一样枝蔓开来，还会相互联结。其中部分被重新安置，分成小组，从而连贯黏着在一起。所以,"'气'的流通就被理解为'理'组织'气'的方式。"(Zyporin,2013:43)对于翻译来说,原文的这些"孔洞"就像是接受美学里的不定点(point of indeterminacy),允许译者之"气"或风格在其中穿插流通,然后在译文中形成定点和不定点的重新布排。于是,定点和定点之间、不定点和不定点之间以及定点和不定点之间重新连贯在一起,这个以这些定点和不定点连贯黏着在一起的译文整体与译文所在的文化语境又发生连贯,从而实现了与原文有着相同或不同的可理解度(intelligibility),于是获得了它的价值。"在这个过程中,文本的空白不断中断阅读想象的连接性,始终召唤我们的期待视野,我们在阅读过程中不断地补充那些空白,补充文中的不确定性,不断开启意义生产的可能性。"(李建盛,2022:255)翻译的这个从原文到译文的过程包含了"理"作为"连贯"(coherence)的四个要义:部分之间的黏着(sticking together of parts)、与环境的黏着(sticking together with the environment)、可理解度(intelligibility)和价值(value)。

其实,"'理'在性质上既不是唯名论的也不是唯实论的,既不是绝对的客体性的在场也不是主观性的发明投射。"(Zyporin,2013:43)也就是说"理"既不是纯粹意义上的发明物也不是纯粹意义上的发现物。在哲学翻译中,如果原文的"理"是被翻译的对象,那么这个"理"既不是纯粹意义上完全需要译者去发明的存在物,也不是纯粹意义上需要译者去发现的客观存在物。但"理"又确实在原文中,既超验性地超越任何具体的具例化,也就是没有实在与其相对应,就像唯名论所认为的那样,但又具有多方位性,所以经过定位后又能够通过整体和部分之间的连贯效应而出现,这是唯名论所忽视而唯实论所主张的。那么"理"的这种唯名论和唯实论是与不是的特点如何进行描述呢? 其实这种描述就是"理"的运行机制,也是"理"被翻译时译理的运行机制。这个机制可以借助钱穆提出的"钟摆"理论来体现。

4 译理的"钟摆":翻译的反讽性

翻译在中国和西方都有过"地毯"的比喻,如"宋僧传云:如翻锦绣,背面俱华,但左右不同耳"。(法云,1989:1)原文相当于地毯的正面,译文则相当于地毯的反面。这说明翻译作为一个场域有着二元属性(dyadic character)。安乐哲也提出过场域的概念,在他看来,场域除了有一个焦点之外,还有阴阳,因为是阴阳互动来影响"焦点的密度"(intensity of focus):"一个特定的视角是全息性的,也就是说在它的域界内包含着它的广延的关系场域,这个场域为它提供语境,而这个关系场域的意义多少取决于它自己的焦点强度,以及它的清晰度。"(Ames,2011:68)参照"理"被译为 coherence 这一出发点,翻译不是场域结构的一个直接复制,而是在正反、彼此、阴阳之间进行再匹配、再调和和再布置。于是钱穆的"钟摆"理论(钱穆,2023:45-49;任博克,2023:94-102)就浮出水面,我们也因此不妨做一次实验,利用这个理论来描述"理"的运行机制以及翻译的译理机制。

钟摆理论中,钟摆有着原文和译文作为钟摆所能够摆到的最高的两个位置,这两个位置相当于阴极和阳极,钟摆的中间位置相当于安乐哲所说的场域中的焦点。钟摆构成了一个场域,具有二元性,其中的焦点使这一场域有了中心性。在重力作用下,钟摆左右上下摇摆。钟摆理论虽然被任博克修正为顶点和漩涡模型(the model of vertex and vortex)(Zyporin,2013:45),但依然可以被用来解释"理"作为一种连贯机制的运行特点。结合将道家和佛家思想中的对词语的"否定性调适"(apophatic adaptation)这一特点,任博克就用"理"的反讽性和非反讽性特征解释了道和理的互动模式,也是"理"的运行模式。

任博克是借助"朴"和"器"来界定"道"的反讽性的。他认为,"(雕刻前的)'朴'是关于(雕刻后的)'朴'的真。'朴'是关于'器'的真。(即'器'被看作是价值所在,但是价值的真正所在是非器,即'朴',这正符合了赋予给'器''的原初定义:有价值性。)正是这个最后的结果,即 B 是真正的 A 构成了道家传统的"反讽"。'非道'即真'道'。"(Zyporin,2012:153)并且也说明了反讽性和关联之间的关系:"道家在使用传统上符指连贯的词语时总是反讽性的,意味着字面意义上的连贯是不可能的;但是,反讽性的是,这却意味着这种不可能是连贯的更高形式,因为它比原初的、非反讽性的连贯更能实现对连贯的承诺。"(同上:140-141)就像"道"的反讽性一样:"大道是任何给定的道的反讽性的对立者,也就是真正的道。"(同上:141)中国哲学有着反讽性和非反讽性两个传统,后者先于前者出现,并且是"连贯成形的'反讽性'意义被纳入到'非反讽性'中去的。"(同上:88)这一观点尤其在《大学》《中庸》中体现了出来,并且在讲求阴阳调和的《易传》中发展起来,在这些文本中反讽性的主题和见解被接受和融合进非反讽性的框架中,被拿来服务于非反讽性的终极价值。后来的反讽性的传统则为非反讽性腾出了位置,将两者调和在一起,非反讽性服从于反讽性的价值。在这两个传统交替活动的过程中,"理"是主要的工具,成就了两者的关联(rapprochement)。

在考察"译理"由反讽性和非反讽性之间的交替互动体现出来之前,需要解释为什么翻译具有反讽性和非反讽性。比如托尔斯泰作品译为中文,既可以看作它的原作的等价物,是原作本身,又可以看成是译作自足的作品,一种所谓的"翻译文学"。所以说,翻译具有反讽性。"道"负责万物生,"理"负责生后活。原文相当于"道",是创造的产物,作为"有"而生于"无",是反讽性的,作为"理"的译文由"道"生成,是"有"生于"有",是非反讽性的,而翻译的创造性又将译文再转化为"道",具有了"道性",则带上了反讽性。"理"被译为 coherence,实际上就跟"道"被译为 Dao 或 Tao 一样,将其语义内容抽空而呈现为语义和语形处于不饱和状态,就像一张需要与语境相调适从而"连贯成形"的"百搭牌"(wild card),当然其语义被抽空的程度没有"道"那么激进(radical)。所以,原文为"道",具有"道性";译文为"理",具有"理性"。翻译的"理"的运作就是在道和理、反讽性和非反讽性的两极之间像"钟摆"一样来回摆动。

第一种情况是道和理都是非反讽性的,原文为"道"而能道可道;译文为"理"而能理其理。"由好至好""求仁得仁",这就是非反讽性。"道"可以让一切事物连贯在一起,一切事物相互合宜,"宜"者"义"也,那么就正向地实现了"义"。"夫德,和也;道,理也。德无不容,仁也;道无不理,义也;义明而物亲,忠也;中纯实而反乎情,乐也;信行容体而顺乎文,礼也。"(引自陈鼓应,1994a:402)"德"者,得也。"道"借助"理"的方式,实现了"德"与"和"。道、理、德、和都是其所是,得其所得。就像翻译中的直译,就是译其所译,原文则是意其所意,不依赖各自的反面成全自身,也就是都没有反讽性。严复的三字翻译原则"信达雅","信""达""雅"分别要求正面地忠实于原文,表达原文之意,最终实现雅言之译,作为原则来说都是要是其所是,这是它们非反讽性的一面;但也可以表示各自的反面,即不信、不达和不雅,后面这三者反而会成就大信、大达和大雅,这是它们反讽性的一面。

第二种情况是道为反讽性的,理为非反讽性的。这时,相对性的视角主义(perspectivism)不再被偏激地强调,好与坏、自发性和意图性之间区别虽然分明,也是先除此非彼,而后再彼此相待。如《庄子》里面既有对儒家价值的批评也有赞扬,既有综合性的系统也有极端的初始主义,既有无政府主义也有保守主义、"理性化"倾向和"非理性化"倾向。这些对立性对子在文本中彼此相依,形成整体。这说明了每一个连贯性的项目与它的对立面构成必要的对子并且不可分离。

个体实体在原初的"无"(Non-being)中接受描写并从中派生而来。而一个实体获得了这种无形,这种无形是一种"德性"(Virtuosity)或"德"(virtue),从中获得了其物理形态的连贯性,这是一个由无形到有形的生成过程,从物理形态中该实体又获得了它的内在规则性,即"性"。需要注意的是物的决定性的形制来自于其物理形态,而不是相反。"德性"不是具体的形式或性质,而只是道自身的无形的具体化形态,一种获得的"无形性"。(Zyporin,2013:78)这样,连贯即理就是来自于非连贯甚至是由非连贯生成的。它的目标就是重新占有和重新整合这一原初的非连贯。就反讽传统对非反讽性的连贯进行占有来讲,真正的连贯植根于非连贯之中。总之,道启动"无"生"有","有"生于"无"。这说明"道"是反讽性的,这样一个生成机制是有"道"之"理",是从"有"到"有",说明这时的"理"是非反讽性的。

第三种类型中道和理都是反讽性的。原文是作者创作而来,如果依照万物的生成次序,即"道生一,一生二,二生三,三生万物"(引自陈鼓应,1994b:232),则说明"道"来自于无。从创造性角度来讲,原文是通过作者的创作行为从"无"中生出的"有",相当于生于"无"的"道",再如"道"一样派生出"一"、"二"、"三"等不可计数的译文。从这样一个"无中生有"的意义上讲,"道"具有反讽性,相当于"道"的原文也是反讽性的。而作为

"理"的译文则是"理""道"而成,是从"有"生"有",所以是非反讽性的,但可以通过译者的创造性行为将其再转化为"道",就具有了道性,也就具有了"无"中生"有"的特点,也就带上了反讽性。"理"主导着部分与部分、部分与整体的调适整合;而"道"因为"不私",所以就无名,因为有名就有了角度,因此无名而又无所不在,所以"道"是反讽性的。似乎缺少和谐和平衡的事物表面上看来与其周围的环境无法顺利地连贯在一起,不像非反讽性的连贯那样可以让人经验到愉悦。但是反讽性的形式和情态无论与其环境多么地不协调也是与语境连贯的方式,也正是这种真正意义上的反讽性的连贯导致了更易认可的非反讽性的连贯。"理的反讽性观念的整个主旨如下:愉悦于清晰的画面会被可见的形式破坏;愉悦于清晰的听见会被声音破坏;愉悦于仁则会扰乱德;愉悦于义则会违背连贯即理。"(Zyporin,2013:81)译理也是反讽性的。翻译中原文具有道性,是用来生成译文的,原文是原文,是它自身,这体现了原文的非反讽性;但原文又被译成了译文,原文其实是译文,这是原文的反讽性的一面。那么译文是由原文派生出来的"二",是从原文里切分出来或分割出来的,在切分的同时要确保其中的部分与部分、部分与整体的连贯性以及整个原文与其外部的环境的连贯,从整个角度讲,译文所反映的是原文的非反讽性的"理",说明译文是它自身而不是其他。但同时译文是从原文派生出来的,是原文的"替身",又不是它自己,而是"原文",这又说明了译文的反讽性特征。通过这样的推演,说明了有着道性的原文和有着理性的译文都具有反讽性。

5 译理"钟摆"背后的"重力":"体"和"自然"

译理的"钟摆"在"重力"的作用下"永动"着。那么是什么为翻译提供这个"重力"呢?这个"重力"当然是译者主体施为的结果。而译者施为的方式有两种,也就是翻译的两种主体性范式,即"体"和"自然"。"体"由魏晋时期的哲学家王弼来示范;"自然"则由基本属于同一时期的另外一个哲学家郭象来示范。

在唐君毅看来,王弼强调"道"的主观性的一面不像黄老道家那样重视"道"的政治性、客观性的意义。在王弼提出来的"体无"的观念中,"体"不再是指"道"的本体性的、客体性的东西(substance),也就是"不是指唐君毅所称之为的客观的、超验性的、形而上的'道体',而是一种关涉'道'的'无'(Non-Being)的主观模式"。(Zyporin,2013:149)可见,王弼更重视"体"的动词用法及其这一用法所牵涉其实施者即"体"的主体。这样,"体"的主体不再以重新获得"道"作为形上实在的客观之义为己任,而是具有更多的能动性和更大的主动权去体认隐藏在"道"背后的"无",去开拓"道"的更加广阔的诠释空间。而对于翻译中的译者来说,如果以王弼作为典范,那么就会在翻译中去"体无",发挥能动性和创造性,借此实现连贯性和非连贯性的统一。

"体"和"用"往往会并置。我们这里将这两个概念都看成是动词:它们分别是主体发挥能动性的方式。相比较而言,"用"比"体"的主观意图性更加强烈:"'用'是在具体情形下作为偏见性的表达对同一品性的有意运用,被错误地当作故意意图和认知的对象,总是容易崩塌到中心位置即'体',而在这里表达和连贯被抹去。"(Zyporin,2013:155)这样看来,偏"体"或偏"用"都会造成不良后果,因此需要体用结合。为了消除体用的不良后果,郭象提出了"自然"的观念。如果说王弼主体性施为的对象"无"为王弼发挥自己的主观性体认行为提供了足够广的空间,而郭象则选择"自然"对主观和客观之间的界限予以消解,这样就为主客融合式的主体施为行为提供了必要条件。郭象否认个体事物会有任何比如性或者原则的任何实体来成就它们。这也就是说没有确定的东西可以解释它们为什么是其所是。所以"'自然'意味着不是由确定的其他实体(如可知的或正在了解的)所使成。'自然'意味着不是我做的,也不是其他任何人或任何事做的。"(同上:162)在任博克看来,"自然"(self-so)有三层含义:必然性、自由和偶然性。偶然性意味着任何事物都不是基于其他事物,如其所是而无法解释;必然性则意味着不会随机应变,也不会被其他事物所改变,它是必然存在的,只能是其所是而不是其所不是;自由则意味着只是基于自身而存在,只是在行动的当下确定性地存在着,自发性地存在着而非他者的强制物。如果翻译是自然的,那么它的结果即译文也定然是必然的、偶然的、自由的。这样译文既是主观的产物,又是客观性的实存;既是客观性的实存,又是译者主体施为的结果。译文就这样是其所是、自然而然地存在着。翻译的自然性体现为由译者的他为过渡到译文的自为这样一个过程。

6 结 论

中国哲学中"理"的范畴或概念经历了一个较为复杂的历史演化过程。"理"在中国哲学中的地位不亚于"道"的地位。对"理"的翻译其实是一个从最初的识别到进一步的诠释再到给出一个相当的对译范畴的过程,这个过程其实也是一个从概念层面到观念层面的上升过程,同时也是说明"理"如此之译的合理性的过程。我们可以利用通过对"理"的译释出来的观念再反思性地去观照翻译之"理"。于是研究先期考察了"理"接受语内的动词和名词的词性识别以及语际翻译识别,接着说明了"理"的翻译经历了从pattern到coherence这样一个演变过程。借助译释出来的"理"的coherence即连贯内涵,说明翻译也有这样一个"连贯"之"理",进而可以运用钱穆的"钟摆"理论描述这一连贯之理的运行机制。最后得出这样一个结论:原文具有道性,负责生成;译文具有理性,负责接续。它们都在反讽性和非反讽性之间摇摆,这种摆钟式的摇摆背后的"重力"是"体"和"自然"这两种主体性范式。

参考文献

［1］Ames, R. T. 2011. *Confucian Role Ethics: A Vocabulary* ［M］. Hong Kong: The Chinese University Press.

［2］Austin, J. L. 1962. *How To Do Things with Words* ［M］. Oxford: The Clareton Press.

［3］Zyporin, B. 2012. *Ironies of Oneness and Difference: Coherence in Early Chinese Thought; Prolegomena to the Study of Li* ［M］. Albany: SUNY Press.

［4］Zyporin, B. 2013. *Beyond Oneness and Difference: Li and Coherence in Chinese Buddhist Thoughts and Its Antecedents* ［M］. Albany: SUNY Press.

［5］陈鼓应,1994a. 庄子今注今译[M]. 北京:中华书局.

［6］陈鼓应,1994b. 老子注译及评介[M]. 北京:中华书局.

［7］法云,1989. 翻译名义集[M]. 上海:上海书店.

［8］何俊,2021. 从经学到理学[M]. 上海:上海人民出版社.

［9］李建盛,2022. 文学诠释学[M]. 北京:北京大学出版社.

［10］钱穆,2023. 湖上闲思录[M]. 北京:生活·读书·新知三联书店.

［11］任博克,2023. 一与异的反讽——早期中国思想中的"连贯成形"观念[M]. 杭州:浙江大学出版社.

［12］唐君毅,1986. 中国哲学原论——道论篇[M]. 台北:学生书局.

［13］张帆,刘华文,2022. 理学核心概念"理"的现当代英译评述[J]. 中国翻译,(4):120-128.

（责任编辑　汪闻君）

历史语境下厚翻译与异质文化引进研究

——以《天演论》翻译文本为例 *

江南大学　包通法　复旦大学　黄宇杰 **

摘　要:《天演论》是中国近代翻译史、思想史上一部重要的翻译加评述的著作,其援引西方进化论所提出的"物竞天择,适者生存"的核心观点更是敲响了中华民族救亡图存的警钟。"厚翻译"这一概念由阿皮亚于1993年首次提出,其理论构式就是通过序言、脚注、译注、说明、暗喻等为读者提供理解原作的背景知识信息。考察《天演论》的译文,可以发现,严复采用了"厚翻译"的理论构式与方法,在译文中添加了长篇序言以及大量的注释、按语等,使"厚翻译"的叙事手法成为了其最显著的翻译特征。观察这些阐释性文本材料,我们不难看出译者"加厚"的内容多与源语和译语的文化、历史背景有关。故,本文结合历史语境理论框架,研究文本外的因素对翻译实践以及翻译策略选择的影响,并从社会学、传播学和主流诗学价值观三个认识维度分析《天演论》中"厚翻译"策略选择的历史社会缘由及其具体表现。

关键词:厚翻译;历史语境;严复;《天演论》

Title: A Research on Thick Translation and Introduction of Heterogeneous Cultures in Historical Contexts: Exemplified by the Translated Text of *Tianyan Lun*

Abstract: *Tianyan Lun (Evolution and Ethics and other Essays)* is an important translated work plus commentaries and notes in the history of modern Chinese translation. And it cited the core idea of "the natural selection of the natural race, the survival of the fittest" of western theory of evolution, which was a wake-up and called

* 本文系江苏省社科基金后期资助项目"诗意哲学视域下的中国翻译研究"(20HQ035)的阶段性成果。

** 作者简介:包通法,江南大学外国语学院教授、硕士生导师。研究方向为翻译哲学与翻译诗学、道家哲学、先秦元典翻译研究、中西语言哲学,联系方式:baotongfa@163.com。黄宇杰,复旦大学硕士生,研究方向为翻译理论与实践。联系方式:1151541936@qq.com。

for the survival of the Chinese nationality. The concept of *"Thick Translation"* was first put forward by Kwame Anthony Appiah in 1993. By examining the translation of *Tianyan Lun*, it can be found that Yan Fu added lengthy prefaces, a large number of footnotes and commentaries, leading the ways of "Thick Translation" to be the most prominent translating characteristic. It is apparent that the content of the "Thick Translation" added by the translator is mostly related to the cultural and historical background of the source and the target languages, in order to realize Yan Fu's translation purpose of clearing away the difficulties in targeted readers' comprehension. For the finding-out of inter-relationship of "Thick Translation" between the cause and reason, this paper will study the influence of extratextual factors on the choice of translation strategies based on the theoretical framework of historical contextuality and will analyze the historical rationality of the choice of thick translation strategies in *Tianyan Lun* and its specific manifestations from the perspectives of sociology, communication and mainstream valuesofpoetics.

Keywords: thick translation; historical contextuality; Yan Fu; *Tianyan Lun*

1 引 言

1993 年,美国哈佛大学非美文化研究中心翻译学者阿皮亚(Kwame Anthony Appiah)在《卡拉萝》(*Callaloo*)上撰文《厚翻译》("Thick Translation"),国内对该术语有多种译法:"深度翻译""厚翻译""厚重翻译""丰厚翻译""增量翻译"和"稠密翻译"等。从术语的简洁表征形态价值观考量,本文对"thick translation"术语采用"厚翻译"译法。阿皮亚(Appiah, 1993:817)将厚翻译定义为:"译者试图通过阐释和评注在语言文化内涵深厚的语境中构建的译语文本"。由此可见,"thick translation"指的是阐释性文本材料——包括序言、脚注、尾注、文内释义、文外说明、按语、附笔等等,其目的是为译文读者提供背景知识,便于理解和鉴赏。(李红霞,张政,2015:34)虽然"厚翻译"术语所包含的内容及表现形式,自有翻译实践活动以来就已经存在,但作为一种自觉意识、知性理论术语以及一种概念、翻译策略和翻译研究方法,一经提出就受到广泛认同并应用于翻译研究中,其特殊的"加厚"翻译形式不仅极大地丰富了译文内容,而且还增强了译文的可读性和读者的接受度,推动了异域文化思想在不同文明与不同时代的传播。故厚翻译本质上是跨文化传播认识论和方法论在翻译事件中的运用与理论总结。

《天演论》可谓是近代著名思想家、翻译家严复根据英国著名自然科学家赫胥黎(Thomas Henry Huxley)的《进化论与伦理学》(*Evolution and Ethics and Other Essays*)撰写的一篇超长论文。此书在《国文汇编》刊出后,产生了连作者本人也始料不及的巨大社会反响。胡汉民在《述侯官严氏最近政见》中称:"自严氏书出,而物竞天择之理,厘然当于人心,而中国民气为之一变。"严复这一振聋发聩的译著,在传播西方先进文明和推动中国社会制度、思想、文明转型中起到了积极作用,一百余年来整整影响了几代人,使严复无意中扮演了一个中国思想启蒙进程中的重要角色。由此可见,《天演论》的确是一本成功的译作,其社会效应不仅仅是翻译事件本身,更是大大超越了翻译事件和翻译行为本身意义的研究范畴。而实现这样的超越,从本源上追溯,这与严复所采取的厚翻译叙事形态的翻译策略息息相关。鉴于此,有必要对严复先生所采取的厚翻译策略作一理性系统的梳理和研究。

《天演论》的成功和广泛传播,离不开严复正确的翻译策略和手法的选择,而这样的选择本质上与严复对中国当下的社会现状、意识形态、主流话语诗学价值观的审时度势密切相关。厚翻译策略和手法在《天演论》中的贯彻运用打破了译者"隐身"的状态,突出了译者的主体地位,因此将厚翻译置于特定的社会历史背景下,结合译者的个人经历和所处的历史语境下对之进行重新阐释,对翻译事件本身具有很高的研究价值。

本文将《天演论》厚翻译现象置于厚翻译理论框架内考察历史语境下具体的翻译实践,将历史语境分为社会、传播、主流诗学价值观三个维度,通过文献资料法,阐述厚翻译策略在严复《天演论》中的具体表现,从历史语境视角阐述历史文化与话语环境对翻译事件本身所发生的影响力和作用力。

2　厚翻译与语境主义的研究现状

2.1　国内外厚翻译研究

西奥·赫曼斯(Theo Hermans)是首次把翻译和认识他者文化议题结合起来讨论的学者。在《作为厚翻译的跨文化研究》("Cross-cultural Studies as Thick Translation")这篇文章中,赫曼斯引用了克瓦米·阿皮亚的"厚翻译"概念,认为可以借用这个概念来指导实践,对抗文化侵略意识强烈、试图把他者同化的翻译手法。(张佩瑶,2012:43)赫曼斯认为,厚翻译反映了跨文化翻译研究认识论上的复杂性与政治上的隐含性,它会引起对翻译思维和话语行为的双重干扰:一方面,异域的术语和概念通过陌生的方法和词汇得到探究;另一方面,描述者自身的词汇需要从熟悉的形式转变,游离于异质文化的共性与差异性之间。因此,从某种意义上讲,厚翻译具有翻译认识论先天的优势。沙特尔沃斯与考伊(Shuttleworth & Cowie:1997)亦认为,虽然阿皮亚具体谈论的是翻译非洲谚语的问题,但很显然,不管是以脚注还是以长篇序的形式出现,所提供这类背景知识的目的,是要使目标文本读者更加尊重源语文化,以及更加欣赏其他文化背景下的人们是如何认识和表达自己的①。因此,"thick translation"在国外得到了翻译界人士的认可和运用。

在国内,"thick translation"引入国内翻译界后,也引起了广泛的关注。前期厚翻译的研究主要与经典文本翻译与文化语境翻译相结合,借此讨论了翻译研究的不同方面。例如在典籍外译研究方面,方子珍(2011)通过对比分析杨宪益、戴乃迭合译的《红楼梦》英译本 A Dream of Red Mansions 和英国汉学家大卫·霍克斯(David Hawkes)所翻译的《红楼梦》英译本 The Story of the Stone,讨论了典籍英译中的厚翻译策略,即译者将《红楼梦》译本置于丰厚的中国语言和文化背景中,使西方读者尽可能全面地了解其所蕴含的文化内涵。在英译汉经典文学翻译研究方面,钱莹莹(2012)则根据张谷若翻译的《德伯家的苔丝》中厚翻译的特色,明确了厚翻译所发挥的功能以及出现的形式,以期对译学研究提供一种新的解释。李红满(2008)则从文化语境翻译研究视角,对张佩瑶编译的《中国翻译话语选集第一卷:从最早期到佛经翻译》进行了评介,认为,张佩瑶希望通过"厚翻译"的翻译策略与方式,促进和推动西方的译语文化对中国文化有更充分的理解和更深切的尊重,而作为文化再现模式的厚翻译,则是一种独特的翻译政策。梁艳(2012)全面介绍了阿皮亚的译学构想,阐述了"厚翻译"所采用注释和注解将源语言文本放置到更加丰富的文化和语言环境中进行翻译的认识观。

近十年以来(2014—2024),国内厚翻译相关研究则主要聚焦于以下三大主题:(1)厚翻译的理论与方法构建,如:黄小芃(2014)对厚翻译的缘起、概念、目的、方法论等方面分别作了深入探讨;(2)厚翻译的层次化研究,如:周领顺、强卉(2016)分别从广义层面上文本层次的厚薄与狭义层面上厚翻译之"厚"对应用厚翻译的有效路径展开具体讨论;(3)厚翻译的实践模式探索,如:游忆(2021)基于厚翻译理论提出了中国文学英译的创新实践策略。

2.2　关于语境主义研究

英文中有这样一个句子:A word is meaningless without context.(脱离了语境的

---

① 原文为:Although Appiah is referring specially to the problems involved in translating African proverbs it is clear that the term may be used applied to any TT which contains a large amount of explanatory material, whether in the form of footnotes, glossaries or an extended introduction. The purpose of providing such voluminous background information is to engender in the TT reader a deeper respect for the source culture and a greater appreciation for the way that people of other backgrounds have thought and expressed themselves.

单词是没有意义的。)同一个词在不同的语境中的含义是有所不同的,这就构成了所谓的语境意义。狭义的语境意义指的是语言的上下文,也就是一个词或一个句子在更大的语言段落中所处位置所构成的意义。广义的语境分为三类:语言语境、情景语境和文化语境。语言语境指的是所使用的语言知识和上下文等;情景语境指的是语篇产生时的外部环境,包括所涉及的人物、所处的时间和地点;文化语境指的是语篇所涉及的社会文化、经济、宗教、历史和政治背景。英国著名的人类学家马林诺夫斯基(Malinowski)指出"语境是决定语义的唯一因素,舍此别无意义可言"。① 马林诺夫斯基把语境分为两类:文化语境(context of culture)和情景语境(context of situation)(周俊清,1996:10)。前者指讲话者生活在其中的社会文化,即整个文化背景;后者指当时正在实际发生的事件背景,即语言发生的实际环境。而所谓的历史语境(historic context)就是文化语境所具体运用的时间范畴,是指在特定的历史情景中抽象出来的对语言演变,及对语言活动和参与产生影响,包括历史文化诗学价值观影响等诸因素,这些因素决定了语言的形式、合适性和意义。1976 年,格里高利(Gregory)进一步丰富和发展了语境理论,强调情景语境指的是语言的直接环境,主要包括三个语境因素:话语范围(field of discourse),话语基调(tenor of discourse)和话语方式(mode of discourse)。

语境也是系统功能语言学里面的一个重要概念。韩礼德巧妙地将马林诺夫斯基的文化语境和情景语境这两个概念同语言系统联系起来。1978 年,韩礼德改变了原来的语境概念,把语域看作是"通常和某一情景类型(situation type)相联系的意义结构"。韩礼德等学者(Halliday, McIntosh, Strevens,1964:75)认为语言首先是一种社会行为,或称作"行为潜势(behavioral potential)"。因此,所谓的文化语境决定着整个语言系统,就是言语者根据历史社会诗学价值观决定着讲话者能够说、如何说的话语形态,而情景语境则决定着讲话者在某一具体语境中实际说的话语形态。

综上所述,不难看出,厚翻译理论对于经典文化与思想文本翻译研究尤具理论与实践的优势。再者,语境理论起初并非用于指导翻译实践,但语境本身所具有的特点和功能使它被广泛应用于许多语言研究领域,其中包括翻译事件中语域意义的厘定。周俊清(1996:10)认为,将语境理论引入翻译领域,可以为我们提供一种描述某些超语言因素的规范,帮助我们在翻译中成功地实现"意义转换"。这一理论也是翻译研究中文本意义厘定的营养钵,它催生了翻译研究走出文本束缚的藩篱,开始关注文本外部因素和翻译事件中的参与者——作者、译者和读者在翻译事件中的作用,厚翻译就是在这一认识框架下出现的翻译事件现象和结果。然而,厚翻译现象虽然在翻译事件中并非偶然现象,但从理论视角将历史语境与厚翻译现象结合起来讨论的研究,尤其运用于严复《天演论》后翻译现象的研究还是鲜有的。故本文将对严复《天演论》厚翻译现象置于历

---

① 原文为:They regard context as the sole determiner of meaning without which meaning does not exist.

史语境的认识框架内,讨论它的应然性和必要性义理,并从历史语境视角提出三个认识维度的厚翻译行为与现象。

3 历史语境下的厚翻译认识构式

3.1 厚翻译与历史语境

所谓"厚翻译",就是将原文的内容进行剖析,剥离出译文读者难以理解的内容表述,并就这些内容表述再进行进一步的解释和评注,如脚注、译注、说明等阐释性文本材料等,其目的在于为读者提供理解原文的背景知识与信息,消解他们的认知障碍,以便实现更佳的传播与接受效果。

晚清所处的历史语境是西方文化"逐渐敷布东土,犹之长江、黄河之水,朝宗于海,自西东流,昼夜不息,使东方固有文化,日趋式微,而代以欧洲文化"(张星烺,2013:1)。在这样的历史语境和文化形态影响下,翻译的目的并非为了传达原作原意而机械地忠实于原作,而是将异质文化进行有机涵化,并根据本土的文化范畴、诗学范式和文法习惯来协调与重构外源文本,借此来表达自己所要表达的意义,达到自己想要的传播和接受效果。

在此历史语境下的厚翻译就打破了译者的"隐身"状态,在翻译语言行为中突出了译者的主体地位。因此,厚翻译研究就是将具体的翻译案例置于特定社会历史背景下,结合译者的个人阅历、认识、价值取向及其所处的历史社会文化环境,阐释译者的翻译动机、目的和翻译策略等。正如《文化建构——文学翻译论集》(*Constructing Cultures: Essays on Literary Translation*)一书中所言:"我们已经意识到语境在翻译中的重要性。当然,我们说的一个是历史语境,另一个是文化语境。"(Bassnett & Lefevere,1998:3)当然,翻译中的文化语境亦包括列维(Levy,2000:151)所说的"更广阔的语境:包括原作者的整本书,原作者的全部作品,甚至原作者所处时代的文学风尚等等"。

3.2 历史语境下的厚翻译观认识维度

历史语境就是历史上某时期社会的思想导向、政治导向、价值导向、诗学导向等。如果说语境具有文本内和文本外两个范畴和向度,那么历史语境亦有文本内和外两个范畴和向度,但历史语境更多关注的是社会导向与历史价值导向。这样,历史语境的厚翻译观认识框架下的翻译事件就包括除语言之外的如下维度:社会学维度、传播学维度和主流诗学价值观维度。

3.2.1 历史语境下厚翻译的社会学维度

翻译的实际执行者是社会中具有意志的人,因而"厚翻译"事件中的译者就不只是单纯的原文译者身份了,实际上是受社会和历史诗学价值观影响的、兼具译者与创作者双重身份的角色了。清末民初是中国从封建君主制向现代社会转化的过渡时期,在一定程度上,哲学社科类和文学类的翻译作品对当时的士大夫来说不仅是一种养家糊口的谋生工具,甚至兼有借以表达自身意志与情感的方式。这不仅满足了译者自身的内在需求,也顺应了社会发展的趋势。在民族危亡之时,他们希望借助手中的纸笔,实现民族的觉醒和国家的复兴。1898年的《佳人奇遇》标志着梁启超自此开始了政治小说的翻译,与此同时,严复的《天演论》从社会科学方面向人们介绍了西方思想。随后,林纾的《巴黎茶花女遗事》、辜鸿铭的《痴汉骑马歌》、周宏业的《经国美谈》、杨延栋的《民约论》等分别从社会、经济、法制方面介绍和宣传了西方的文化和思想。

由于当时的社会背景和社会意识形态深刻影响着译者的翻译目的或动机,他们在翻译作品时会对原文进行补充并加入自己的见解。译本既不能忽略源语这一本源,又要以译语为归依,既要有挑战译语社会文化与意识形态范畴的人文价值观、伦理规范与价值趋向,又要在语言范畴内反映译语语言规范和诗学价值观,即以目标语读者"可接受性"和"充分性"理解性双维并重的翻译规范与翻译策略。由此我们可以这样认为,这群在国家危急之时身负多重身份的译者是中西方语言和文化交流的使者,他们期盼以历史语境可容忍的极限话语形态阐释和承载西方先进的异质科学文明和人文思想,把科学文明的火种带给了华夏民众。故而借由翻译之手打造了一个符合自我维新目的的文化身份,而形态上仍充满了民族情结的翻译作品。

3.2.2 历史语境下厚翻译的传播效度维度

作为传播学的奠基人之一,美国政治学家哈罗德·拉斯韦尔(2015:35)曾提出5W的传播模式,即传播涉及5个基本构成要素,分别为:谁(Who),说了什么(Says What),通过什么渠道(In Which Channel),对谁说(To Whom)和取得了什么效果(With What Effect),反映了传播所涉及的方方面面。据此可知,在传播学的问题框架内,角度能够让人看到一个东西的不同侧面,那维度就能让人看到一个东西的多个层次,也就是人们可以看到这个东西在不同层次上的各个侧面。维度作为传播事件的首要关键项,是由"传播什么""怎么传播"和"向谁传播"三个主要向度决定的。传播内容决定了传播目的和诉求;传播目的与诉求决定传播的手段和方法——即传播的策略,而传播策略的维度,主要是在层面、方向和角度等方面的前瞻性和整体性的思考和把控;目标受众限定了传播策略的边界,也就是说媒介方式选择是根据人群的触媒习惯和偏好来选择的,而传播学认知框架内的所谓创意是用来缩短传播路径和认知路径的,在传播事件中创意形态是传播策略的指向,也是传播策略的有效承载。

以这一问题框架审视,翻译事件亦然,尤其是厚翻译事件在社会学认识框架内需要考虑的关键项第一是"传播什么"的问题,沙特尔沃斯与考伊(Shuttleworth & Cowie,1997:35)认为,与其说翻译是两种语言之间的符号转换,不如说是两种语言所代表的两种文化间的转换。诚然,厚翻译所涉及文本多为思想文化厚重、对目标语社会有着重大社会效应、文化建设与思想借鉴作用的文本,故翻译文本选择就不仅仅是语言范畴问题,而是关注于社会效应的向度。正如传播学关注的那样,传播内容决定了传播目的和诉求,通过将源语内容转化为译语,并传播给译语受众予以实现,所以历史语境观照下的"厚翻译"翻译事件需要考虑的第二个关键项就是"翻译目的",它不仅仅是要传达原文的内容,而且更为重要的是翻译的内容被译文读者理解、认同和接受,即实现译介的目的并产生相应的社会效应。基于此,历史语境观照下的厚翻译所关注的第三关键项是传播的手段和方法——"传播的策略"。正如传播学所认为的那样,目标受众限定了传播策略的边界,也就是说媒介方式是根据人群的触媒习惯和偏好来选择的,这种历史语境观照下的厚翻译所采用的一切语言创化表征是用来缩短传播路径和认知路径的,而厚翻译创化形态具有明确的传播策略指向群体,如严复在采用厚翻译策略时他的受众是"多读古书之人"。厚翻译创化形态同时也是传播策略的有效载体。由于跨文化跨语际翻译实践往往受阻于语言的诗学构式与形态困扰,受限于受众群体文化背景的差异,受阻于源语读者与译语读者的认识语境和认知水平不同,因此,译者必须在确保源语信息传递给译语读者的同时,兼顾读者的可接受性。这就是厚翻译问题框架内的三个必须考虑维度中的传播维度。

作为翻译策略和方法的"厚翻译"传播维度,其着力点就是要重视文化的特殊处和差异点,既站在原文作者的角度,把握原文的精神境界,同时又兼顾两种语言国家的风俗文化,以传达原文的真实且准确的信息为目标,用译语把原文的内容与精神传达出来。虽然译者要尽可能地用译语还原出原文的信息与面貌,但是其译文总是要受到当时的语言规范、诗学价值观、社会文化背景和其他一些社会因素的影响,尤其是受到译语国家的社会文化意识形态、译语读者接受习惯,认知水平等的影响。故,译者在实施厚翻译时首先在忠实于原文的基础上进行语言和行文层面上的微调创化,以及语言艺术性的加工,继而实施如人文知识、文化价值观铺垫和介绍,结合本国语的文化背景和人伦道德规范等对原作的内容意义与文化精神进行再创造,即删减、增加或改写、阐释、注解、评述等不同翻译策略与方法的择取皆是出于对本国语的文化背景和人伦道德规范和读者认知接受的考虑。这样译出的作品既符合译语诗学传统习惯,同时又在伦理道德、意识形态上适度挑战了译语的文风时尚。

3.2.3 历史语境下厚翻译的诗学再创维度

诗学价值观从一般文章学意义上讲,一是在行文中有标记修辞文体的语言范畴的诗学规范,二是在审美价值范畴上的是风格、韵味和境界的诗学价值观。如"诗文之可传者有五:一曰性,二曰情,三曰气,四曰趣,五曰格"(蒋寅,2015:126)。这两点表面上看是语言与文体的问题,但本质上却或多或少都具有社会学的指向,最典型的莫过于论晚唐七律,历举罗隐之感慨苍凉、韩偓之沉丽、司空图之超脱,次则吴融之悲壮、韦庄之凄艳，"孰云吟咏不以性情为主哉"（洪亮吉，1983：99），它们表述的是一种社会诗学价值诉求，而真正呼应的是社会现实需求。

从诗学维度看，厚翻译给予译者在原文上进行最大限度地合理诗学创作的自由，即以译语读者熟悉的、认同的诗学形态表征，但并不破坏原文"达旨"要义。在翻译实践中，译本既不能忽略源语这一本源，又要以译语为归依，反映译语语言与诗学规范，"可接受性"和"充分性"并重的翻译规范，既体现了跨文化背景下异域文化与思想的精神，又体现了本土文化诗学兼容并蓄的姿态。

晚清时期西学东渐，作为人文学科，翻译冲击并引领着当时的人文学科习惯、社会思潮和价值观，国人面临着前所未见的外面世界的骤然闯入。为了让读者群体迅速接受和认同，译者总是将新知识的"苦药"包裹入旧文化的糖衣之中——即包裹在原有的文化语境和话语形式之中。在这样的历史社会语境和文化形态影响下，如前所述，翻译的目的并非为了机械忠实地传达原意，而是异质同构涵化，至少在文章学、修辞学范畴上，根据本土的文化诗学习惯来重构外语文本，注释异域思想，将异质文化思想比附本体文化价值观，借此来传播异域文明、异域思想、异域价值观。这一认识观为厚翻译提供了坚实的理论支持，为合理改写、删减、重写、增译、注释、绪论导读等厚翻译语言行为奠定了学理上的合法性依据。历史语境下厚翻译的诗学维度，作为特殊的翻译策略，允许译者在翻译语言实践中的主观诗学能动性。需要指出的是，基于历史语境观照下的厚翻译观所产生的译本与原著在章节、内容和行文上的不一致并非误译，而是译者有意为之。以读者熟悉且认同的行文范式翻译异域经典，其目的不仅是为不熟悉西方文化成果的中国读者减少理解的难度和认同接受的阻抗力，而且更为重要的是以文化互鉴作为遴选，以存留译文的一般忠实标准为规范的翻译事件与翻译语言行为。这种译文经改译而形成的不一致能够得以操作实现，既源于中西诗学文化的差异性，同时也意味着中西诗学文化在某些角度的共通性、同约性，客观证明了厚翻译中文化与历史诗学价值观作为一种特殊的语言价值艺术类别，服务于其审美价值与社会性效度，具有一定的普遍性意义和现实意义。

4　历史语境观照下《天演论》中的厚翻译

正如勒菲弗尔（Lefevere，2004：14）所言："翻译从来不是凭空而生的。"一部翻译作品的诞生与其所处的社会文化背景有着密不可分的联系，严复对《天演论》的厚翻译语言行为，更是基于社会关切和历史语境双重背景下译者对翻译策略选择的典型代表。严复在翻译西方著作的过程中，经常以按语或脚注的形式加入自己的观点和看法而实施"厚翻译"。这些添加的译文有些是解释性和介绍性的说明，有些则属于关切时事评论的抒情性文字。王栻对严复翻译的《天演论》进行分析后认为，35 章中有 28 章附有按语，占了全文章节的 80%，而按语的字数约为全文字数的 1/3。(杨柳、王守仁，2013：43 - 76)故，可以这么认为，《天演论》在中国翻译史上是历史语境观照下厚翻译语言行为的典型代表作品。

4.1 《天演论》中社会学维度的厚翻译

严复在《天演论》中所采取的厚翻译语言行为与历史社会形态有着密不可分的因果关系。严复所处的时代，既经历过魏源"师夷长技以制夷"的实用主义思想，又亲历过洋务派"中体西用"的理论，但甲午战败，也使得严复意识到了这两种思想理论的局限性。因此，严复深入研读西学观念，引进西方先进科学思想，作为改造中国人世界观的理论基础与思想启蒙的武器，以便从根本上彻底改造中国。(王秉钦、王颉，2009)为了达到传播西方先进科学思想、呼吁民族自强的社会目的，在译述《天演论》时，严复重点选择原书中有关万物进化的部分进行翻译，至于社会伦理的部分，则基本不译。为了充分达致救亡图存的宗旨，严复对《天演论》中的 28 章加写按语。这些"加厚"之处充分发挥了严复自身对社会进化的看法与观点。可以说，按语是历史社会维度下厚翻译在《天演论》中最具代表性的翻译语言实践。

《天演论》的基本观点是："物竞天择""优胜劣汰""适者生存"。"厚翻译"对于翻译事件的认识和翻译策略给予了严复充分发挥译者主体意识的理论依据，故，只要一有机会，他就会利用文内释意、文末复案等方式以"加厚"原文，旁敲侧击地表达他对改造当时中国社会的观点和意识。

> 原文：What sort of a sheep breeder would he be who should content himself with picking out the worst fifty out of a thousand, leaving them on a barren common till the weakest starved, and then letting the survivors go back to mix with the rest? (Huxley, 1894:41)
>
> 严译：设今有牧焉，与其千羊之内，简其最下五十羊，驱而置之硗确不毛之野，任其弱者自死，(强者自存)，夫而后驱此后亡者还入其群，(是以并畜同牧之。是之牧为何如牧乎?)(托马斯·赫胥黎，2014:53)

括号内的部分是严复增加的译文，即使省去这些内容，译文的意义表达也不受丝毫的影响。但从这些加厚之言，"强者自存"正是严复物竞天择，适者生存思想的高度概括，"是以并畜同牧之。是之牧为何如牧乎?"也表达了严复对晚清历史社会沉沦发出的反问。

除加注文内释译外，为了充分达到救亡图存的翻译宗旨，严复对《天演论》中的二十八章加写复案。例如《论十四·矫性》中阐释了随着文明的开化,人们的习性变得温良,战争频率也随之降低的社会常态。据此,在翻译原文的基础上,严复结合历史社会现状在复案中写道:

> 论古之士,察其时风俗政教之何如,可以得其所以然之故矣。至于今日,若仅以教化而论,则欧洲中国优劣尚未易言。然彼其民,设然诺,贵信果,重少轻老,喜壮健无所屈服之风。即东海之倭,亦轻生尚勇,死党好名,与震旦之民大有异。呜呼!隐忧之大,可胜言哉!(托马斯·赫胥黎,2014:108)

译者从社会学维度对比中欧社会风气,倡导积极变革,并以甲午战争中打败中国的日本为例,深刻揭示了晚清政府在国家被侵略时无动于衷的腐败以及民众的麻木之情。严复以"隐忧之大,可胜言哉"的疾呼,表达对晚清中国社会风气之深切担忧,并以此表达了晚清时期中国已然到了不得不变革之地步的历史现实。可以说严复借助厚翻译策略的"加厚"手段,在复案中表达了其对历史语境下的社会问题意识与思考。

在《导言七·善败》的复案中他写道:

> 中国廿余口之租界,英人处其中者,多不逾千,少不及百,而制度厘然,隐若敌国矣。吾闽粤民走南洋非洲者,所在以亿计,然终不免为人臧获,被驱斥也。悲夫!(托马斯·赫胥黎,2014:26)

用白话文来讲就是:在中国 20 多个商埠的租界里,居住的英国人多不超过 1000人,少不足 100 人,人数虽然不多,但是他们制定的外交和贸易规章却十分整齐缜密,其威重和严明正如他们势力与之相当的国度。而我国福建、广东的一部分人到东南亚和非洲一带侨居谋生,人数约为一亿人左右,但他们大多终免不了给人家做奴婢的命运,终日被人家鞭策驱使。这是多么可悲的事实啊!严复采用厚翻译策略与手法,在此节复案中对比了晚清时期中英两国在制度上的巨大差距,结合历史背景指出了英国之所以优越领先的原因,也暗含了严复呼吁社会变革的政治目的,同时表现出了厚翻译认识与策略在社会学维度下给予译者主体意识在表达上的便利与优势。

4.2 传播学维度

严复翻译西方文化经典具有明确的政治宣传目的——即"开民智、兴中华"的传播效应,是为了用西方新思想唤醒国民和宣传自己的政治主张。因此他选择翻译的第一部西学著作便是最能达到该目的的赫胥黎的《进化论与伦理学》。他之所以没有选译达尔文的《物种起源》,是因为"此书是纯粹的生物学著作,与他关心的社会问题无关"(黄忠廉,2014:75)。可见,在一开始严复对译本的选择就充分体现了社会学意义上的传播效应。

在翻译过程中,严复继续发挥传播主体的主体性,认真研究了传播受众的特点和需求,为了优化译著的传播效果,采用厚翻译的翻译策略对传播内容做出了适应性调整。严复(1902:207)分析当时的形势后认为,他将目标读者群设定为当时的知识分子,即"士大夫群体":"吾译正以待多读中国古书之人。"作为资产阶级启蒙思想家,他必然会把这一历史大任寄托于这一知识群体。严复认为要变革当时的社会,关键力量是在政治上和社会上掌握话语权的知识阶层,所以严复将士大夫阶层作为他译著的主要传播受众,他的翻译策略也皆是以此为中心。

《天演论》脱胎于赫胥黎的《进化论与伦理学》,显而易见的是,原著所传扬的思想"物竞天择,适者生存"与封建统治下的"天不变,道亦不变"的思想背道而驰,其所传扬的"道"即"义理",与当时维护封建统治的"道"差异很大,如何让文中所宣扬的进步观念为那些一直维护封建道统的守旧士大夫们所接受,成为严复译介时必须考虑的一个问题。

为了解决这一问题,在译作中,严复采用厚翻译策略和手法,采用先秦文体和增加大量解释性注释,如《导言六·人择》的复案中:

> 往尝见撒孙尼人击羊,每月三次置羊于几,体段毛角,详悉校品,无异考金石者之玩古器也。(托马斯·赫胥黎,2014:23)

提及"撒孙尼人",编者的注释为:

> "撒孙尼,Saxony,今译萨克森。位于德国。"(托马斯·赫胥黎,2014:23)

对于被鸦片战争打开国门的中国人来说,百余年的闭关锁国使得中国对外部世界的了解知之甚少,严复显然意识到了在此历史语境下的中国受众,在阅读此类名词时,必然会有陌生感。为了消除这种阅读的生涩感与认知负荷,也是出于开拓国人眼界和传播的目的,严复及编者采用加注解释性注释的厚翻译手法,其内容包含了历史背景、地理信息、外语原称等等,其中将"撒孙尼人"解释为"蛮族",更是迎合了当时抱守天朝上国思想的士大夫的心理,以便获得译语读者的认同,可以说就是利用厚翻译策略达到了传播效应的增益。

除解释性注解外,由于中外文学作品的侧重各不相同,西方重逻辑,习惯开篇立意,为了使译文更符合晚清士大夫的阅读行文习惯,严复采用厚翻译手段,在传达源语信息的同时,进行"加厚",虚实并重,以增强实在感的修辞手法,以求可读。"我们很少像法

国蒙田、英国拉穆那样着重悬空写感触的作品;中国历代文人的习惯是寓情于景,寓感于事。"(张中行,1997:29)

原文:The patch was cut off from the rest by a wall; within the area thus protected, the native vegetation was, as far as possible, extirpated; while a colony of strange plants was imported and set down in its place. (Huxley, 1894:9)

严译:忽一旦有人焉,为之铲刈秽草,斩除恶木,缭以周垣,衡从十亩,更为之树嘉葩,栽美箭,滋兰九畹,种橘千头。举凡非其地所前有,而为主人所爱好者,悉移取培植乎其中。(托马斯·赫胥黎,2014:16)

"忽一旦有人焉"属于厚翻译策略下的情景性解释。严复用"铲刈秽草,斩除恶木,缭以周垣"扩写"the native vegetation was, as far as possible, extirpated",把植被具体化,用"更为之树嘉葩,栽美箭,滋兰九畹,种橘千头"扩写"while a colony of strange plants was imported and set down in its place",这些加厚之处不仅使译文更加生动形象,增强了可读性,同时也削减了源语与译语之间的文化差异,利于译文在目标受众的传播和接受。

除了"加厚"外,为了进一步在将源语信息传递给译语读者的同时,兼顾读者——"多读古书之人"的可接受性,严复认为,可以在"事理相当"的情况下,用"中国古书故事"来阐述"西洋古书"的引喻。

原文:No less certain is it that, between the time during which the chalk was formed and that at which the original turf came into existence, thousands of centuries elapsed, in the course of which, the state of nature of the age during which the chalk was deposited, passed into that which now is by changes so slow that, in the coming and going of the generations of men, had such witnessed them, the contemporary, conditions would have seemed to be unchanging and unchangeable. (Huxley, 1894:9)

严译:沧海扬尘,非诞说矣。且地学之家,历验各种僵石,知动植庶品,率皆递有变迁。特为变至微,其迁极渐,即假吾人彭、聃之寿,而亦由暂观久,潜移弗知;是犹蟪蛄不识春秋,朝菌不知晦朔,遽以不变名之,真瞽说也。(托马斯·赫胥黎,2014:4)

严复用"即假吾人彭、聃之寿"来表示时间概念。这里的彭、聃指的是先秦道家先驱彭祖和道家创始人老子,传说中二人都很长寿。可以看出,严复用中国古代传说来翻译原文,把握原文的精神境界的同时,又在伦理道德、意识形态上符合晚清时代的中国特殊国情和读者心理的需要与期待,这也正是厚翻译策略在历史语境下传播维度的独特优势。

4.3　诗学再创维度

从诗学维度看,译者合理运用厚翻译策略对原文进行诗学层面的再创作。换言之,译者通过译语读者熟悉的诗学形态表征来提升原文诗学性的译语传达效果,其间并不破坏原文"达旨"要义。严复深知,他的译文阅读对象是晚清士大夫们,这些人自视甚高,喜好文言行文。故严复在翻译过程中,将英语形式逻辑行文进行诗学创作,以晚清士大夫喜好先秦文体翻译之。

赫胥黎的《进化论与伦理学》本身是赫胥黎在牛津大学时的演讲稿和信件的合集,其文体本质上是一本进化论科普文,严复为了阐述自己"物竞天择"的社会变革思想,采用厚翻译的翻译策略,选择诗学创化式"意译"——以先秦文言文体翻译,在不破坏原文本意的基础上,进行合理的诗学创作,对赫胥黎的演讲稿原文存有的大量引经据典,在译作过程中采用厚翻译手法,对原有例子予以保留,以列举事例来阐明原文道理。如《导言五·互争》中:

> 原译:No doubt, the Forth bridge and an ironclad in the offing, are, in ultimate resort, products of the cosmic process; as much so as the river which flows under the one, or the seawater on which the other floats. (Huxley, 1894: 12)
>
> 严译:河中铁桥,沿河石鄢,两者皆天材人巧,交资成物者也。(托马斯·赫胥黎,2014:20)

原文以 bridge 来阐述大自然对万物的侵蚀,严复在译介时予以保留,并结合晚清时期传统文化依旧盛行的历史语境,用"河中铁桥,沿河石鄢"深入阐明"天人互争"的事实;而《论十五·演恶》中,对近代思想是对古代印度、希腊哲学上的重创新理一事,译者则取譬于废河复流,引起人们的无限遐想,论证自己的观点。

而为了让译文论证更加有力,在译者使用的"注释"法,也即"复案"中,也多有诗学创化。如《导言十八·新反》中:

> 原译:But, so long as he remains liable to error, intellectual or moral; so long as he is compelled to be perpetually on guard against the cosmic forces, whose ends are not his ends, without and within himself; so long as he is

haunted by inexpugnable memories and hopeless aspirations; so long as the recognition of his intellectual limitations forces him to acknowledge his incapacity to penetrate the mystery of existence; the prospect of attaining untroubled happiness, or of a state which can, even remotely, deserve the title of perfection, appears to me to be as misleading an illusion as ever was dangled before the eyes of poor humanity. And there have been many of them. (Huxley, 1894:44)

> 严译:夫如是而曰人道有极美备之一境,有善而无恶,有乐而无忧,特需时以待之,而其境必自至者,此殆理之所必无,而人道之所以足闷叹也。窃尝谓此境如割锥术中,双曲线之远切线,可日趋于至近,而终不可交。虽然,既生而为人矣,则及今可为之事亦众矣。(托马斯·赫胥黎,2014:57)

其中严氏因原文 illusion(幻觉)而加写。解释了何为"幻觉",虽有定语界定,仍不为人理解,有些虚。illusion 意为视、听、触三觉未受刺激而产生的虚假感觉。原文为视觉上的幻觉,本为心理学知识,在此实指子虚乌有的事情。严复用"此殆理之所必无"译之,本想把原文内涵说清楚,不料却失去原文仅有的一点形象,更显抽象。怎么办?为补偿生动性,严复补写几何知识,用"双曲线之远切线"作比。

严复的语言风格以"雅"著称,他所偏爱的桐城派文体以"汉以前的字法、句法"为文章正轨,因此他的"雅",即便在清末也显得比较古雅,不过清末汉语与"汉以前字法、句法"同属文言文,在知识分子读来,不至于恍如隔世,反而是当时封建士大夫们的最爱。如译文开篇便是"赫胥黎独处一室",把英文的"I"直接译成了作者的名字,让人联想到司马迁《史记》中的笔法文风,《史记》各传开篇多以人名,如"司马相如者""太史公曰"等等。

由于西方近代文化的新内容与中国传统语言形式之间有难以协调的矛盾,用文言译西洋小说或西方学术著作虽有很大的局限性,然而,在特定的历史语境下,这种诗学创化译法却反而具有非常不同的诠释效果。严复借助桐城派古文,并恪守桐城派的古文主张诗学创化译介《天演论》,不仅没有限制其原文思想的传播,反而有助于目标语读者对原文的理解,进而实现了自己的翻译目的,并且对当时的主流诗学进行了一定的继承与创新,有着极大的社会价值与文学价值。

5 结 论

基于上述,翻译虽然是一种运用语言进行跨文化跨语际交际的事件,但是这种交际事件与过程,不是在真空中进行和发生的,而是在历史社会、历史诗学文化背景中发生的,因而还涉及具有两种不同文化背景的参与者(作者、译者和读者)的介入,所以它是一种跨文化、跨语言的人文事件。译者要将源语文化与诗学传统的异质性以连贯性手法编制在译文的字里行间,呈现源语文化、思想与诗学传统的丰富异质性特质,为译入语国人求异的社会文化心理诉求提供异质性的思想架构。故,根据历史、社会背景、具体的文本和具体的文化语境,严复先生《天演论》译文所采用的翻译策略,无论是选词炼句和行文、直译加注释,意译附再写或评注,或以增厚文本信息的长篇译序,皆是从社会学、传播学、诗学再创三维度入手,实施其历史语境的厚翻译语言行为,皆是为了更好地传播原作的异质性文化与思想,减少目标语读者的长途跋涉,以服务于他的"开民智、兴中华"的翻译目的的关怀。这是《天演论》厚翻译现象历史语境的必然性和应然性,它的现实意义不仅是外语经典汉译如此,中文经典外译亦然。

参考文献

[1] Appiah, K. 1993. Thick Translation [J]. *Callaloo*, (4):801 – 819.

[2] Bassnett, S. & A. Lefevere (Eds.). 1998. *Constructing Cultures: Essays on Literary Translation* [M]. Clevedon and Philadelphia: Multilingual Matters.

[3] Halliday, M., A. McIntosh, & P. Strevens. 1964. *The Linguistic Science and Language Teaching* [M]. London: Longmans.

[4] Huxley, T. 1894. *Evolution and Ethics and other Essays* [M]. New York: The Macmillan Company.

[5] Lefevere, A. 2004. *Translation, Rewriting and the Manipulation of Literary Fame* [M]. Shanghai: Shanghai Foreign Language Education Press.

[6] Levy, J. 2000. Translation as a decision process [A]. In Venuti, L. (Ed.). *The Translation Studies Reader* [C]. London and New York: Routledge, 148 – 159.

[7] Shuttleworth, M. & M. Cowie. 1997. *Dictionary of Translation Studies* [M]. Manchester: St. Jerome Publishing.

[8] 方子珍,2011. 关联理论观照下的厚翻译研究——基于《红楼梦》两英译本的对比研究[D]. 安徽大学.

[9] 哈罗德·拉斯韦尔. 2015. 社会传播的结构与功能[M]. 何道宽,译. 北京:中国传媒大学出版社.

[10] 洪亮吉,1983. 北江诗话[M]. 北京:人民文学出版社.

[11] 黄小芃,2014. 再论深度翻译的理论和方法[J]. 外语研究,(4):72 – 76.

[12] 黄忠廉,2014. 严复成功译入西方思想探因[J]. 哈尔滨工业大学学报(社会科学版),(1):74 – 83.

[13] 蒋寅,2015. 洪亮吉的诗学观念与本朝诗歌批评[J]. 文学遗产,(3):125 – 134.

[14] 李红霞,张政,2015. "Thick Translation"研究 20 年:回顾与展望[J]. 上海翻译,(2):34 – 39.

[15] 李红满,2008. 东方的视野与翻译话语系统的建构——《中国翻译话语选集第一卷:从最早期到佛经翻译》评介[J]. 外语与翻译,(3):69-73.

[16] 梁艳,2012. 阿派尔的译学构想——厚翻译[J]. 佳木斯教育学院学报,(1):255+276.

[17] 钱莹莹,2012. 张谷若译作《德伯家的苔丝》中的厚翻译研究[D]. 四川外语学院.

[18] 托马斯·赫胥黎,2014. 天演论[M]. 严复,译. 南京:译林出版社.

[19] 王秉钦,王颉,2009. 20 世纪中国翻译思想史[M]. 天津:南开大学出版社.

[20] 严复,1902. 与梁任公论所译《原富》书[A]. 罗新璋. 翻译论集[C]. 北京:商务印书馆,2009:206-208.

[21] 杨柳,王守仁,2013. 文化视域中的翻译理论研究[M]. 北京:人民文学出版社.

[22] 游忆,2021. 基于深度翻译理论的中国文学英译策略探究[J]. 河北民族师范学院学报,(3):91-96.

[23] 张佩瑶,2012. 传统与现代之间:中国译学研究新路径[M]. 长沙:湖南人民出版社.

[24] 张星烺,2013. 欧化东渐史[M]. 长沙:岳麓书社.

[25] 张中行,1997. 文言和白话[M]. 哈尔滨:黑龙江人民出版社.

[26] 赵士刚,2011. 从关联理论角度看唐诗英译中的厚翻译[J]. 兰州教育学院学报,(6):297-298.

[27] 周俊清,1996. 试论翻译中的语域取向[J]. 中国翻译,(4):10-14.

[28] 周领顺,强卉,2016. "厚译"究竟有多厚?——西方翻译理论批评与反思之一[J]. 外语与外语教学,(6):103-112+150.

(责任编辑 鹜龙)

新世纪中国翻译批评的多元特征与理论建设 *

合肥工业大学　胡作友　张　兰 **

摘　要: 翻译批评针对翻译实践发挥评价、鉴别和引导功能,离不开理论的约束与指导,翻译批评的理论建设是题中之义。中国翻译批评虽然面临种种问题,但从未放弃自己的使命,理论建设从未停止。进入新世纪以来,中国翻译批评从批评客体、批评角度和批评理论三个方面进行全方位的理论建构,不断夯实翻译批评的理论基础。批评客体在译本批评、译者批评、译作传播批评和翻译生成批评等方面加强了多样化的理论建设;批评角度在读者层面、审美层面和国家层面拓宽了多元化的理论维度;翻译批评理论体系化建设和翻译批评理论跨学科发展则强化了中国翻译批评的理论筋骨。中国翻译批评的理论建设必将改善翻译批评的边缘化地位,强化翻译批评的话语力量,推动翻译学的进步和翻译事业的发展。

关键词: 中国;翻译批评;翻译理论;理论建构

Title: Multidimensional Characteristics and Theoretical Construction of Translation Criticism in China in the New Century

Abstract: Translation criticism plays the role of evaluation, identification and guidance in translation practice, which cannot be separated from the constraints and guidance of theory, so it is necessary to construct the theory of translation criticism. Although faced with various problems, Chinese translation criticism has never given up its mission and never stopped its theoretical construction. Since the beginning of the new century, Chinese translation criticism has carried out an all-round theoretical

---

　* 本文系国家社科基金项目"《文心雕龙》话语体系英译和中西文论对话研究"(编号:17BYY061)、安徽省人文社科重点项目"中华优秀传统文化和大学英语融合研究"(编号:SK2020A0798)阶段性成果。

　** 作者简介:胡作友,合肥工业大学外国语学院教授。研究方向为翻译与跨文化研究、西方文论研究。联系方式:huzuoyou01@163.com。张兰,合肥工业大学外国语学院硕士研究生。研究方向为翻译与跨文化研究。联系方式:2638184913@qq.com。

reconstruction from three aspects: the object of criticism, the angle of criticism and the theory of criticism so as to constantly consolidate the theoretical basis of translation criticism. The object of criticism has strengthened the diversified theoretical construction in translated versions, translator, communication and generation; the critical angle broadens the pluralistic theoretical dimensions at the reader level, aesthetic level and national level; the systematic construction of translation criticism theory and the interdisciplinary development of translation criticism theory have strengthened the theoretical framework of translation criticism in China. The theoretical reconstruction of translation criticism in China will certainly improve the position of translation criticism, strengthen the discourse power of translation criticism, and promote the progress of translation studies and the development of translation cause.

Keywords: China; translation criticism; translation theory; theoretical construction

有专家指出,翻译批评面临失语问题(刘云虹、许钧,2014:8;许钧,2016:440;蓝红军,2020:84)、生存危机(刘云虹、许钧,2014:1)和在翻译场域有效在场不足的境况(刘云虹、许钧,2022:11)。与西方情况相仿,我国翻译批评研究起步较晚,1992年,许钧的《文学翻译批评研究》开启了系统化论述翻译批评的先河。进入新世纪后,翻译批评研究不断发展,跨学科研究成果斐然,学科意识持续增强,批评的导读和导引功能在实践领域的体现愈加明显。翻译批评研究在数量和质量上均有长足的进步,研究内容涵盖翻译批评领域的各个方面,覆盖翻译活动的始终,研究视角新颖,涉及译作广泛。翻译批评的基本特征是"批评性"(蓝红军,2022a:14),而批评性离不开理论的指导。中国翻译批评虽然面临着诸多问题,但一直在努力改进,理论建设从未停止,进入新世纪以来,更是得到了全面的加强,不断夯实翻译批评的理论基础,下文将从批评客体、批评角度和批评理论三个方面加以论述。

1 批评客体的多元

1.1 译本批评

译本是译者和作者对话的产物,是翻译活动的最终成果,译本评价需要翻译批评的介入。自我国翻译批评出现乃至现在,都一直将译本作为主要批评的客体之一。中国传统译论凸显文本分析的重要性,将"忠实"原则贯穿翻译批评始终。自近代翻译批评活动出现以来,国内批评家格外重视译本分析。现在,无论是单译本的评析,还是多译本的比较,其研究方法、程序和步骤,都已趋于体系化和科学化。理性、科学、客观的批评逐渐取代了感性、体悟、主观的评论,正确的认知、先进的技术、缜密的逻辑已成为翻译批评的内在要求。随着时代与科技的进步,跨文化交际的便利,思想、学术、知识资源的快速增长,翻译批评的研究视角、研究工具与批评立场,也随之发生了天翻地覆的变化。译本分析的重心不再局限于文学领域,开始向文学领域外扩展,涉及医学、法律、科技、哲学等方面。

纵观新世纪以来翻译批评的发展历程,经典文学作品、中国传统著作和现当代文学作品的翻译一直是批评家关注的中心,它们构成译本批评的主流。在中国文化"走出去"的大背景下,中国特色文化翻译引起学界重视(周领顺,2016:81)。在非文学领域,译本批评也很受欢迎,在科技翻译、法律翻译、宗教翻译、医学翻译等多个领域都有关注和探讨。由此可见,译本批评仍是当今翻译批评关注的重心所在,且学界开始有意识地对跨学科译本进行深描。随着科学技术的发展进步,科技翻译对于当今中国科学发展和技术创新起着不可忽视的作用。翻译批评必须紧跟翻译实践的发展趋势,提高对非文学翻译批评的关注和重视程度。

一个纯粹负面的批评不是真正的批评。(Berman,2009:26)批评的积极效果是批评的本质价值。以译本为客体的翻译批评在一定程度上促进了翻译事业的发展,推动了译本创新,而新译本的产生又为翻译批评实践提供新的批评客体,促进翻译批评理论的完善和创新,如此循环往复就形成了从译本批评到理论建构的良性循环。学界对各类有价值、有意义译本的研究,扩大了批评范围,增加了批评对象,丰富了翻译批评的理论资源。

1.2　译者批评

近年来,随着翻译和翻译批评理论的不断深入和完善,批评家关注的重心逐渐从译作向译者倾斜,以译者为客体的翻译批评成为当下研究的热点之一。翻译批评可有效监督译者的翻译行为,促使其遵守翻译伦理,降低胡译乱译的概率,提高译作准确率和忠实度(胡作友、常筱竹,2024:24)。译者作为译本的产出者,将原文以另一种语言再现出来,其重要性可见一斑。赫尔曼斯(Hermans,1999:62)指出,"翻译行为的整体生成路径,源自译者为了一个特殊目的,为了一群特定受众,希冀所创作出的翻译文本得到受众认可,实现对原作的异域再现。"刘云虹(2022:591)认为,译者主体性驱动着译作的生成。翻译批评的研究范畴不能仅仅局限于原作与译作,在译本生成过程中,译者的作用和影响是巨大的。译者的个人经历、生活背景、教育程度及其所处的社会环境都对译作产生不可忽视的影响。因此,在进行翻译批评时,忽略对译者的关注和研究会不可避免地导致结论出现偏差或不足,译者批评成为理所当然的重点关注范围。周领顺

（2022a：121）认为，传统的翻译批评是以翻译质量的讨论为主体的，这不能反映翻译活动复杂性的实质。"文化转向"之后的翻译研究开始关注翻译过程、翻译中人的作用乃至社会视域中的整个翻译活动。翻译批评需要实现这种转向，增强客观，加强描写，以反映翻译活动的真实生态。在进行译者批评时，通常会从译者生平、价值观、译论、译事等方面入手，这些因素对于译作的影响毋庸置疑。然而，孤立地看待这些因素也会导致对译者和译作的认知不全。周领顺（2022b：81）认为，应综合考察上述因素，开展互动关系的动态研究，才更容易看到问题的实质。

　　近年来，将翻译主体作为批评客体的研究逐渐增多，也取得一些瞩目的成就。译者批评将研究重点投射到译者身上，就译者批评的基础理论、实践路径、认识方式和理论体系都提出了详细、科学的解决方案。得益于 20 世纪的西方语言学转向，主体性问题逐渐浮出水面。受到国外一系列主体性研究的熏陶和影响，国内有关译者主体性的话题也引起不少关注。刘云虹（2022：590）从文学翻译生成的角度提出译者的主体化问题，进而探讨译者主体化建构得以实现的关键要素。翻译研究受西方哲学主体间性转向的影响，也开始思考译者主体间性问题，这对推动翻译研究从认识论向理解论转变具有重要意义（陈大亮，2005：3）。除了译者主体性和主体间性研究外，与译者相关的理论研究远不止如此。还有以译者行为作为评价对象，在此基础上，也形成了一系列译者行为批评理论（周领顺，2022a）。对于译者批评研究，各个理论并未局限于对译者本身进行单一孤立的探讨，而是追求与文本、读者、外部环境等要素的多元互动，从而使译者批评研究更具科学性、系统性和普适性。

1.3　翻译过程批评

　　20 世纪 90 年代，我国翻译批评关注原文与译文的对比分析，着重强调翻译结果的优劣好坏，翻译批评的研究领域也局限于语言符号之间的转换。批评家们逐渐意识到这种批评模式无法对译作进行全面而准确的评论，也无法理清因时代背景和外部环境不同而导致的特殊翻译现象。基于此，将翻译过程作为批评客体对于翻译批评发展是不可少的。原作者的写作过程是将其经历、研究、调查、想象等所获得的思想转化成文字，而译者在翻译过程中，其目的语写作过程是对既定内容与篇章结构的完整解读，运用自身掌握的语言切换技巧，输出目的语篇章（屠国元、李志奇，2023：71）。众多学者开始探索新的批评方式和手段，并且将焦点放在翻译过程，或从影响译作生成的因素入手，考察其影响机制，或对生成过程进行整体的分析研究。

　　通过考察翻译过程可以窥探译者的文化倾向、审美偏好、文本选择与翻译策略。翻译过程是整个翻译活动的核心，它反映了译者的喜好、翻译选择、翻译动机、翻译目的、翻译策略、翻译效果，涉及作者的意图、翻译的背景、读者的期待、传播的效果，关联源语文化和译语文化，是牵一发而动全身的系统工程。因此，对翻译过程的批评式探究在翻译批评中占据重要地位。近年来,随着中国文化走出去工程的开展,中国古代典籍英译,如《红楼梦》《水浒传》《西游记》《三国演义》《论语》《诗经》《文心雕龙》等,越来越受到学界的重视,对上述典籍的英译研究往往少不了对翻译过程的批评与探讨。除了上述因素之外,翻译过程还涉及翻译外因素,如赞助力量、编辑修改、润色校正等诸多环节,这些步骤无一不关系着译本最终的呈现效果。因此,翻译批评对象决不可陷入翻译结果的静态研究。目前对翻译过程批评的理论探讨虽然还不丰富,但不可否认其潜在的巨大的学术价值和理论意义。

1.4 译作传播批评

译作传播是翻译行为的关键一步,译作传播批评也是翻译批评客体多元化的具体体现。译作出版是整个翻译活动过程的先决条件,影响译作在域外能否"活下去"的因素还有译作的传播媒介、传播方式、受众期待等。考察译作传播与接受程度对促进中国典籍在国外传播具有重要意义,是响应中国文化走出去战略的应有之举。新世纪以来,国家综合实力的长足进步对学术界提出了新的要求,建构中国特色翻译理论体系,需要推动中国翻译理论从边缘向中心迈进。译本作为中国特色思想文化的载体,译者通过恰当的翻译技巧和翻译策略尽可能减小语言和文化壁垒,使受众能够接受译本的内容和思想,从而起到传播文化的作用。

探究译作的传播过程和效果对于译作能否受到读者接受并在异域获得再生具有重要意义。由于当前信息技术的发展,人们梳理译作的传播渠道与效果更加高效。除了文学典籍以外,中国网络文学译本的对外传播发展迅猛,深受国外青年读者的青睐。与传统文学作品的译介不同,网络文学主要以线上传播的方式为主。通过研究译作传播过程、效果及其背后的深层因素,可以减少国外读者阅读时的误解、误读现象,促进中外文化交流互动,推动中国文化成功地"走出去"。在谈及翻译传播时,人们自然而然地将翻译学与传播学进行有机结合,促进译作或翻译成果的顺利输出。实际上,有很多学者运用传播学理论,分析译作的传播与影响力,在中国知网以翻译传播为主题可以查询到 343 篇CSSCI 论文,可见其受重视的程度。国际传播能力建设能够促进国际话语权的加强和国际形象的树立,翻译学科也应加强对翻译传播的理论研究和实践创新。译作传播尚属于翻译批评研究的边缘地带,其研究成果也仅是冰山一角,还有更广阔的领域值得探索。

2 批评角度的多元

2.1 读者角度

翻译作品从诞生开始,涉及诸多要素,有原作、原作者、译者、读者、译作、世界。其中读者基于自身实际对译作进行阐释,产生不同的理解,还可催发更多的翻译活动。在翻译批评领域,读者的接受度成为研究译作的重要角度。无论是在文学批评领域还是翻译批评领域,读者地位的变化都经历了相当漫长的演变历程。在文学领域,从作者中心到文本中心的转换,使意图、思想、情感、审美等多维因素都被纳入研究范围。在文本层面,更是运用了一系列的理论来阐释和分析文本创作,但读者总是被人们有意无意地忽略了。直到 20 世纪下半叶,读者的重要地位才凸显出来,读者中心逐渐确立。文学领域如此,翻译领域亦然,其发展趋势和演变历程具有相似之处,在读者地位的变化上,表现得尤为明显。读者通过阅读译文,能对原作的文本意义产生清晰的认知,并且深入译文所构建的文本世界,那么翻译所承担的桥梁作用便得以实现。但好的译文,不仅忠实表达原作的思想,而且是译者的再创造,能更好地满足目标读者的期待。因此,要对译文进行全面、准确、科学的评价,少不了对读者接受进行调查。

读者反应理论强调文本与读者的互动合作(Rosenblatt，1994),读者理解不仅指向文本,更受到自身经历、情感、背景和阅读文本时思绪变化的影响。读者反应理论不仅可以运用于文学批评,也适用于翻译批评。奈达(Nida，1964)的读者反应理论就是将关注重点从文本转移到读者身上,在世界范围内产生了重大影响。

针对读者反应,学界采用多种技术手段、数据资源、研究视角对文本进行讨论和评价,从客观事实出发,深入探究文本内部因素和运行机制。除了读者反应理论,接受美学理论的翻译批评,也把读者提到重要地位。读者基于阅读经验和审美体验的不同,对于译文的期待视野也有着较大差异。当读者的期待视野与译作的审美效果相同时,读者的接受度更高,对译作的评价随之提升。因此,译者在翻译时需要评估目标读者的阅读需求,并为此调整自己的翻译策略。译本的重译也是源于时代的发展、岁月的变迁和读者欣赏口味的变化。

中国早期的翻译批评,由于过分强调原文与译文,批评的标准是忠实,使得翻译批评与读者之间的连接被切断,翻译批评因此成为一个封闭的系统。译文失去了读者的在场姿态,仅是语言符号的堆砌,失去了本身的审美意义。读者不仅是译文的阅读者、评价者,更是翻译批评的服务对象之一。接受理论和读者反应理论提高了读者的地位,使读者得到了正名。读者接受已成为学界的研究热点,有关中国典籍外译的读者因素正得到越来越多的关注。当前有关译作的异域接受研究大多采用读者反应批评、接受美学、社会学等理论,对如《论语》《红楼梦》《孝经》《楚辞》《诗经》等经典译作进行分析。不难发现研究焦点还是文学译作。其实还有更丰富的文本资源值得重视,还有更多的理论和研究方法有待探索和使用。

新世纪以来,我国对于读者的研究从一开始笼统、概括性的初步探讨,到深入理论内部肌理、框架构建的系统性研究,其进展和成就不可谓不大。从读者层面研究翻译时,大多是站在成年或具有一定社会阅历的读者角度看问题的,例如曹进、丁瑶(2017)

对《丰乳肥臀》英译本的调查,而儿童读者与成年读者完全不同。近些年,儿童文学翻译逐渐走入批评家的视野。由于儿童心理发展尚未成熟,理解能力与接受水平与一般读者有着较大差别,所以儿童文学翻译极具特殊性,对儿童文学翻译的批评也应多关注儿童文学翻译的语体、心理与文化差异的特殊性与复杂性。从学界对于儿童读者的重视来看,我国翻译批评应将读者的划分逐渐细化,从而使翻译批评逐渐朝着体系化、具体化的方向发展。

2.2　审美角度

　　"翻译与美学联姻是中国翻译理论的重要特色之一。"(刘宓庆,2005:i)文与质的统一、"信达雅"的"雅"、傅雷的"神似"与钱锺书的"化境"无不强调美的意蕴,中国传统译论对美学的强调是刻在骨子里的,中国翻译批评自然不会遗漏翻译对于文字、文学、文化之美的重视。从美学视角考察和分析翻译文本;基于中国传统美学观念和西方美学理论对翻译理论和实践的发展提供可供参考的指导;以译本为研究对象,结合翻译美学相关概念,从审美主体的角度,分析来自审美客体的制约,发掘审美客体的理解之难与审美主体的表达之美等等,都是常见的选题。翻译审美批评对象包括审美客体、审美主体、审美意识、审美创造、审美再现等。以审美客体为例,它包括本体属性与关系属性。其审美构成包括形式系统与非形式系统,前者包括语音、文字、词语、句、段等层面的审美信息;后者包括"情"与"志"、"意"与"象"的审美模糊集(同上:89-164)。以诗歌翻译为例,它向来是翻译中的难点所在,探讨翻译文本是否向读者传递出美感,主要从形式、意象、风格、情感、内涵与文化等多方面进行评析;在形式方面,主要关注的是字词的翻译是否准确、句式句型是否合理。此外,诗歌翻译不仅追求句型句式美,更追求音美。很多原文运用大量修辞,比如明喻、暗喻、对偶、拟人、夸张、通感等等。这些表达承载着原文的诗学特色、源语文化的美学精神和特色,因此,如何翻译才能传达原文的韵味甚至超越原文的美感成为众多译者的追求。至于风格,则受到原文、作者、译者的选择等因素影响。有的译者会倾向于选择意译,追求最大程度阐释原文的内涵和思想,而非简单机械的语言转换。有的则偏好直译,为方便读者理解内容和领会异域特色而追求译文与原文形式风格的相似性。对于审美原则,刘宓庆(2005)提出的审美二项式非常富有启发性,如文与质、形与神、雅与俗、虚与实、隐与显、放与收、正与反、倒与顺、出与入、一与多、合与分等。限于篇幅,仅提及些许审美层面的研究问题和研究视角,中国翻译批评的审美研究已取得实实在在的进展。

　　"我们注意到一个非常值得关注的现象,那就是较之西方的翻译学者,中国的翻译学者对翻译的美学问题及其探索尤为重视。"(祝一舒,2022:89)翻译美学是翻译学与美学的有机结合,这要求译者不仅要将作者原意和文本内容忠实传达给读者,还要求译者从美学角度对译文进行一系列的加工、修改、创造,赋予译文美的韵味,将原文之美传递给读者。其实早在 20 世纪 80 年代,我国学者就已开启翻译美学研究的探索之路。在新世纪,翻译美学研究更是取得了阶段性成果。刘宓庆(2005)的《翻译美学导论》对中国传统译论中的美学理论和思想、西方美学的可借鉴之处都提出了自己的见解,是我国翻译美学研究的里程碑式作品。该书较为系统和全面地介绍了我国翻译美学的发展历程,为构建我国翻译美学理论框架做出了重要贡献。另外,毛荣贵的《翻译美学》(2005)、许渊冲的《翻译的艺术》(2006)、王平的《宋词翻译美学研究》(2015)等等,都是我国学者在翻译美学研究方面的独特建树。

2.3 国家角度

国家层面的翻译实践与翻译批评一直都存在。2015 年,有学者提出"国家翻译实践"概念(任东升、高玉霞,2015:92),随之还出现了一系列有待探讨和解答的理论性问题,并提出不少极具前瞻性的建议,如任东升(2019:68)对国家翻译实践概念体系构架的搭建,蓝红军(2022b:61)对国家翻译实践理论体系的构建。国家翻译实践活动发展至今,其理论架构还处于萌芽阶段,实践活动所占比例较小。随着国家对国际话语权、国家话语安全重视程度的提高,学者们也注意到国家翻译实践研究进展与其影响力不匹配的现状,提出结合多学科理论,梳理整合国家翻译实践活动,致力于形成符合我国国情与现状的国家翻译实践理论,并期望形成中国特色的理论体系与话语体系,在国家翻译学科化的道路上逐步深化。

当前,我国正积极推进"中国文化走出去""讲好中国故事"的重要任务,推动"一带一路"倡议的顺利实施,新形势对翻译领域也提出了新要求。翻译承载着中华文化走向世界的艰巨任务,而学界也致力于建构中国特色翻译批评体系,与世界文化交流互鉴,共同进步。为了响应国家战略需要,近些年,从国家层面考察翻译理论与翻译实践的研究成为国内翻译批评领域的重点研究对象。刘云虹、许钧认为,当下的翻译批评从主要关注翻译自身转为结合国家战略需求对翻译进行考虑。随着时代背景和社会环境的变化,学术研究为了适应新局面,也开始重新思考和定位。在翻译领域,国内众多学者就翻译的定位和定义问题展开了深度的交流和探讨(许钧,2015:9)。翻译研究不能仅从翻译学本身入手,时代决定了对翻译的考察和思考需结合国家层面的考虑。作者自身背景和社会文化环境无时无刻不在影响其写作,使得原文本附带着深厚的本土文化特征;译者同理也是如此,不同的是,译者不可过度脱离原文。因此,译文是源语文化与译语文化对话的结果,其本身便带有时代属性和社会属性。基于此,翻译批评从国家角度着手是题中应有之义。

传播中华文化、树立中国形象是中国译学界现阶段的重要任务。若完全依靠外国译者译介中国文化,肯定不能满足中国文化国际传播的需要。因此,译者培养应注意提高译者的外语素养。从国家角度进行的翻译批评研究少不了对政治话语和翻译理论与实践的探究,因为汉外翻译直接向外界传达中国政策、树立中国形象、传播中国治国理念等与政治密切关联的信息。国家翻译实践批评有待探索的领域还有很多,许多理论问题和实践方案有待进一步摸索和厘清,未来需要投入更多的人手和精力,以推动该领域研究的发展。

3 翻译批评的理论建设

3.1 翻译批评理论体系化建设

翻译批评理论体系化建设是漫长的过程,我国翻译批评事业发展之初,学界便对翻译批评的诸多基础理论概念和学术术语进行阐释和界定。许钧(2002:403;2016:433)对翻译批评进行了广义和狭义的区分,并对翻译批评的任务进行了界定。杨晓荣(2005:3)认为翻译批评就是针对译作或翻译现象发表评论。刘云虹(2014:95)认为,翻译批评关注翻译实践,针对现实问题,既是目光,也是立场。翻译批评从实践出发,站在理论高度解决实际问题。蓝红军(2022a:20)则从价值层面思考翻译批评的职责和使命,那就是为翻译实践主体提供价值指引,为翻译创造良好的价值环境。价值维度的引入,深化了对翻译批评的认识。

上述研究涉及翻译批评的对象、概念、目的、功能和价值等基本概念,还有很多学者对翻译批评的标准、原则、主体、译作生成和传播、读者接受等大量与翻译批评相关的问题进行了思考和论述,其数量之多、范围之广、研究之深都是前所未有的,给人以极大的启发。这些是偏向于宏观的翻译批评,事实上,对于具体的译作、译者、翻译实践活动的分析数量,较之广义的翻译批评理论研究,成果更为耀眼,但限于篇幅,无法一一列举,从中可以看出中国译学界在翻译批评领域所付出的努力、所取得的成就、所获得的创新与突破。

我国翻译批评研究虽然存在种种不足,但向前迈进的步伐从未停止和懈怠,在理论研究领域,一直在寻求突破和创新。新世纪以来,国内有多位学者撰写翻译批评著作,如杨晓荣(2005)、王宏印(2006)、王平(2006)、吕俊和侯向群(2009)、周领顺(2014)、刘云虹(2015,2020,2024a)等等。这些研究出发点不同,观点各异,分别对翻译批评所关心的各种核心问题进行了深入研究,大大推进了翻译批评的理论化建设。总结翻译批评的理论发展,可以将其分为两个方向:一是向内逐渐深挖翻译批评理论,如翻译批评的定义、标准、目的和功能等基础理论问题,以期完善和建造其理论骨架;二是向外借鉴融合其他学科可利用的理论资源,做到多元互动、多学科交流的崭新局面,为翻译批评体系补足血肉经络。两个发展方向同时前进,并驾齐驱,形成了良性循环,朝着学科化、体系化方向前进,夯实了中国翻译批评理论体系的基础,促进了我国翻译批评研究的发展。但在理论发展的同时,应注意补足翻译价值观的指导。避免过分强调翻译活动的实践功能,在中国文学外译与传播的讨论中,不可片面强调以所谓的实际效果为准绳,忽视对翻译价值的深刻认识(许钧,2023:3)。刘云虹(2024b:14)强调,翻译批评应介入社会对翻译价值与功能的认知。这一点非常重要,理论体系建设不能忽视对翻译及其价值的正确认识,翻译批评尤其如此。

3.2 翻译批评理论跨学科发展

翻译批评研究的发展并不是孤立的、封闭的,而是开放包容的,敞开大门与其他学科或领域进行交流,积极汲取外在的营养,走跨学科研究之路,构建中国特色翻译批评话语体系。

翻译批评横跨文学、美学、语言学、社会学等其他学科,借鉴其他学科的优秀理论成果,可以解决翻译批评中的实际问题。其他学科给翻译批评提供了源源不断的理论营养,使翻译批评研究不断走向学术创新。当然,翻译批评需要在牢固掌握本学科知识的基础上,拓宽自身的知识结构,优化翻译批评的内部系统,与其他学科知识联系起来解决问题。翻译批评可以借鉴其他学科思想,结合自身的研究特点,形成服务于翻译批评研究的跨学科理论体系。翻译批评理论体系的建设是一个长期的、艰难的过程,需要整合各个翻译实例,分析提炼出共有的研究范式,提出相关理论假设,再在实践中去验证这些理论假设,长此以往,最后形成一套系统的为翻译批评跨学科研究所独有的理论体系。

新世纪以来,我国翻译批评对叙事学、文体学、精神分析学、语言学、社会学等诸多学科理论进行了适应性加工、移植与分析,更有学者提出对比语言学、功能语言学、文体学、文学批评理论、批评话语分析等 5 条跨学科移植路径(王树槐,2022:26)。跨学科理论对于跳出翻译批评当前所处的窘境具有重要意义,这不仅滋养了翻译批评,对于其他学科的发展也起到了促进作用。毋庸置疑,当前跨学科交流互动已取得一定成果,与一些学科的合作已成为翻译批评的经典路径。笔者认为,今后的跨学科研究可增加与科学技术领域的互动。当前,大数据、云计算、人工智能等信息技术飞速发展,人文社科与科学技术相结合的发展趋势尤其明显。同理,翻译批评也可在科学技术的帮助下,加快前进的步伐,迈向发展的新天地。但需注意的是,两者的结合并非简单的横向移植或直接相加,翻译批评作为一门人文社科类学科,本身具有的人文属性和精神不可被泯灭,应以量化、数据化、计算化、可视化、实证化、智能化为特点的数字技术同传统人文学科的科研范式进行有机化、交互式、适配型、多元性结合(赵渭绒,2022:70),从多角度促进翻译批评的发展。

4 结 语

翻译批评对于翻译实践活动和翻译理论发展起着强大的助推作用,但翻译批评的开展离不开理论的支持与指引。中国翻译批评虽然面临种种问题,但它从未放弃自己的使命,并一直在加强理论建设,以提高自身的介入力量。新世纪以来,我国翻译批评发展突飞猛进,从批评客体、批评角度和批评理论三个方面进行全方位的理论重塑,夯实了翻译批评的理论基础,加强了翻译批评的理论建设,拓宽了翻译批评的理论维度,强化了翻译批评的理论筋骨。

时代的进步对于翻译批评既是发展机遇也是严峻挑战。今天,各类理论资源层出不穷,各种技术手段眼花缭乱,如何有针对性地运用理论资源,开拓学术视野,是翻译批评必须要解决的难题之一。鉴于翻译内容和形式的多样化,翻译批评也应随之扩大批评和考察的对象、内容和形式,多维度、多层级、动态地分析翻译理论与翻译实践活动。在此过程中,不断深化自身研究,借鉴跨学科理论,理论与实践相结合,共同促进翻译事业的繁荣发展,构建中国特色翻译批评话语体系。中国翻译批评的理论重塑必将改善翻译批评的边缘化地位,彰显翻译批评的话语力量,推动翻译学的进步和翻译事业的发展。

参考文献

［1］Berman, A. 2009. *Toward a Translation Criticism: John Donne* ［M］. Françoise Massardier-Kennedy trans. Kent: Kent State University Press.

［2］Hermans, T. 1999. Translation and normativity ［A］. In Shäffner, C. （Ed.）. *Translation and Norms* ［C］. Clevedon: Multilingual Matters, 50 – 71.

［3］Nida, E. A. 1964. *Toward a Science of Translating, with Special Reference to Principles and Procedures Involved in Bible Translating* ［M］. Leiden: Brill.

［4］Rosenblatt, L. M. 1994. *The Reader, the Text, the Poem: The Transactional Theory of the Literary Work* ［M］. Carbondale, IL: Southern Illinois University Press.

［5］曹进,丁瑶,2017.《丰乳肥臀》英译本可接受性的调查研究——以美国田纳西州读者的抽样调查为例［J］. 中国翻译,(6):33 – 38.

［6］陈大亮,2005. 翻译研究:从主体性向主体间性转向［J］. 中国翻译,(2):3 – 9.

［7］胡作友,常筱竹,2024. 走向多元建构的翻译批评［J］. 中国翻译,(2):22 – 27.

［8］蓝红军,2020. 翻译批评何为:重塑批评的话语力量［J］. 外语教学,(3):84 – 88.

［9］蓝红军,2022a. 中国翻译批评的批评性及其重构［J］. 中国翻译,(2):14 – 22.

[10] 蓝红军,2022b. 国家翻译实践研究的基本理论问题[J]. 上海翻译,(2):61-65.

[11] 刘宓庆,2005. 翻译美学导论(修订本)[M]. 北京:中国对外翻译出版公司.

[12] 刘云虹,2014. 翻译的挑战与批评的责任——中国文学对外译介语境下的翻译批评[J]. 中国外语,(5):88-95.

[13] 刘云虹,2015. 翻译批评研究[M]. 南京:南京大学出版社.

[14] 刘云虹,2020. 批评之批评:翻译批评理论建构与反思[M]. 南京:南京大学出版社.

[15] 刘云虹,2022. 文学翻译生成中译者的主体化[J]. 外语教学与研究,(4):590-599.

[16] 刘云虹,2024a. 中国文学外译批评研究[M]. 南京:南京大学出版社.

[17] 刘云虹,2024b. 当下翻译批评应关注的几个问题[J]. 外国语,2024(1):14-16.

[18] 刘云虹,许钧,2014. 翻译批评与翻译理论建构[J]. 外语教学理论与实践,(4):1-8.

[19] 刘云虹,许钧,2022. 新时期翻译批评的走向、特征与未来发展[J]. 中国翻译,(2):5-13.

[20] 吕俊,侯向群,2009. 翻译批评学引论[M]. 上海:上海外语教育出版社.

[21] 毛荣贵,2005. 翻译美学[M]. 上海:上海交通大学出版社.

[22] 任东升,2019. 国家翻译实践概念体系构建[J]. 外语研究,(4):68-73.

[23] 任东升,高玉霞,2015. 国家翻译实践初探[J]. 中国外语,(3):92-97.

[24] 屠国元,李志奇,2023. 论译者的写作过程[J]. 外语教学,(6):71-78.

[25] 王宏印,2006. 文学翻译批评论稿[M]. 上海:上海外语教育出版社.

[26] 王平,2006. 文学翻译批评学[M]. 杭州:杭州出版社.

[27] 王平,2015. 宋词翻译美学研究[M]. 成都:西南财经大学出版社.

[28] 王树槐,2022. 翻译批评的跨学科综合模式:范畴与路径[J]. 中国翻译,(2):23-31.

[29] 许钧,1992. 文学翻译批评研究[M]. 南京:译林出版社.

[30] 许钧,2002. 译事探索与译学思考[M]. 北京:外语教学与研究出版社.

[31] 许钧,2015. 关于新时期翻译与翻译问题的思考[J]. 中国翻译,(3):8-9.

[32] 许钧,2016. 论翻译批评的介入性与导向性——兼评《翻译批评研究》[J]. 外语教学与研究,(3):432-441.

[33] 许钧,2023. 当下值得关注的几个有关翻译的问题[J]. 翻译研究,(1):1-9.

[34] 许渊冲,2006. 翻译的艺术[M]. 北京:五洲传播出版社.

[35] 杨晓荣,2005. 翻译批评导论[M]. 北京:中国对外翻译出版公司.

[36] 赵渭绒,2022. 跨界与融通:数字人文背景下比较文学的学科困境及应对策略[J]. 南通大学学报(社会科学版),(4):64-71.

[37] 周领顺,2014. 译者行为批评:理论框架[M]. 北京:商务印书馆.

[38] 周领顺,2016. "乡土语言"翻译及其批评研究[J]. 外语研究,(4):77-82.

[39] 周领顺,2022a. 翻译批评操作性的译者行为批评解析[J]. 外语教学理论与实践,(2):121-129.

[40] 周领顺,2022b. 译者行为研究的人本性[J]. 外语研究,(2):78-83.

[41] 祝一舒,2022. 翻译艺术与翻译创造性——论许渊冲的美学追求[J]. 中国翻译,(3):89-97.

(责任编辑　施雪莹)

陆王心学视域下的翻译灵感探析

电子科技大学　杨镇源*

摘　要:尽管备受人们的期待和崇尚,翻译灵感却长期以神秘莫测的姿态游逸于可知性与可控性之外。为改善这一状况,本文在陆王心学视域下探赜翻译灵感话题的心性化思路。在此思路中,翻译灵感最终源自译者的本心,而译者通过心性修养敞开本心,则易于激活道思、释放灵感。于是翻译灵感一方面根植于人皆有之的本心,不再高远莫测,因而很大程度提升了其可知性,另一方面受助于入手可及的修养,不再无从触发,因而很大程度提升了其可控性。由此,研究者能够基于中国的心学智慧将翻译灵感话题推向进一步的升华。

关键词:翻译灵感;陆王心学;本心

Title: An Exploration into the Study of Translation Inspirations from the Perspective of Mind Cultivation: in a Horizon of Lu-Wang Mind Philosophy

Abstract: Translation inspirations (TI) have been evading perceivability and controllability although they enjoy popular admiration. Targeting at improvement of the situation, this paper explores into TI study from the perspective of mind cultivation, which is rooted in a horizon of Lu-Wang mind philosophy. This map poses *benxin* (untainted innocence concealed in every human's mind) as the origin of TI and illumination of it as an access to *Dao* (the ultimate truth for classical Chinese philosophy) which facilitates a release of TI. Therefore, TI is significantly promoted in perceivability for its traceability to *benxin* available in every human, and in controllability for its handleability in practical mind cultivation. Herein the study of TI is enabled for sublimation based on the mind philosophy's wisdom of China.

---

* **作者简介:**杨镇源,电子科技大学教授、硕士生导师。研究方向为翻译与跨文化研究。联系方式:yochinen@163.com。

Keywords: translation inspirations; Lu-Wang mind philosophy; *benxin*

翻译灵感是一个有待翻译学界强化和深入的话题。就翻译而言,人们常常期待灵感,崇尚灵感,却通常难以真正深刻认识和自主触发灵感,因而欠缺灵感的可知性与可控性。对此,本文透过陆王心学视域,探赜翻译灵感话题的心性化思路:在心性化的图谱中,研究能够以译者本心作为灵感的终极来源,实现其溯源之旅,同时以译者修养作为开启灵感的钥匙,揭示其释放之途。在这一思路上,翻译灵感的可知性与可控性得以大幅提升,为相关话题带来新的境界和格局。

1 翻译灵感的可知性与可控性问题

"灵感"一词在《现代汉语词典》(第7版)中被定义为"在文学、艺术、科学、技术等活动中,由于艰苦学习,长期实践,不断积累经验和知识而突然产生的富有创造性的思路"(中国社会科学院语言研究所词典编辑室,2016:828);在《牛津高阶词典》(第10版)中其对应英译 inspiration 被定义为"the process that takes place when somebody sees or hears something that causes them to have exciting new ideas or makes them want to create something, especially in art, music or literature"①。两个定义都体现出灵感的核心特征,即经历实践后的突发创造性。这是一种妙然天成的感悟,是一种特异的心灵体验。它令人在井喷式的思维中体会到平日不曾关注的创新点,获得种种奇思妙想,因而自古以来就备受人们推崇,是文学、音乐、艺术的重要发动力。

灵感也在翻译活动中扮演重要的角色。一个译者是否具有灵感,往往是其能否超越庸俗译文、成就奇思妙译的关键。就如斐洛(Philo,2006:14)所言,处于灵感中的译者如有神助,"就像有一只隐形的推手将译笔推至每一个文字"。方梦之(1999:51)亦指出:"从心理上讲,译者突然获得非凡的或期待已久的创造性想象或译法,从而迅速消除译笔的滞阻。由此,常带来一种'踏破铁鞋无觅处,得来全不费工夫'的释然感。"戴从容(2015:266)则将灵感形容为"对语言的直觉",认为:"读者说'我更喜欢××的译本'的时候,往往不是因为翻译得正确与否,而是这种由直感带来的不同的翻译风格。"这种直觉无比奇妙,难以形容。它往往是译者突破翻译瓶颈、走向译文质量飞跃的决定性一步,因而常为众多译者所神往。

---

① 参见 https://www.oxfordlearnersdictionaries.com/definition/english/inspiration?q=inspiration。

然而在奇妙无比的同时,翻译灵感又显得那么神秘莫测。这是一种顿悟思维,超越了客观逻辑,难为人所把握。有学者甚至将之形容为一种"哥德巴赫猜想"(毛荣贵、范武邱,2004:38)。而中西翻译学里关于翻译灵感的讨论也为数甚少:西方在传统译论阶段就少有灵感讨论,自 20 世纪 50 年代末期进入现代化时期后,更是在客观系统的方法论倾向下进一步忽略充满主观浪漫色彩的灵感话题;在中国依然情况类似,中国本就缺乏有关翻译灵感的言论,在 20 世纪 80 年代以后更是受到现代西方译学的影响,将充满玄奥色彩的灵感话题扫到了边角,即便偶尔有人谈及,也往往欠缺足够深入的探究。比如,截至 2024 年 1 月 24 日,笔者在中国知网以"翻译灵感"为主题词搜索出 24 篇论文,发现这些论文虽多能认识到翻译灵感是知识和能力厚积薄发的产物,但少有解释其终极根源与触发机制。如有人认为灵感来自"在百科知识方面日积月累、悉心思考、反复琢磨"(佟晓梅,2014:116),有人声称灵感思维依赖"秉承语言文化理念,文学翻译原则,进行语言文字反复锤冶的实践"(肖跃田,2010:107),有人主张"加强各方面知识的积累,勤于思索,给灵感的出现创造条件"(于艳红,2005:17),有人相信灵感立足于百科知识、汉语功底与形象思维的沉淀(毛荣贵、范武邱,2004:37)等,但与此同时,此类研究却少有深入解释灵感的终极源头,因而有失玄机之枢,也鲜能揭示从知识能力之"厚积"到灵感之"薄发"的关键因素,因而有失生发之纽。总体观之,这样的研究视域强于讨论翻译灵感产生之前的"渐修"与"养成"过程,却弱于解释其爆发瞬间的"顿悟"机制,因此无力回答一些硬核问题,如:基于同等的知识能力,为何有些译者是灵感的宠儿,有些译者却不能开窍?有些译者明明知识能力都不缺乏,却为何始终局限于匠人思维,鲜有灵感顿悟?在此类拷问下,相关研究暴露出总体的学理弱势。

于是在翻译学界,灵感话题面临一个尴尬局面:人们尽管期待和崇尚灵感,却难以深刻理解和自主触发灵感;这导致其欠缺可知性与可控性,呈现出一种高远莫测、无从触发的姿态。对此,本文从陆王心学视域出发,探赜翻译灵感话题的心性化思路,主要依托中国的心学智慧寻觅翻译灵感的根源之所与触发之机,以改善上述可知性与可控性的困境。

2 陆王心学基于心性的灵感之思

陆王心学(以下简称心学)上承孟子,兴于程颢,发扬于陆九渊(即陆象山),集大成于王阳明(即王守仁),又在明清、民国和中华人民共和国成立后产生各种后续发展,不仅在中国遍地开花,还在日韩、东南亚、欧美等地产生了巨大影响。在近现代,心学思想甚至深刻影响了孙中山、梁启超、康有为等人,为中国历史带来重要的推动力量;今天心学依然保持着旺盛的生命力,担当着救心治世的重要哲学依据。如习近平总书记就多次公开引用心学观点，认为人们要像王阳明那样"诚意正心""知行合一"（蔡丹，2023），极大肯定了心学的价值。此外，中国和海外的心学研究更是蓬勃发展，对心学思想形成持续传承、深化与拓展。作为中国经典哲学的重要板块，心学以"心即理"作为前提，主张天理与本心统一，并在此基础上展开面向本心的深刻自我反思，发展出"心外无理""致良知""知行合一"等系列思想，勾勒出一条由心悟道、诚致本心的心性修为之路。

心学的基本导向在于着眼心性、向内而求。依据《现代汉语词典》（第7版），心性即"性情；性格"（中国社会科学院语言研究所词典编辑室，2016：1456）；《辞海》将其解释为"'心'和'性'的关系"①。其中"心"指知觉和情感的运行状态，"性"指此状态背后的终极本质，即人皆有之且纯真无碍的本心。心学试图通过前者的运作来达成后者的显露，如早在战国时期，孟子（2010：258）就提出："万物皆备于我矣。反身而诚，乐莫大焉。"程颢继承了孟子"反身而诚"的思路，强调"天地之用皆我之用"，将天地万物都纳入自心修养的视野（程颢、程颐，1981：17）。陆九渊（1980：423）亦把修学的目光瞄向内心，认为"得此心昭然，但能充此心足矣"。王阳明（2011：57）更是指出学者的根本功夫就是"明心"——"学者惟患此心之未能明，不患事变之不能尽。"与立足于向外格物的程朱理学不同，心学把方法论基点置于个人的内心反省，主张以心性修养作为圣学之本。之所以如此，是因为心学认为人人皆有清净的本心，并可借此心通达"道"这一宇宙万物的终极规律。《中庸》开篇即言："天命之谓性，率性之谓道。"（佚名，2006：46）所谓的"天命"即代表天地宇宙的终极大道，"性"则意味人的本心。此二者本就通而为一，但由于受到私心妄见的遮蔽，本心受到杂染，导致人与道之间产生隔阂，沦入狭隘片面的世俗视野。正所谓"道大，人自小之；道公，人自私之；道广，人自狭之"（陆九渊，1980：401）。因此只要解缚于私心妄见，便可把"天命之谓性"的本心释放出来，使人与道重新连通，做到"率性之谓道"。孟子发展了《中庸》这一思想。在他看来，本心非由外铄，而是一直存在于每个人的心中——"非独贤者有是心也，人皆有之，贤者能勿丧耳。"（孟子，2010：225）他认为天人合一的关键就在于本心能否光明，相应地学者的根本任务就是"尽心"（尽显本心）——"尽其心者，知其性也。知其性，则知天矣。"（同上：256）"尽心—知性—知天"构成了后世心学以本心沟通人天的基本思想脉络。如程颢主张只要"放开意思，开阔得心胸"，便得以"观天理"（程颢、程颐，1981：33），陆九渊（1980：444）强调"心之体甚大，若能尽我之心，便与天同"，王阳明（2011：26）甚至直接宣称"心即理"，指出"此心无私欲之蔽，即是天理，不须外面添加一分。"

在心学图谱中，本心人皆有之，因而人人都有成为圣贤的潜能。孟子的"人皆可为尧舜"、王阳明的"满大街都是圣人"等观点都是这一理念的显现。然而由于各人私心妄见的遮蔽，本心通常不能得到彰显。反之，人只要突破自己私心妄见的遮蔽，便可光明

① 参见 https://www.cihai.com.cn/search?q=%E5%BF%83%E6%80%A7&type=wordSearch。

83

本心,进而打通人天之隔,获得来自于道的滋养。如此心性能够冲破思维的蔽障,使人走出狭隘偏私之小我,走向天地大道之大我,进而在圆融无碍的道思中见人所不能见,悟人所不能悟,成就化腐朽为神奇的灵思妙想。按照心学的话语,光明的本心带来"不虑而知"的"良知",使人与道相通,产生"不学而能"的"良能",由此呈现无凝滞、无阻碍、浑然天成、神妙自如的状态。陆九渊(1980:456)借用《周易》之言,将此状态称作"无思无为,寂然不动,感而遂通天下"。王阳明(2011:70)则将其形容为:"人只要在性上用功,看得一性字分明,即万理灿然";"良知只是一个,随他发见流行处,当下具足,更无去来,不须假借。然其发见流行处,却自有轻重厚薄毫发不容增减者。"(同上:272 - 273)在这里,本心扮演着天人合一最关键的筹码;人是愚是智,是昧是明,则在很大程度取决于其本心光明与否。

借此,"本心明则诸理通"的心学视域为翻译灵感话题带来心性化的契机:译者的本心直通道枢,可引导灵感的溯源之旅;译者的修养敞明本心,则可开辟灵感的释放之途。在此契机下,研究者能够在很大程度弥补关于翻译灵感可知性与可控性的研究不足。

3 心性化思路中翻译灵感的溯源之旅与释放之途

如透过心学视域,将翻译灵感话题纳入心性化思路,则可以在很大程度改善其可知性与可控性的困境。该思路主要表现为两个方面:(1) 翻译灵感的源头在于译者本心;(2)开启翻译灵感的钥匙在于译者修养。在此思路中,本文得以揭示翻译灵感的溯源之旅与释放之途——译者以自身本心作为灵感的终极依托,以自我修养作为灵感的释放机制,并由此实现灵感的可知化与可控化。

以心学视域观之,翻译灵感的溯源之旅指向每个译者都拥有的本心。确切言之,每个译者的本心都与道相通,因而本自具足,妙应万物。王阳明有诗云:"无声无臭独知时,此是乾坤万有基。"这说的便是本心的境界。尽管无声无臭,本心却是包纳乾坤万有,如虚空,如流水,虚涵无量而不空,顺化万物而不遗——"本心元自昭明,无有迷暗,万化之起,万物之生,万事之成,皆从昭明心地流出。"(杨国荣,2017:276)按照心学的观念,译者一旦本心彰显,便接入道思,瞬间实现思维的升华。就如熊十力(2019:49)所言:"吾人于一刹那顷,思想及于某种事理……此刹那之思想中已是全宇宙呈现,特于某种意义较明耳。"在心学观照下,看似电光石火、无迹可寻的翻译灵感,实际就是译者在本心光明的瞬间成就的道思。在此虚涵无量、顺化万物的道思加持下,译者得以爆发出潜藏自心的大能量,以摧枯拉朽之势突破文字的迷障,获得从心所欲不逾矩的自在译笔。由此翻译灵感便不再是什么神秘之物,而是人皆有之的本心的显应;它就潜藏在每个译者的内心深处,等待着随本心光明而激发出来。

　　既然翻译灵感源自译者的本心,那么其释放之途便在很大程度取决于译者的心性修养。确切言之,译者通过存养心性敞开本心,则易于流出道思,成就灵感。从这个意义上讲,译者能够以自心修养作为开启灵感的钥匙。如庄子(2007:46)所言,"其耆欲深者,其天机浅。"此处的"耆欲"并非与大道相应的意志,而是代表着个人的私心妄见。它往往会阻碍大道的流通,对本心造成不同程度的蒙蔽——"此乃害心之本,非本心也,是所以蔽其本心者也。愚不肖者之蔽在于物欲,贤者智者之蔽在于意见,高下污洁虽不同,其为蔽理溺心而不得其正,则一也。"(陆九渊,1980:11)就翻译而言,这些作为物欲或意见的"害心之本"可能是醉心金钱的欲望,可能是贪图名声的妄想,可能是对字面意义的偏执,可能是为翻译策略的痴狂……林林总总,不一而足。若受困其中,则自缚于私心妄见,缠绕杂念,因而本心不明,自绝于道,阻断通往"天机"的灵感之途。面对这种情况,译者须反身而诚,通过自心修养减除这些"害心之本",方可敞开本心,得见道思,为翻译灵感辟出释放之途。

　　著名语言学家皮尔士(C. S. Peirce)曾经在约翰·霍普金斯大学进行过一个实验:实验对象须多次接受两组皮肤压力测试并比较其强弱(两组压力强度差别十分微小,极难为人类感知察觉),同时受试者在做出决定时须选择决定的确定度(共分 0—3 四级,0级意味"毫不确定",3 级意味"绝对确定")。最终的实验结果十分惊人,因为每次受试者选择 0 级"毫不确定"时对应的判断正确率最佳,据统计最终正误比例达到了 3:2。皮尔士认为受试者当时"呈现出完美的潜意识,因而极大提升了自身的辨别能力——这是一种藏于意识之下的辨别,虽然人们并不承认这是一种真正的判断,但它才是实际意义上的真实辨别活动"(引自 Robinson,2015:33)。依照心学观念,所谓的"完美的潜意识"就是受试者在判断时"无思无为,寂然不动"的心态;它悬置了判断的确定性,也因此放下了私心妄见,使受试者的本心得以瞬间显露,进而与道相接,达成"感而遂通"的状态,释放出自己判断的灵感,达成最佳的正确率。心性在这里扮演了重要的角色:没有了确定性考虑,受试者便少了诸多牵挂,内心得以片刻空明,因而散发出本心的光芒,与道之间产生奇妙感应。依循这样的心性化思路,便能够解释许多翻译案例中灵感迸发的过程。

　　例如,著名翻译家杨苡(1986:36)曾谈到自己翻译《呼啸山庄》的经历。当时她坐在风雨交加的窗边,听着疾风呼啸而过,想象自己如书中主角一般坐在当年约克郡的古宅之中,嘴里不停念着 Wuthering Heights,"突然间灵感天降……兴奋地写下了'呼啸山庄'四个大字"。反复念叨英语书名的译者处于一种浑然忘我的状态,内心专注而清明,因而得以放下各种私心妄见,将自己的种种"耆欲"减损下来。在此状态下,像"无法按时交稿会是什么后果?""译文欠佳会否影响自己的声誉?""原文单词在字典上有几个意思?""应选择直译还是意译?"之类的问题都被抛诸脑后。少了这些念头的萦绕,译者便易于破除迷障,流露本心,进而激活道思,爆发出不可思议的灵感。朱生豪也有类似经历。如他翻译莎士比亚名句"The paragon of animals! And yet，to me，what is this quintessence of dust!"，一时苦思不得，结果"有一天，译者躺在寂静的草地上或者在散步途中，甚或在梦中，脑海中突然透出了亮光，思路豁然开朗，情不自禁地大叫道：'宇宙的精华！万物的灵长！'"（柏敬泽、蔡熙，2009：51）静卧草地、散步途中、闲憩梦中……这种状态令译者放松身心，卸下心中杂思，因而得以光明本心，流淌出之前蒙蔽于诸多思绪之下的道思，在拨云见日的灵感中尽得译笔风流。

就这种经历，笔者亦是感同身受。笔者曾试图英译李清照《声声慢》的名句："寻寻觅觅，冷冷清清，凄凄惨惨戚戚。"林语堂将其译作"So dim, so dark, so dense, so dull, so damp, so dank, so dead"（引自许渊冲，1999：5）。这种头韵式的翻译虽然能够在一定程度传达李清照的哀婉之情，但终究不能体现原文叠字尾韵体现的微妙情感。为弥补这一遗憾，笔者曾苦思冥想，心中几乎搜尽了学过的所有翻译原则与技巧，却在这种"机关算尽"的思考模式下一无所获，即便勉强写出几个译文，也是矫揉造作，难入人眼。笔者几番斟酌皆不满意，最后干脆搁笔一躺，身心放空，悬置了一切原则技巧、遣词造句、声韵节奏的条条款款和框框架架，心中空明安详，进入王阳明所谓"无声无臭独知时，此是乾坤万有基"的状态，结果反而本心渐明，思维开始冲破私心妄见的限制，使得平日被压制的道思奔涌而出，令灵感不期而至——"现象的毁灭，才会出现太一怀抱中的艺术根源的最高快感。"（刘小枫，2007：175）于是电光石火之间，笔者脑海中闪现出以下译文：

> Searching, searching in vain,
>
> Lonely, lonely in pain,
>
> With nothing, nothing to gain,
>
> But sorrow, sorrow to strain.

译文一气呵成，既兼顾原文形意、又不失其哀婉意境，特别是居然在保留叠词和尾韵的情况下没有破坏译文英语的表达美感。这样译文与其说是源自向外而求的努力，倒不如说依托向内澄明的自省，是笔者本心显露的结果。

借由心学视域可见，翻译灵感能否得以释放，这在很大程度取决于译者的本心光明与否，因此译者的心性修养便成为开启灵感的钥匙。若是译者私心妄见太重，本心蒙蔽太深，就会沦入庄子所谓的"天机浅"境地，落得道思不昌、灵感不生；反之若能真正修养心性，解缚于私心妄见，译者便能越多地流露本心，因而越发自在地释放灵感。所谓"大化周流"、所谓"从心所欲不逾矩"、所谓"溥博如天，渊泉如渊"皆为此等灵感充溢境界的注解。正如《管子》（佚名，2005：128）所言："是故此气也，不可止以力，而可安以德……敬守勿失，是谓成德，德成而智出，万物果得。"灵感的释放，就是由"德成"（本心光明）引发"智出"(妙思喷涌)的过程,就是以德证道的机制。在这个意义上,翻译灵感已成为一个心性修养的命题。而这一命题也可以在现实中得到广泛印证:也许缺乏心性修养的译者能够逞一时之利,但真正经得起时间考验的传世译作,往往都是来自于那些拥有良好心性修养的译者,如"饭可以不吃,莎剧不能不译"的朱生豪(佚名,2018)、"永不被卑下的情操所屈服"的傅雷(傅雷,2019)、"盛世甘当散淡人"的杨宪益(张存,2024)、"我译故我在"的葛浩文(季进,2009:46)……他们用心专一,难为物质声望所困,少为私心妄见所扰,故能忍他人难忍之寂寞,能受他人难熬之困苦,也因此更容易流露本心,激活道思,从而超越匠人思维,获他人难获之灵感,成他人难成之佳译。如此之心,可通译道;如此之人,可谓大师。

另外值得注意的是,翻译灵感释放的前提在于充分的语言知识和翻译能力。没有足够的知识能力作为支撑,灵感便只会是无米之炊,而一个缺乏语言积淀、少有翻译经验的译者也必然与翻译灵感无缘。正所谓"外师造化,中得心源"。如片面强调心性修养之"中得心源",而放弃知识能力之"外师造化",所谓灵感只会沦为缺乏现实依据的空中楼阁。这是翻译灵感话题在心性化进程中须谨慎的一点。

综上,翻译灵感在心学视域下的心性化思路可总结为:翻译灵感最终源自译者的本心,而译者存养心性、光明本心,则易于激活道思、释放灵感。由此,翻译灵感一方面根植于人皆有之的本心,不再高远莫测,因而很大程度提升了其可知性,另一方面受启于入手可及的修养,不再无从触发,因而很大程度提升了其可控性。基于这样的思路,翻译灵感话题获得升华的前景与动力。

4 结 语

在心学视域下,翻译灵感话题可以被纳入心性化的思路。依循此思路,人皆有之的本心成为灵感的根源,而入手可及的修养则成为开启灵感的钥匙。因此翻译灵感不再是可望而不可及的神秘目标,而是在很大程度可知可控的研究对象。基于心性,译者便具备了通向灵感的切实之路——内观修养,光明本心,进而由译入道,走向灵思妙想。这既是翻译的证悟,也是人生的修行,能够将翻译灵感话题升华到更高的境界和更大的格局。

参考文献

[1] Philo, J. 2006. The creation of the Septuagint [A]. In D. Robinson (Ed.). *Western Translation Theory: from Herodotus to Nietzsche* [C]. Beijing: Foreign Language Teaching and Research Press, 12 - 14.

［2］Robinson, D. 2015. *The Dao of Translation: An East-West Dialogue* ［M］. New York: Routledge.

［3］柏敬泽,蔡熙,2009. 论文学翻译中的灵感思维[J]. 广西师范大学学报(哲学社会科学版),(2): 49－54.

［4］蔡丹,2023. 阳明心学的内向传播理论[EB/OL]. 2月1日,https://www.cssn.cn/xwcbx/rdjj/ 202302/t20230201_5585321.shtml [2024-07-18].

［5］程颢,程颐,1981,二程集[M]. 北京:中华书局.

［6］戴从容,2015. 翻译的灵感与技艺[J]. 世界文学,(4):265－275.

［7］方梦之,1999. 翻译新论与实践[M]. 青岛:青岛出版社.

［8］傅雷,2019.《傅雷家书》:战胜内心的敌人[EB/OL]. 搜狐网:7月15日,https://www.sohu. com/a/326880179_661356 [2024-07-19].

［9］季进,2009. 我译故我在——葛浩文访谈录[J]. 当代作家评论,(6):45－56.

［10］刘小枫,2007. 诗化哲学[M]. 上海:华东师范大学出版社.

［11］陆九渊,1980. 陆九渊集[M]. 北京:中华书局.

［12］毛荣贵,范武邱,2004. 灵感思维在翻译活动中的表现[J]. 外语与外语教学,(2):34－38.

［13］孟子,2010. 孟子[M]. 北京:中华书局.

［14］佟晓梅,2014. 英汉翻译中的灵感捕获[J]. 沈阳师范大学学报(社会科学版),(4):115－117.

［15］王阳明,2011. 传习录[M]. 郑州:中州古籍出版社.

［16］肖跃田,2010. 文学翻译中灵感思维的认识与体现[J]. 外语教学,(3):106－109.

［17］熊十力,2019. 新唯识论(批评本)[M]. 武汉:崇文书局.

［18］许渊冲,1999. 译学要敢为天下先[J]. 中国翻译,(2):4－9.

［19］杨国荣,2017. 王学通论:从王阳明到熊十力[M]. 上海:华东师范大学出版社.

［20］杨苡,1986. 一枚酸果——漫谈四十年译事[J]. 中国翻译,(1):35－36.

［21］佚名,2005.《管子》选[A],载郭齐勇(编). 中国古典哲学名著选读[C]. 北京:人民出版社, 123－133.

［22］佚名,2006. 大学·中庸[M]. 北京:中华书局.

［23］佚名,2018. 饭可以不吃,莎剧不能不译![EB/OL]. 搜狐网:3月17日,https://www.sohu. com/a/225770193_212874 [2024-07-19].

［24］于艳红,2005. 翻译活动中的灵感思维探析[J]. 上海翻译,(2):14－17.

［25］中国社会科学院语言研究所词典编辑室,2016. 现代汉语词典(第7版)[M]. 北京:商务印书馆.

［26］张存,2024. 晚潮丨盛世甘当散淡人[EB/OL]. 搜狐网:7月10日,https://www.sohu.com/a/ 792210503_121627717 [2024-07-19].

［27］庄子,2007. 庄子[M]. 北京:中华书局.

（责任编辑　鹜龙）

从"走近"到"走进"再到"走入"

——从《年月日》在日本的接受看中国当代文学"走出去"及其世界文学性*

湖南大学　宋　丹**

摘　要:"走出去"不仅是中国文学译介的目的与意义,也可作为考察中国文学译介的方法,分解为"走近外国""走进外语""走入外国读者心中"三个阶段。阎连科的代表作品《年月日》得以走近日本,既得益于法国良好的接受局面的带动;亦得力于译者谷川毅的主动推介。《年月日》走进日语的过程是文体异质性与日语规范性角逐的过程,译者在文学性与可接受性间周旋平衡,在角逐与平衡的过程中,日语的活力得到激发。《年月日》奇崛的语言与情节展现了生命之强大、依存与赓续,给日本读者带去了有别于本土文学的阅读体验,作品中蕴含的博大格局与仁爱精神是其能走入全球读者心中的"文学力"之所在。这不仅是阎连科作品,亦是优秀的中国文学得以"走出去"并感动世界的核心价值,是成就其世界文学性的根本特质。

关键词:阎连科;"走出去";博大格局;仁爱精神;世界文学

Title: From Approaching to Integrating to Moving: On Chinese Contemporary Literature "Going Global" and Its World Literariness from the Reception of *The Years, Months, Days* in Japan

---

* 本文系湖南省哲学社会科学规划基金"阎连科作品在日本的译介与接受研究"(项目编号:19YBA072)的阶段性成果。

** 作者简介:宋丹,博士,湖南大学外国语学院教授。研究方向为翻译学与比较文学。联系方式:songdan2015@hnu.edu.cn。

Abstract: "Going global" is not only the aim and significance of the dissemination of Chinese literature, but can also serve as a method of examining this dissemination, breaking down into three stages: "approaching foreign countries", "integrating foreign language", and "moving foreign readers". The opportunity for Yan Lianke's novel *The Years, Months, Days* to approach Japan owes much to its positive reception in France, as well as to the proactive promotion by the translator, Tanikawa Tsuyoshi. The process of *The Years, Months, Days* integrating Japanese is a contest between heterogeneity of literary style and normativity of the Japanese language. The translator strikes a balance between literariness and acceptability, which stimulates the vitality of the Japanese language in this process of competition and balance. The unusual language and plots of *The Years, Months, Days* display the strength, reliance, and continuation of life, providing Japanese readers with a reading experience distinguishable from local literature. The grand scheme and spirit of benevolence encapsulated in the work are the power of literature to move the global readers. This is not only Yan Lianke's works, but also the core value for excellent Chinese literature to "go global" and move the world, and it is the fundamental trait that makes Chinese literature world literature.

Keywords: Yan Lianke; "go global"; grand scheme; spirit of benevolence; world literature

1 引 言

在大力推进中国文化"走出去"国家战略的大背景下,中国当代文学"走出去"的相关研究成果层出不穷,有关中国当代文学在日本译介、传播与接受的研究也方兴未艾,李冬木(2014),鲍同(2014),宋丹(2014/2017/2019),卢茂君(2014/2020),张剑(2017),朱芬(2018),李圣杰(2018),卢冬丽(2019/2022),刘成才(2019),霍斐(2020),徐志啸(2021),黄小英(2021),孙若圣(2022a/2022b/2022c),卢冬丽、田原(2022),李光贞(2022)等学者都有相关论述。已有研究多聚焦中国当代文学在日本的译介、传播与接受的整体情况,及代表作家作品在日本译介与传播的历程,在宏观视域下厘清了诸多基本信息与问题,为后续研究打下坚实基础。

许钧(2021)指出,中国文学外译研究领域存在一些亟待加强的工作,如基于文学译介与生成全过程的系统研究,语言与审美维度的研究,对中国文学外译的社会、语言、文化、创造和历史价值的认识等。该观点放到中国当代文学在日本的译介、传播与接受研究上,亦可资借鉴。另外,国内学界关于日本普通读者是如何阅读与看待中国当代文学的,还多停留在数据调查层面,或者读者评价的罗列上,未能深入到读者评价内部,探究出作品打动读者的核心价值。语言与审美维度的研究、翻译价值的认识、读者评价等问题其实均可纳入文学译介与生成全过程的系统研究中。这种全过程的系统研究在实施之前,需要明确研究对象与研究方法两大问题。

对于研究对象,可粗分为中国当代文学整体、作家、作品三类。如上所述,前两类已不乏研究;对第三类,如卢冬丽、李红(2016),卢冬丽(2022)分别围绕阎连科的《受活》与刘慈欣的《三体》系列,做了开拓性研究,以宏观视域的探讨为重心,微观视域的文本细读(含译文与读者评价)尚留有大量深入探讨的空间。

对于研究方法,谢天振(1999/2020)开创的译介学影响深远。译介主体、译介内容、译介方式、译介渠道、译介效果是大部分中国文学"走出去"研究的题中义。在此类研究中,"走出去"是目的与意义,该概念也就成为静止的、被动的存在,其活力未能得到充分激发。要激发其活力,我们的思考可从作为方法的"走出去"这一角度切入。中国当代文学"走出去"的起点自然是中国,终点是中国以外的国家与中国文化以外的异文化。从起点出发看中国文学"走出去",我们的成绩可圈可点。但若从终点出发看中国文学"走出去",则依然道阻且长。从终点看"走出去"这条路,可分解成走近外国、走进外语、走入外国读者心中三个层层递进的关键阶段。

本文尝试以"走出去"这个概念本身作为研究方法,对阎连科的《年月日》在日本"走出去"的三个阶段作描述性研究,考察该作在日本译介与生产的全过程、语言与审美维度的译文产出、读者阅读接受三方面的问题。探究其成功实现"走出去"的缘由与价值。

之所以选择阎连科这位作家及其作品《年月日》,是出于典型性考虑。日本的中国当代文学翻译积累厚重,但多数反响平平,阎连科作品是少数的例外之一。日本翻译阎连科作品始于2004年,至今已翻译出版28部(含篇)作品。含单行本12部、短篇小说4篇、散文5篇、演讲5篇、访谈1篇、对谈1篇,2021—2023年连续出版4部长篇小说(截至2023年12月)。在纸质出版业与纯文学出版同步衰退的日本,堪称罕见。对于阎连科作品在日本的接受,已有研究主要分整体与个案研究两类:整体研究如王晓梅、李哲(2019)考察了阎连科作品在日本的译介与接受情况,涉及题材、译者、出版社、读者评价、馆藏、研究、交流等各方面的初步信息;宋丹、余凯(2023)分萌芽、上升、鼎盛、平缓四阶段,梳理分析了阎连科作品在日本翻译出版的历程,指出其作品满足了读者的定向期待与创新期待。个案研究的文本集中在《受活》,如卢冬丽、李红(2016)研究了该作日译本的副文本及色彩词的翻译。

被翻译研究界忽略的《年月日》亦是值得关注的作品。该作于 1997 年 1 月发表在《收获》第一期,获第二届"鲁迅文学奖"、第八届"小说月报"百花奖、第四届上海优秀小说奖,并被《小说选刊》《小说月报》《新华文摘》和《中华文学选刊》同时头题转载,获得广泛热烈的好评(梁鸿,2015:36)。《年月日》可谓实现了"走出去"的中国当代文学之典型:法国教育部将其列入中学生课外选读作品书单(陈丰,2014:73);在日本翻译出版后,又获日本文艺评论界高度评价,读者反响热烈。该作于 2016 年 11 月由日本白水社初版,次年 1 月即重印,且取得同社 2017 年度翻译文学销量第一的成绩;2022 年 1 月再版,收入"白水 Uブックス"丛书文库,同年 4 月又有电子版发售。

2 走近日本

中国文学日译向来以日本方的主动译入为主。这种主动译入涉及日本学界与出版界,二者虽相互关联,但又不能混为一谈。

2.1 走近学界

日本中国文学学界在译介中国当代文学上作出了积极贡献。日译者基本是大学和研究机构从事中国文学研究的学者。高岛俊男(高岛俊男,2006:386)指出日本人面对外国文学作品,"最中心的研究是正确解读作品,好的翻译是最基本的研究成果。"长期以来,日本的中国文学学界形成研而优则译、研译相长的传统,翻译成果丰硕,质量也是有口皆碑。大部分译者的翻译并非一开始就能由出版社出版,而是先借助期刊渠道。如日本中国现代文学翻译会的《中国现代文学》、中国当代文学研究会的《中国当代文学研究会会报》,日本文艺家协会编纂的《文艺年鉴》,日本中国研究所编纂的《中国年鉴》等专业期刊,以及研究者个人主编或创办的期刊,如谷川毅的《火锅子》、近藤直子的《残雪研究》等,是日本汉学家研究、翻译与介绍中国当代文学的重要平台(刘成才,2019:97)。

《年月日》的译者是日本名古屋经济大学教授谷川毅。2006 年,谷川毅翻译的阎连科作品的首部日译本《为人民服务》在文艺春秋社出版。而在两年前的 2004 年,他就在《火锅子》杂志上发表了阎连科的短篇《革命浪漫主义》的译文,2004 年正值《受活》在春风文艺出版社出版并获第三届老舍文学奖、在国内文艺界引起轰动,可见中国文艺界的动向是日译者选择译介作家的重要契机。谷川毅至今独立翻译了阎连科的 6 部长篇与多篇文章,并与泉京鹿合译了 1 部长篇,是目前日本翻译阎连科作品最多的译者。其论文《阎连科的物语世界——通向〈丁庄梦〉的历程》(谷川毅,2008)及相关译本的译后记里,体现出对阎连科作品的深度解读及对中国当代文学的独到理解,他本人也深得阎连科的信任与认可,阎连科称"亚洲的日本、韩国、越南和蒙古国,那些译者都是我的好朋友。我深知他们的母语和汉语的好。比如谷川毅,他不仅翻译得好,人也非常好。我在日本有一定的读者量,这要感谢我的译者和出版社。"(张元、阎连科,2020:39)

2.2 走近出版界

专业期刊时效性较短,传播范围也较狭窄,需通过书籍的出版流通来打开局面。与学界相比,日本出版界引进出版中国当代文学是相对被动与保守的,主要原因有三:一是在当代日本的文学多元系统中,本土文学占据中心,翻译文学整体位于边缘,中国文学概莫能外。二是中国当代文学尚处于成长期,未经过漫长时间检验,在国外的传播方兴未艾,短时间内难以立竿见影。此点与中国古典文学在日本的翻译出版不同。后者已历经成为经典文学所必需的漫长时间考验,深深扎根于日本文化,成为日本人教养来源的一部分,有相对稳定的阅读群体;又属于公版书,出版效益能有所保障。三是日本近代以来,"脱亚入欧"的观念根深蒂固,又受历史、政治等诸多复杂因素影响,存在一种回避、忌惮乃至负面看待中国的社会风气。

在缺乏内在动力的现状下,中国当代文学要走近日本出版界,就需要外部力量的带动与外部契机的触发。外部力量主要来自欧美出版界,日本出版界引进出版中国当代文学基本以欧美的出版动向为风向标,这与上述"脱亚入欧"之意识形态的影响不无关系。法国最早翻译出版的阎连科作品是毕基埃出版社于 2006、2007 年先后出版的《为人民服务》《丁庄梦》,在时间与作品上,日本与此完全一致。阎连科曾提到法国毕基埃出版社中国文学策划者陈丰及该出版社"在几乎一年一本出版我的作品时,先出什么,后出什么,哪一部作品长一点,哪一部作品短一点,哪一部轻松欢快些,哪一部悲伤压抑些,他们都会考量和调整。因此法国的这个考量,自然也就影响到了英语和其他语种的翻译和出版。"(汪宝荣、阎连科,2021:36)其实,非独阎连科作品是如此情形,就连在日本红极一时的《三体》也概莫能外,《三体》日译本是在英译本出版且获"雨果奖"后,方姗姗来迟的。

外部契机主要是获奖、交流、争议等引发的话题性。话题性自然也是日本学界关注中国作家的契机之一,但像饭塚容这样的知名译者曾明确表示其在选择翻译作品时,主要还是基于对作品文学价值的学术判断(刘成才,2019:97-98)。相较学界看重的文学性,出版界更加关注作家与作品的话题性。在获奖上,相较中国国内的文学奖项,日本出版界更看重的是国外文学奖项(同上:99)。2009、2010 年,《受活》《年月日》先后获法国的国家翻译奖(高方、阎连科,2014:20),《年月日》被法国教育部列入中学生课外选读作品书单,《四书》法译本亦入围 2012 年法国文学大奖"菲米娜文学奖"(张巍,2020:95)。而就在阎连科作品在法国渐获认可的时期,阎连科与日本发生了超越文学的联动:2012 年,中日关系一度紧张,同年 9 月 28 日,《朝日新闻》刊发村上春树寄稿「魂の行き来する道筋」(灵魂往来之路),呼吁理性处理两国关系;阎连科第一时间响应,撰写了《中国作家致村上春树的回信》，于 10 月 15 日在朝日新闻出版旗下的《AERA》杂志发表，英译版同时在 *International Herald Tribune*（现在的 *The Japan Times* / *International New York Times*）上发表，引发日本各界关注，来自日本乃至英语圈的报社、电视台等媒体的采访邀约不断。以此为契机，2013 年 12 月，阎连科首次访日并出席了早稻田大学举办的国际论坛"东亚文化圈与村上春树——越境的文学，危机的可能性"，日本 NHK 电视台 BS1 频道报道了阎连科此次访日及对他的专访（泉京鹿，2016：464 - 465）。此后，阎连科多次赴日，并发表演讲，接受访谈，出席论坛、读者交流会等，在日知名度逐渐提升。

2014 年 5 月，阎连科获弗朗茨·卡夫卡文学奖，成为首位获该奖项的中国作家，也是继村上春树之后获该奖项的第二位亚洲作家，这意味着他的写作获得了国际认可，阎连科的身上也随之多了一层诺贝尔文学奖候选人的光环。在系列利好条件下，2014 年，河出书房新社出版了谷川毅翻译的《受活》日译本。2015 年，《受活》又获日本 Twitter 文学奖，这是普通读者投票选出的奖项，意味着阎连科作品在日本已经走出了专业圈子，走进了普通读者群体。此二奖对日本翻译出版阎连科作品而言，无疑是一剂强心针，2016 年堪称阎连科作品在日本出版的巅峰之年，一年内出版了 3 部作品的日译本，《年月日》（谷川毅译，白水社出版）就在其列，另外两部是《我与父辈》（饭塚容译，河出书房新社出版）、《炸裂志》（泉京鹿译，河出书房新社出版）。这种出版力度于中国当代文学在日出版而言绝无仅有。

阎连科作品在法国，是先由专业出版策划人陈丰联系毕基埃出版社购买作品版权，后委托合适译者翻译。此种商业模式在日本出版界较为少见，译者与出版界之间并非无缝衔接。谷川毅在采访中即表示自己与出版社的联系并不紧密，他翻译出版的阎连科的大部分作品是通过在日中国诗人田原介绍给出版社的。（张元、谷川毅：2021）事实上，他本人也是由田原引荐给阎连科的。田原因汉译日本著名诗人谷川俊太郎的作品而为中国读者熟知，积极活跃于中日两国文艺界，在向日本推介中国当代文学上，做出了重要贡献，堪称中国当代文学在日翻译、出版与传播的伯乐。

不过，《年月日》的出版历程与阎连科其他作品又有不同，是由谷川毅本人主动向出版社推荐的。谷川毅（谷川毅，2016：152 - 153）表示在自己所阅读的阎连科的作品中，《年月日》是他最喜欢的，该作汇集了阎连科文学的精粹，尤其是毫不动摇的爱与尊严。谷川毅的主动推介最初遭到河出书房新社拒绝，后由白水社同意出版（张元、谷川毅：2021）。白水社是日本成立于 1915 年的专业出版社，以出版外语学习和翻译书籍为主，尤其以出版法语学习及与法国相关的文艺类书籍为特色，与法国出版界和文艺界联系紧密；除阎连科外，还出版过残雪、迟子建、毕飞宇、苏童、郝景芳等中国当代作家的作品。白水社同意出版，应与《年月日》在法国获奖和受到好评有所关联，陈丰（2014：73）称"法文版为以后英文版以及其他语种版本的出版做了重要铺垫，因为各国出版界不乏通晓法语的人,而读中文的人几乎没有。所以有了法文版,出版社的策划人可以自己直接作出判断。"由此可见阎连科作品在国外出版的世界联动性。

回顾《年月日》走近日本的历程,它并非阎连科作品走近日本中打头阵的作品,也并非一鸣惊人的作品。打头阵的是《为人民服务》与《丁庄梦》(河出书房新社 2007 年初版,2020 年再版),均是以"问题小说"造成的争议与噱头为卖点的;一鸣惊人的是《受活》,背后离不开卡夫卡文学奖与 Twitter 文学奖的加持。《年月日》的翻译出版借助了这股东风,无论是初版还是再版,译本的作家介绍都包含了问题作家与文学奖两大因素。但话题性的热度终会消散,真正能让作品在异国土壤扎根立足的还是文学性。时至今日,阎连科的作品在日本再版的有《丁庄梦》与《年月日》两部,前者初版与再版相隔 13 年,后者相隔 6 年。再版节奏的加快一方面是阎连科作品在日本逐步扎根的体现,另一方面也证明了《年月日》本身的文学魅力。而于绝大多数日本读者而言,这种文学魅力必须借由翻译来传达。译者引领作品走进日语,助作品经受住"异"的考验后,方能来到读者面前。

3　走进日语

阎连科在接受采访时称:"我希望语言可以带动文体不断的变化,这种文体的变体也促进语言和故事内容的变化。"(张元、阎连科,2020:36)《年月日》的语言风格奇险诡谲,"这些词语,构成了这部作品所有的文学性。它们疏离我们的语文教育、语法逻辑,有别于其他几乎所有汉语作家,作者用尽各种方法使普通修辞变形。"(曹亚男,2021:185)即使中文母语者阅读《年月日》的文字,都会产生不同寻常的陌生感与异质感,对中文非母语的日译者而言,要理解透彻并翻译出来,难度更大。如遍布全书的通感修辞就是一大翻译难点,"作者在全书中采用大量的通感修辞,视觉的、听觉的、嗅觉的、味觉的、触觉的、感觉的,他会综合声音、形态与意象,以合适的节奏自创出各种三字词或四字词。"(同上:185)罗曼·雅各布森(2020:140)称文学性即"使得一部作品成其为文学作品的那种东西"。于《年月日》而言,这些通感修辞是铸就文学性的重要组成部分,如何在译作中保留、重现或者再塑这些修辞的异质性至关重要。译者在翻译时,心中未必有明确的读者对象,但其译文的产出过程会一直受译入语的规范的制约,而遵守译入语的基本规范,就意味着译文需要满足读者在语言层面的普遍与共性要求。因而译者需要在原文的异质性与译文的规范性二者之间周旋平衡。原文的异质性越强,译入语的规范性面临的挑战越大,译者的任务就越艰巨。

例(1)原文:落落寞寞的沉寂便哐咚一声砸在他心上。(阎连科,2021:5)
译文:がらんとした寂しさが先じいの心の中でコトリと音を立てた。(閻連

科,2017:9)

回译:空荡荡的沉寂在先爷心中哐当作响。

如例(1)所示,沉寂本是一种内心感受,阎连科却用听觉呈现这种感受,该表达在日文中也属于非常规表达,但在谷川毅的译文里,「…寂しさが…音を立てた」,从感觉转到声音这一核心通感手法得以保留。而且,译者利用日语具有丰富的拟声拟态词的优势,为"落落寞寞"与"哐咚"分别找到了对应的译词「がらんと」「コトリと」,此处不仅符合日语规范,而且有效再现了原文的声音效果。不过,原文将沉寂比喻为外物砸在先爷心上,沉寂是由外而内生成的。译文则是将沉寂拟人化,变成沉寂在先爷心里发出声响,沉寂是内发的。经查询现代日语书面语均衡语料库(BCCWJ),未见沉寂发出声响这种表达,译者显然是让日语直面了异的考验。而对"沉寂……砸在……心上"的"砸"字,对应的日语应是类似「打ち付ける」等,是及物的他动词,需要有相应的宾语搭配,这是基本规范,谷川毅没有违反这一规范,而使用了「音を立てた」(发出声响)这一表达,由"砸"营造的原文的动感随之削弱。

例(2)原文:棚架上空的星月也开始收回它们的光,如拉渔网样,有青白色滴滴答答水淋淋的响。(阎连科,2021:14)

译文:小屋の上の空の星々も光を取り戻し、魚捕りの網を引いたとき水滴が滴り落ちるような青白くみずみずしい音を奏ではじめた。(閻連科,2017:20)

回译:棚架上空的星星也在收光,如拉渔网时水滴滴落下来一般,开始奏出青白色水淋淋的声响。

例(2)的原文是将星月收光这一视觉场景用拉渔网时水滴滴落的视觉加听觉来呈现,把星月的青白色这一视觉与滴滴答答这一听觉,以及水淋淋这一视觉三者复合,作为修饰语,来形容光发出的响声。译文保留了光发出声响的核心通感,这在常规日语中是罕见的。对声响的修饰语,保留了"青白色""水淋淋"两个,对"滴滴答答"这一象声词,则拆解为拉渔网时的水滴滴落,作为连接"星月收光"与"拉渔网"的声响之间的理解桥梁,使译文趋向明晰化与合理化。

由此可见,译者带《年月日》走进日语,并非削足适履地去适应日语的规范,也并非毫无变通地保留原文一切,而是在努力平衡原文的异质性与译文的规范性,也即文学性与可接受性。而这种平衡又会产生一种张力,激发出新的日语表达。日本最大的读书分享网站「読書メーター」(bookmeter)网有关《年月日》的读者评价①中,有不少读者意

① 読書メーター:『年月日』感想・レビュー,https://bookmeter.com/books/11200241.查询日期:2024-02-17。本文有关《年月日》的读者评论均出自该网站。

识到了这种新颖的表达方式,并表示"用声音(听觉)表达情景的手法新鲜有趣"。其中一位读者评价:"自始至终震撼于作者融通五感、排山倒海般描写场景的能力。将气味、声音、光线描写得如此这般色彩斑斓的文体,还是头次见,印象很深刻。这种色彩又使故事更加立体化并更具现实性。"另有读者评价:"这应是一本翻译不好就很难阅读的书,感谢译者精彩的日语,易读易懂。"阎连科本人称:"日本和法国的读者,也特别是译者,他们对小说艺术上的创造性非常敏感。……以日本为例,《年月日》比那些'争论'的更受欢迎些。……其他世界各国,都是《年月日》更受欢迎。为什么这样?还是《年月日》更有艺术价值吧。无论从语言到故事到结构,《年月日》更丰富、更有创造性。"(张元、阎连科,2020:40-41)

4 走入日本读者心中

「読書メーター」网迄今有550位读者登录《年月日》,有118位读者发表评价。这超越了绝大部分中国当代纯文学的登录数与评价数,仅次于阎连科本人的《受活》(登录842,评价153)与莫言的《红高粱》(登录688,评价144)(统计时间截至2024年2月17日)。"任何文学本文都具有未定性,都不是决定性的或自足性的存在,而是一个多层面的未完成的图式结构。""它的存在本身并不能产生独立的意义,而意义的实现则要靠读者通过阅读对之具体化,即以读者的感觉和知觉经验将作品中的空白处填充起来,使作品中的未定性得以确定,最终达致文学作品的实现。所以,接受美学关于文学作品的概念包括着这样的两极,一极是具有未定性的文学本文,一极是读者阅读过程中的具体化,这两极的合璧才是完整的文学作品。""没有读者的阅读,没有读者将本文具体化,本文只能是未完成的文学作品,就没有文学作品的实现。"(姚斯、霍拉勃,1987:4-5)通过分析《年月日》读者评价可知,读者将本文具体化的实施路径主要有两种:一种是由内向外的比较阅读,另一种是由表及里的纵深阅读。

4.1 比较阅读

"一部作品被读者首次接受,包括他已经阅读过的作品进行比较,比较中就包含着对作品审美价值的一种检验。"(姚斯、霍拉勃,1987:25)这种阅读意味着读者通过召唤以往的阅读经验,以往昔阅读过的作品为评价基准,从中寻找相似与差异,来判断当前作品的价值。《年月日》自获"鲁迅文学奖"以来,就被称作中国的《老人与海》。在老人与自然的战斗这点上,确实容易让人联想到《老人与海》。日本读者的评价中就有人指出这是能与《老人与海》匹敌的名著。这种似曾相识之感,其实是作品与读者期待视野的重叠,会唤起读者熟悉的审美经验。但止步如此,显然不够。"期待视野与作品间的距离,熟识的先在审美经验与新作品的接受所需求的'视野的变化'之间的距离,决定着文学作品的艺术特性。"(同上:31)有读者就指出二者的不同:"自然与人的对峙方式迥然不同,而且比起桑迪亚哥的独白,盲犬与先爷的交流更打动人心。"

在评论中提及的相似作品里,《老人与海》是中日读者共同提及的,而联想西班牙作家胡利奥·利亚马萨雷斯的《黄雨》则是日本读者较独特的阅读体验。两部作品描述的都是老人与狗独守村庄的故事,均散发了无穷的孤独。但读者进一步指出两部作品有本质区别:与《黄雨》里的老人顺天认命等待死亡降临不同,先爷与盲犬是为了活下去、为了延续生命而战斗到最后。可见,读者的期待视野也在这种比较阅读中得以调整。

除《老人与海》《黄雨》外,读者评价中还出现了《小王子》《变形记》《砂女》《荒野里的牧羊人》《百年孤独》等作品。《年月日》与这些作品的共通之处是浓厚的孤独感。另有读者回忆起赛珍珠的《大地》与圣埃克絮佩里的《人的大地》,《年月日》与这两部作品的共通之处是人对土地的执着。有读者在评价中就引用了《人的大地》中的一句:"农民即使死了,也只死了一半,因为还有东西留在大地里。"事实上,大地的文学、泥土的气息不仅是普通读者对阎连科作品的感受,也是日本文艺界对莫言、阎连科等大部分中国当代文学的共通评价,这是中国当代文学的特质,有别于以都市文学为主的日本近现代文学(宋丹、余凯,2023)。

4.2　纵深阅读

艾略特分析听众欣赏莎士比亚戏剧时,"头脑最简单的人可以看到情节,较有思想的人可以看到性格和性格冲突,文学知识较丰富的人可以看到词语的表达方法,对音乐较敏感的人可以看到节奏,那些具有更高的理解力和敏感性的听众则可以发现某种逐渐揭示出来的含义。"(韦勒克、沃伦,2010:281)这种对读者分层的做法见仁见智,但该观点对于我们了解读者群体由浅入深地欣赏一部作品的具体步骤是有所启发的。

(1) 情节。读者评价《年月日》的故事情节都不约而同地用到了「シンプル」(简朴)这个词,指出这是一个老人和盲犬与烈日抗争,守护玉蜀黍的故事,又对作者用简单的要素架构动人故事的能力佩服不已。先爷与狼和老鼠战斗的场面最吸引读者,最后先爷以投掷铜币的方式决定自己与盲犬谁埋进地里给玉蜀黍做肥料的情节最打动读者。

(2) 性格和性格冲突。对先爷与盲犬的关系,读者对先爷最早踢盲犬的动作表示震惊,但随着情节推进,又为先爷与盲犬的相依为命与心意相通所感动,直至最后先爷选择把生存机会让给盲犬一幕,不少读者都为老人与盲犬的羁绊而感动落泪。"先爷完全不是圣人形象。当他猜测是盲犬把玉蜀黍弄枯萎时,二话不说就朝它肚子踢过去;他对无休无止的烈日破口大骂;在狼群面前毫不退缩。先爷往往是胜利者,这样的先爷诉说无奈时,盲犬在一旁聆听并静静落泪的场面令我印象深刻。""先爷的底色是扎根大地生存的中国民众。"

(3) 词语的表达方法。有读者表示"这是迄今为止没有读过的独特而美丽的表达，仿佛梦呓一般，却有一股力量，能让人感受到灼热的太阳的炫目，乃至泥土与野兽的气味。""满篇用颜色表现声音、气味的手法令人印象深刻，这似乎决定了故事画面的色调，阎连科的其他作品也是如此吗？这就是通感吧。""滴滴答答落下的月光，发出红绿色吟啸声的狼群，个性表达频出，稍微有点难读，但色彩丰富的风景描写与渐渐升温的老人与盲犬的互动非常值得一读。""'青白色的声音''黝黑混浊的青绿色的鸣叫声'等有关颜色的表达为文字着色添彩，非常有趣。""讲述先爷与盲犬生存故事的文章像汉文一般充满诗意，温柔暖心，又散发强烈的光芒。"

(4) 节奏。虽然这是一部小说，没有诗歌明显的节奏感，但确实有敏锐的读者读出了韵律与诗意："与众不同的拟声拟态词形成了精彩的语调。""与干旱、狼群、老鼠军团的生死搏斗，以颜色、声音、重量来表示，用美丽诗意的文章编织了一个残酷紧张的世界。""文章表达趣味丛生，用声音(听觉)描写情景的手法新鲜有趣。""颇具冲击性的结尾后，心里留存一缕莫名的余韵。""感受到先爷与盲犬留下的东西将被后世继承的余韵。""感受到如读汉诗一般的美丽与广博。"

(5) 含义。经过对往昔经验的召唤，沉浸于情节、人物性格、语言、节奏后，读者开始思考作品的主题与意义，发现某种逐渐揭示出来的含义，而提到最多的是"生存"。有读者总结："这是一首描述生存意义的、对生命的赞歌，为生存而生存，死亦是为了他者之生存。""在残酷的自然环境里毫不放弃，战斗到最后的强烈的生存形象，令我感动。""主人公悲壮的生存故事体现了农耕民族的灵魂，令人痛心窒息。主人公执着的不是自己的生命，而是未来的生命。""自我牺牲、体贴、信念与责任感，及对无情未来的希望。""这本书让我无比强烈地感受到活着的意义。""生命的强大胜过处境的悲惨。""人只要有一丝希望和一个伴，就能活下去。"也有读者反思："我似乎看到了太古人类的姿态，明白了现代人欠缺的东西。""孤独的老人要在残酷的命运里活下去，作为话伴的盲犬与守护玉蜀黍的目标是不可或缺的支撑力量，而现代人连这两点都没有。"

4.3 共情

读者对作品含义的揭示其实是一种观照自我、反省现实、净化心灵的审美体验，伴随这种心灵净化的另一种审美体验则是共情。《年月日》唤起了读者对以往生活经历的记忆。有读者表示想起了小时候看的绘本；有读者想起了曾经饲养的狗，在不乏爱犬人士的日本，盲犬的忠诚与悲壮引发了不少读者的怜悯；也有读者表示"我也是农村长大的，曾陪着母亲打井水、耕田劳作，因此能理解先爷的尊严与伟大，也能理解他为何想死在村子里"。"文学欣赏的一个重要前提即是读者的换位思考能力——如何从自身以外去揣测和理解故事人物的心身状态以及故事情节的发展，这在某种程度上决定了文学作品是否能够引起读者的共鸣。"(陈丽娟、徐晓东，2020：438)"文学欣赏中，读者对小说人物的理解、同情乃至共鸣,很可能是通过读者的自我投射机制实现的——读者需要不断地在自我和故事人物之间进行转换,自我卷入程度的高低决定了认知共情和情感共情的诱发强度。"(同上:439)有读者表示"想起了小时候边哭边看的绘本,胸口怦怦直跳,祈祷'雨啊,快点下下来吧,保佑他们吧',仿佛不由自主地回到童心,为希望的渺茫而动摇揪心。""光是阅读就感觉呼吸渐渐紧迫、喉咙变干涩。想起曾经饲养的爱犬,潸然泪下。这是一个洋溢人类强大与温柔的故事。"从这些表述中不难看出读者已将自我投射到作品中,自我卷入程度高,引发了强烈的同情与共情。读者评语的文字中,"悲"出现 14 次,"泣"出现 11 次,可见悲伤是读者主要的情绪反应。同时,"力"出现 27 次,"强"出现 24 次,"希望"出现了 13 次,"温暖"出现了 8 次,可见此种悲伤并非无力的、冰冷的、绝望的悲伤,而是有力的、温暖的、希望的悲伤。这种情绪最终指向的是"生命",该词出现 42 次。生命的强大是力量的源泉,生命的依存是温暖的由来,生命的赓续是希望的方向。

生命无常之美是日本文学的重要审美特征,这与佛教思想文化影响之深,及日本的历史、地理环境等关系紧密。同属东亚文化圈的中国,自然也有人生无常之佛、道二家思想的文化根蒂,但儒家敬天爱人、自强不息、兼济天下的思想同样对中国人的人生观、世界观、价值观产生了根深蒂固的影响。儒家思想也影响了日本人的精神构造,不过远不及对中国人精神构造影响之深刻与广泛。阎连科广泛地从世界文学中汲取营养,自身天赋也在创作中不断精进,骨子里则仍然深受儒家仁爱思想的影响,这使他的作品故事宏大、人物强大、格局博大,体现在《年月日》中就是生命的强大、依存与赓续,是生命本真的强烈展示。法国《世界报》评价"《年月日》是一部关于生命力量的抒情史,在这部作品中,至少有两股分明的血液:现实主义或者虚构写实及抒情。作品通过老人与大旱抗争的故事,将生命的力量表达得淋漓尽致";法国 senscritique 网站评价"这部作品最震撼人心的地方在于它把生命置于最中心的位置,尽管是生命最原始的那部分。这无比动人,因为作者切中要害而入木三分"。(阎连科,2021:119)这就是日本读者所称的日本作家写不出来、西方作家也写不出来的核心特质;也是日本著名文艺评论家沼野充义(沼野充义,2020)评价阎连科乃"中国能笑傲全世界的作家"之根本缘故。读者的期待视野得以扩展与深入,被满足的不仅仅是定向期待,更重要的是创新期待,这样才能在创造性阅读中得到充实厚重而余韵悠长的愉悦与深刻的心灵净化,方能产生强烈的共情,才可以说作品真正走入了读者内心。

中国古典文学在日本最广为人知的当数《论语》与《三国演义》,中国当代文学在日本掀起最大反响的则首推《三体》,这些作品体裁与内容均大相径庭,但有一个共通之处就是博大的格局,时空、人物、冲突、故事、语言、描写、修辞、精神……变化多端、恢宏磅礴、广不可量、大不可计、深不可测。而当这种博大的格局承载的是生命与仁爱时,文学动人心弦的力量因之油然而生。博大的格局与仁爱的精神是中国文学与世界文学对话的基础,是中国文学最值得"走出去"的核心价值,是中国文学能走入全球读者心中的文学力,也是成就其世界文学性的根本特质。

5 结 语

中国当代文学走近日本的旅程中,大部分作品会先后经历学界与出版界两个领域。在学界,日本中国文学研究领域里存在研而优则译、研译相长的传统,这是一种内生力。在出版界,欧美出版社的选择是日本出版界选择中国当代文学的风向标,获奖、争议、交流等引发的话题性则是出版的契机,熟悉中日文艺界的名人也能起到助推作用,这是一种外在的牵引力。中国当代文学尚未经历经典化历程所必需的漫长时间考验,也未能在世界文学多元系统中占据中心地位,因此在走近外国的旅程里,牵引力起到关键作用,此点我们必须承认。但中国当代文学在日本的翻译出版,与在其他国家相比不同的是,还存在学界的内生力,这是作品顺利走入日语的关键与保障,在某些时候,对作品出版还能起到关键作用,《年月日》即是如此。如果没有译者谷川毅慧眼识珠,主动向出版社推介,该作未必能顺利与日本读者见面。

在走进日语的旅程里,谷川毅曾表示"翻译在某种意义上恰恰是产生新的词汇、产生新的表达方式的场所"。(张元、谷川毅,2021)安托瓦纳·贝尔曼(2018:113)称:"在文字翻译上下功夫比在意义的恢复上更有价值。正是通过在文字本身上的努力,翻译一方面恢复了作品独特的指示过程,而不仅是意义,另一方面改变着译入语。"《年月日》奇绝怪诞的文体给译者以巨大的挑战,但正是在应对这种挑战中,在异质性与规范性、文学性与可接受性的角逐与平衡中,中日两种语言不断互斥、互补、互融,日语的活力得到激发,新的表达由此而生。

在走入日本读者心灵的旅程里,《年月日》出神入化的故事和变化多端的语言构建的博大格局和承载的仁爱精神,形成了强大的文学力,直击人心。这不仅是《年月日》,也不仅是阎连科作品,还是优秀的中国文学得以感动世界的核心价值。

纵观《年月日》在日本"走出去"的三段路程可知:中国当代文学走近外国重契机,走进外语靠翻译,走入外国读者心中凭文学力,唯有走完这三段路,尤其是通过最后也是最难的第三关,我们方可以说中国文学真正实现了"走出去"。

参考文献

[1]泉京鹿,2016. 訳者あとがき[A],閻連科,炸裂志[M]. 泉京鹿,訳. 東京:河出書房新社,
　　461–471.

［2］阎连科,2017. 年月日[M]. 谷川毅,訳. 東京:白水社.

［3］高島俊男,2006. 水滸伝と日本人[M]. 東京:筑摩書房.

［4］谷川毅,2008. 閻連科の物語世界——『丁庄夢』への道程[J]. 季刊中国,(94):65-74.

［5］谷川毅,2016. 訳者あとがき[A],閻連科,年月日[M]. 谷川毅,訳. 東京:白水社,149-153.

［6］沼野充義,2020. 凄惨な実話を伝える覚悟[N]. 毎日新聞. 2020-07-18.

［7］安托瓦纳·贝尔曼,2018. 翻译及对异的考验[A],载谢天振(主编),当代国外翻译理论导读(第二版)[C]. 天津:南开大学出版社,2018:96-113.

［8］鲍同,2014. 20世纪中国文学在日本的译介研究——以中、短篇小说为焦点[J]. 中国翻译,(6):29-33.

［9］曹亚男,2021. 末日之殇与语言之生——写于《年月日》再版之后[J]. 当代作家评论,(6):185-189.

[10]陈丰,2014. 阎连科作品在法国的推介[J]. 东吴学术,(5):72-74.

[11]陈丽娟,徐晓东,2020. 文学阅读如何影响读者的心理理论[J]. 心理科学进展,(3):434-442.

[12]高方,阎连科,2014. 精神共鸣与译者的"自由"——阎连科谈文学与翻译[J]. 外国语,(3):18-26.

[13]黄小英,2021. 日本语境下的莫言文学接受——基于读书网站的读者阅读评价[J]. 日语教育与日本学,(1):49-58.

[14]霍斐,2020. 残雪作品在日本的译介与研究[J]. 小说评论,(2):63-71.

[15]勒内·韦勒克,奥斯汀·沃伦,2010. 文学理论[M]. 刘象愚等译. 北京:文化艺术出版社.

[16]罗曼·雅各布森,2020. 俄罗斯新诗[J]. 黄玫,周启超,译. 社会科学战线,(3):137-157.

[17]梁鸿,2015. 阎连科文学年谱[M]. 上海:复旦大学出版社.

[18]李冬木,2014. 从鲁迅到莫言——中国现代文学在日本[J]. 东岳论丛,(12):23-35.

[19]李光贞,2022. 藤井省三对莫言文学的译介[J]. 外国语文,(1):20-27.

[20]李圣杰,2018. 莫言文学在日本的译介与研究[J]. 华中学术,(3):107-114.

[21]刘成才,2019. 日译与中国当代文学的世界性——著名翻译家、日本中央大学饭塚容教授访谈[J]. 中国翻译,(5):96-102.

[22]卢冬丽,2019. 中国当代乡土文学在日本的译介与接受[J]. 南方文坛,(6):93-99.

[23]卢冬丽,2022.《三体》系列在日本的复合性译介生成[J]. 外语教学与研究,(5):783-792.

[24]卢冬丽,李红,2016. 阎连科《受活》在日本的诠释与受容——基于日译本《愉楽》副文本的分析[J]. 文艺争鸣,(3):170-175.

[25]卢冬丽,田原,2022. 中日当代诗歌的翻译与传播——中日双语诗人、翻译家田原先生访谈录[J]. 中国翻译,(2):90-96.

[26]卢茂君,2014. 新世纪日本的中国文学译介与研究新动向[J]. 国际汉学,(2):201-206.

[27]卢茂君,2020. 从中国的当下理解中国当代文学的日本学者千野拓政[J]. 当代作家评论,(1):191-194.

[28]宋丹,2014. 语义翻译视角下《蛙》的日译本评析[J]. 日语学习与研究,(4):16-24.

[29]宋丹,2017. 铁凝作品在日本的译介与阐释[J]. 小说评论,(6):11-19.

[30] 宋丹,2019. 王安忆作品在日本的译介与阐释[J]. 小说评论,(3):52-61.

[31] 宋丹,余凯,2023. 阎连科作品在日本的翻译出版与接受研究[J]. 燕山大学学报(哲学社会科学版),(4):44-52.

[32] 孙若圣,2022a. 作为事件的《红高粱家族》日译——以日本的中国新时期文学相关资料为线索[J]. 新文学评论,(1):82-89.

[33] 孙若圣,2022b. 史与论:2019—2021 年日本的中国现当代文学研究述略[J]. 中国图书评论,(3):96-106.

[34] 孙若圣,2022c. 史铁生在日本的译介与读者评价——个体叙事与文学的越界[J]. 小说评论,(6):119-124.

[35] 汪宝荣,阎连科,2021. 关于阎连科作品在欧美译介与传播的对谈[J]. 燕山大学学报(哲学社会科学版),(2):32-39.

[36] 王晓梅,李哲,2019. 阎连科作品在日本的译介与接受研究[C]. 贵州省翻译工作者协会 2019 年年会暨学术研讨会论文集:209-220.

[37] 许钧,2021. 关于深化中国文学外译研究的几点意见[J]. 外语与外语教学,(6):68-72.

[38] 谢天振,1999. 译介学[M]. 上海:上海外语教育出版社.

[39] 谢天振,2020. 译介学概论[M]. 北京:商务印书馆.

[40] 徐志啸,2021. 中国文学走向世界的梳理与思考——以日本和欧美为例[J]. 西北师大学报(社会科学版),(5):32-39.

[41] 阎连科,2021. 年月日[M]. 南京:江苏凤凰文艺出版社.

[42] H.R. 姚斯,R.C. 霍拉勃,1987. 接受美学与接受理论[M]. 周宁,金元浦译,沈阳:辽宁人民出版社.

[43] 张剑,2017. 译介与出版的双重过滤和诠释——谈莫言文学作品在日本的传播[J]. 出版科学,(5):37-41+45.

[44] 张巍,2020. 阎连科在法国的形象塑造——基于法国媒体和读者对阎连科的评价[J]. 法国研究,(3):94-103.

[45] 张元,阎连科,2020. 翻译作品中个性风格与再创造的融合[J]. 中国当代文学研究,(6):36-42.

[46] 张元,谷川毅,2021. 日本翻译家谷川毅访谈录:磨砺文字、创新视角,完善形象的努力是非常重要的[EB/OL],个人图书馆:5 月 19 日,http://www.360doc.com/content/21/0519/13/75351763_977891498.shtml.[2024-02-17].

[47] 朱芬,2018. 莫言作品在日本的译介——基于文化语境的考察[D]. 博士论文,上海:华东师范大学.

(责任编辑　汪闻君)

许渊冲中国文学法译历程与特征 *

南京林业大学　祝一舒 **

摘　要: 许渊冲作为英法双语的翻译大家,用英法两种语言翻译出版了数十本中国传统哲学和中华诗词作品,以往的研究大多关注其英译中国文学的实践活动,缺乏对其法译活动的追踪和思考。在法译汉方面,许渊冲翻译了十余部法国经典小说;在汉译法方面,他将中国最美诗词曲译成法文传播至域外。许渊冲关于文学翻译理论的诸多思考不仅来自于中英文学互译的实践,也来源于中法文学互译的实践,因此本文聚焦许渊冲的中国文学法译的实践历程,梳理其法译实践活动,对许渊冲中国文学法译实践特征进行深入分析与提炼,指出许渊冲的中国文学法译活动具有前瞻性、自觉性、探索性及独特个性等特征。

关键词: 许渊冲;中国文学;法译;历程;特征

Title: The Process and Characteristics of Xu Yuanchong's French Translation of Chinese Literature

Abstract: As an English-French bilingual translator, Xu Yuanchong has translated and published dozens of Chinese traditional philosophy and Chinese poetry works in both languages. Most of the previous studies focused on his practice of translating Chinese literature into English, and there was a lack of tracking and thinking about his translation activities into French. In translation from French to Chinese, Xu Yuanchong translated more than ten French classic novels. In terms of translation from Chinese to French, he translated the most beautiful Chinese poetry works into French and spread them abroad. Many of Xu Yuanchong's thoughts on

---

* 本文系国家社会科学基金青年项目"许渊冲中法文学互译实践与理论研究"(项目编号:22CYY055)的阶段性研究成果。

** **作者简介:** 祝一舒,南京林业大学外国语学院副教授、硕士生导师。研究方向为翻译学。联系方式: metero_zhu1987@hotmail.com。

literary translation theory come not only from the practice of translation between Chinese and English studies, but also from the practice of translation between Chinese and French literature. Therefore, this paper focuses on Xu Yuanchong's practice of translating Chinese literature into French, summarizes his practice activities, and makes an in-depth analysis and refining of the characteristics of his practice. It is pointed out that Xu Yuanchong's French translation of Chinese literature is forward-looking, self-conscious, exploratory and unique.

Keywords: Xu Yuanchong; Chinese literature; French translation; process; characteristics

1 引　言

许渊冲在长达七十余年的翻译历程中,对翻译有着越来越深刻的理解,越来越明确的追求,直至翻译与他的生命融为一体。1996 年,他的回忆录《追忆逝水年华》出版。该回忆录的最后一章和尾声记载的都是他的翻译活动。在第二十章,有两句题签:五十年代翻英法;八十年代译唐宋。在尾声,同样有两句题签:九十年代领风骚;二十世纪登顶峰。生于 1921 年 4 月 18 日的许渊冲,在回忆录出版的那一年,已经是 75 岁高龄,应该说,他的翻译活动按常理确实到了尾声阶段,但对翻译有着特别追求的许渊冲,硬是把 20 世纪的尾声,铸成了 21 世纪的先声,在新的世纪继续着他视为生命的翻译事业,创造着他新的辉煌。

许渊冲的翻译活动形式多样,经验丰富。如他自己所言,他不仅翻译了大量的英法文学经典,更是把中国文学经典,尤其是中国诗词、戏剧翻译成英语和法语,正可谓:书销中外百余本,诗译英法唯一人。关于许渊冲汉译英国文学和英译中国文学的活动,学界已经有不少梳理和探讨,在此不拟重复。本文聚焦许渊冲的中法文学互译实践历程,在梳理的基础上,对其特征加以描述和分析。

2 许渊冲中国文学法译历程

在中国的文学翻译界,有不少读者喜爱的翻译大家,如翻译英国莎士比亚的朱生豪,翻译法国文学的傅雷,还有翻译俄罗斯文学的草婴等等,可谓群星璀璨。但是,能够精通英法两种语言,且能互译的优秀翻译家,许渊冲应该是最独特的一位。首先,笔者就许渊冲的中国文学法译活动作一梳理。

就我们所了解,许渊冲的中国文学法译活动最早可以追溯到上个世纪 50 年代。他最早参加翻译的,是中国乡土作家秦兆阳的《农村散记》一书。秦兆阳写过不少有关农村的作品,短篇小说集有《平原上》,长篇小说有《在田野上,前进!》。《农村散记》是秦兆阳的一部作品集,由人民文学出版社于 1954 年出版,该书收有作者创作的"十四部短篇,在这些作品中,作者以明朗、素朴的风格,诗的情调、从不同的生活方面,描写农村里新人新事和新与旧的斗争,歌颂了那些崭新的、健康的、聪明的人和他们正在创造的幸福生活"(秦兆阳,1954:扉页)。这部书的法译,由外文局委托和安排,是一个集体合作翻译项目。关于这部书的法译,不少媒体在列举许渊冲的翻译成就时,常常把这部书的法译归于许渊冲一人名下。但实际上,许渊冲翻译了其中的五篇。该书的法文版由外文出版社于 1957 年出版,没有署名译者。笔者从曾任外文局副局长、总编辑的黄友义处了解到,当时凡集体合作翻译的作品,都不署名。虽然没有署名,但许渊冲似乎很看重这部书的翻译工作,他在多次访谈中提到了这部书的翻译,大概是因为这是他的第一次汉译法经历。

按照翻译界的常规,一般翻译都是用母语翻译。许渊冲最早从事的,基本上都是英译汉和法译汉。他后来打破了这一常规,开始了中国文学的英译和法译,一发而不可收,这既有偶然性,也有必然性。参加了《农村散记》的法译之后,许渊冲再用法语翻译中国文学作品,已经转眼到了 60 年代中期。这一次,他翻译的是《毛泽东诗词》。对于翻译《毛泽东诗词》的经历,许渊冲铭心刻骨。他在回忆录《追忆逝水年华》中有详细的叙述:"六十年代,我在张家口外国语学院任英语教授,不是挨批挨斗,就是修理地球,没有出版一部译著。一九六六年'文化大革命'爆发,我的译著受到批评:德莱顿是宣传爱情至上主义,罗曼·罗兰则是鼓吹个人奋斗精神,都是资产阶级思想。那时不受批判的文学作品,只有一本《毛泽东诗词》,而出版了的英、法文译本,都把诗词译成分行散文了,读后得不到原诗的美感,于是我就在劳改批判之余,偷偷地把《毛诗》译成英、法韵文。有一次在烈日下陪斗,又热又累,度日如年;我忽然想起了毛泽东的《沁园春·雪》,就默默地背诵'千里冰封,万里雪飘','惟余莽莽,顿失滔滔',并在心里试把这首诗译成英文。说来也许叫人难以相信,我一译诗,就把热、累、批、斗全都忘到九霄云外去了;眼里看到的仿佛只是'山舞银蛇,原驰蜡象',心里想到的只是'略输文采,稍逊风骚';等到我把全词译完,批斗会也结束了。"(许渊冲,1996:223 – 224)就是在这样的特别环境中,"我把全部毛诗,包括当时传抄的作品,都译成了英、法韵文。"(同上:224)许渊冲用英文和法文翻译的《毛泽东诗词》,在那个时代自然无法出版。直到 1976 年,许渊冲看到《毛泽东诗词》出版了新的英译本,他把译稿先后寄给了钱锺书和朱光潜,请他们指教。他们先后回信,给予了肯定,增强了他"以诗译诗"的信心。他还请他的西南联大同学林宗基帮助,通过林宗基的芬兰夫人,把他的译稿"寄去美国密歇根大学中国文化研究所,得到所长费尔沃克教授回信,说译稿是'绝妙好译'"(同上:224-225)。这些回信给了许渊冲很大鼓励,他所在的洛阳外国语学院也给予了许渊冲支持,把他翻译的毛泽东的四十二首诗词印刷成书。笔者通过多方渠道,最终在孔夫子旧书网花高价淘到了这部在1978年印刷的书:《毛主席诗词四十二首》(法文格律体译本)。该书的封面上有署名:许渊冲译。同时还印有印刷单位和时间:中国人民解放军洛阳外国语学院,一九七八年。书中有许渊冲写的序言《如何译毛主席诗词——代序》,长达12页。这个代序在许渊冲的翻译思想发展历史中,占有特别重要的位置,他的翻译三美论可以说在代序中做了第一次较为系统的阐述。这部译著正文65页,前半部为英译,后半部为法译。关于许渊冲所译的《毛泽东诗词》,此后有多个版本出版,如1993年中国对外翻译出版公司出版的《毛泽东诗词选》(汉英对照),2006年五洲传播出版社出版的《毛泽东诗词与诗意画》(汉英对照)。而许渊冲用法文翻译的《毛泽东诗词选》以《毛泽东诗词与诗意画》(汉法对照)为书名,被列入"中华优秀传统文化传承发展工程支持项目",于2020年由五洲传播出版社出版。

从20世纪80年代中期开始,许渊冲的翻译活动更加活跃。他翻译了多部法国文学名著,同时用英法两种语言翻译了众多中国哲学经典和诗词作品。可以说,许渊冲翻译的,几乎都是中国诗词与戏剧创作的代表性作品。有关许渊冲的翻译活动,笔者在"中华译学馆·中华翻译家代表性译文库"《许渊冲卷》的《许渊冲翻译年表》上有较为详细的介绍。就本文所聚焦的许渊冲中法文学互译实践而言,许渊冲在翻译了《毛主席诗词四十二首》之后,结合他的英译工作,进行了中国古诗词的法译,数量越积越多。1987年,外文出版社出版了许渊冲翻译的《唐宋词选一百首》法译本,译本中有许渊冲撰写的法文序。该序对中国文学中"词"的创作、特质、代表性词作家及其成就做了简要的介绍,写于1985年10月20日。值得关注的是,许渊冲这时已经离开洛阳外国语学院,到了北京大学任教。他写的序,落款地址为北京大学。在北京大学工作的他,把这部《唐宋词选一百首》题献给了巴黎索邦大学。在外文出版社出版的中国文学外译本中,也很少见到译者这样的题签。12年之后,到了20世纪末,许渊冲翻译的《中国古诗词三百首》(上下册)法译本由北京大学出版社出版,确切的出版时间是1999年6月。《中国古诗词三百首》为汉法对照版,署名许渊冲译,照君注音。在许渊冲众多的译作中,与夫人共同署名的作品极为少见。《中国古诗词三百首》分上下两册,上册收录周、汉、魏、晋、南北朝、唐代的诗;下册收五代、宋、明、清代的诗或词。全书有许渊冲(1999:法文序)用法语写的序,共四节,该序开篇写道:"乔治·杜哈美说,创造是唯一无愧于人的乐趣。叔本华也说:创造美是最高级的乐趣。而在最遥远的过去,中国人就已经创造了许多美的东西,公元前6世纪创造的《诗经》便是范例。"第一节阐述了关于创造、人与美的创造的关系,并以中国古诗词对美的创造,来说明中国文化对于世界文化的杰出贡献。第二节至第四节重点介绍了中国古诗词的特点与价值，追溯其思想之源，剖析其美学创造。该序写于 1996 年 12 月 12 日。这部译著在 2006 年 6 月重印。之后，经过调整与补充，又分别以《精选诗经与诗意画》《精选唐诗与诗意画》《精选宋词与诗意画》为书名，于 2008 年由五洲传播出版社出版，采用的都是法汉对照的形式。这三部译著被列入了五洲传播出版社的"中国传统文化精粹书系"。

在 2014 年至 2019 年，许渊冲用法文翻译的中国古诗词，在很大程度上，得到了经典化的承认，因为许渊冲翻译的《诗经》《唐诗选》《宋词选》先后被收录进《大中华文库》。《大中华文库》系在我国国家新闻出版总署和国务院新闻办公室的指导和推动下于 1994 年 7 月开启的一项大型系统出版工程，其主要目的是向海外传播原汁原味的中国文化。这一文库的图书选题有 110 种，包括思想类、文学类、科学技术类与军事类等经典著作。《文库》得到了季羡林、任继愈、叶水夫、袁行霈、丁往道、韩素音等多位学者和翻译家的支持与指导，现已有外文出版社、湖南人民出版社、中华书局、商务印书馆、译林出版社、花城出版社等 18 家出版社参与该项目图书的编辑与出版工作。"《文库》涉及两种类型的翻译，一种是语内翻译，即将古代汉语翻译成现代汉语；另一种是语际翻译，即将汉语翻译为英语、法语、西班牙语、德语、俄语、阿拉伯语、日语和朝鲜语等 8 种外语。"（许多、许钧，2015：14）2014 年，许渊冲用法语翻译的《唐诗选》入选《大中华文库》，由五洲传播出版社出版。该书在封面勒口上有个汉法双语简介。汉语的介绍为："唐诗是中国文学史上一颗璀璨的明珠，千年传诵，历久不衰。本书选收了唐代大家名作一百五十多首，如李白的《送友人》（其中包含浪漫主义诗句'浮云游子意，落日故人情。'）、杜甫的《登高》（其中包含现实主义描写'无边落木萧萧下，不尽长江滚滚来。'）、白居易的《长恨歌》（其中包含抒情名句'行宫见月伤心色，夜雨闻铃肠断声。'）、李商隐的《无题》（其中包含象征主义名句'春蚕到死丝方尽，蜡炬成灰泪始干。'）等。译文富有意美、音美、形美，钱锺书形象比喻为：戴着音韵和节奏的镣铐跳舞，灵活自如，令人惊奇。"法文的简介基本与汉语简介一致，只是少了"译文富有意美、音美、形美"半句，同时用"一位批评家"代替"钱锺书"。作为《大中华文库》法译本的一种，在显著的位置介绍原作的特质与价值，这是惯例。但同时对译本加以褒奖，比较少见。译著有《大中华文库》统一撰写的总序，撰写者系《大中华文库》总编辑杨牧之。总序以汉语写就，但有对应的法译。除了总序，还有许渊冲撰写的前言。该前言极具个性，许渊冲在前言中谈了自己对唐代与中华文化的理解，通过中法诗歌比较，阐释了他理解中的唐诗特质，并交代了他翻译唐诗三百首的强烈动机（许渊冲，2014：前言），落款时间是 2012 年 6 月 30 日。继《唐诗选》法译出版之后，许渊冲翻译的《诗经》法译本由中国市场出版社出版，分为卷一与卷二，出版时间为 2016 年 6 月。作为《大中华文库》收录的译著，该书与其他收录的作品风格一致，有杨牧之的总序，也有许渊冲撰写的前言的中法双语文本。值得注意的是，《唐诗选》的简介对译文有很高的评价，而《诗经》的简介聚焦《诗经》的内容与特色介绍,没有对译文的评价。但细读写于 2013 年 12 月长达 24 页的前言,可以发现许渊冲除了对《诗经》的成就与价值的介绍之外,还就《诗经》的翻译问题和翻译艺术阐述了自己的观点,前言的最后一句为:"这本《诗经》就是根据中国学派理论译出的作品,希望能为世界创造美的诗集,能使全球文化更加灿烂辉煌。"在前言中,许渊冲还谈了译文与原文之间的关系,将自己的译文与原文及程俊英等的今译加以对照,凸显自己的译文所具备或者说所追求的创造性的特点。

2019 年 9 月,五洲传播出版社又推出了许渊冲的《宋词选》。《宋词选》的简介很简洁,但在简短的篇幅中,如《唐诗选》一样,有对著名词句的介绍,以此说明宋词"富有意美、音美、形美",以吸引读者。同时,简介还道出了译者的心声:"希望译文能使读者感到词中有趣,得到乐趣。"(许渊冲,2019:封面勒口简介)这一希望在许渊冲为法译《宋词选》写的序中也有强烈的表达。序写于 2017 年 10 月 4 日,有中法两个文本。细加对照,可发现两个文本并非完全对应。但整个序中贯穿了一条红线,那就是译者对宋词之美的理解和对美的呈现。许渊冲在序言开篇写道:"如果说'创造美是最高的乐趣',那么古代中国诗人可以说是享受过美好人生的了。因为早在两千多年以前,中国就创造了美丽的《诗经》和《楚辞》;以后,中国又创造了更美丽的唐诗和宋词。而在四者之中,最美丽的要算后来居上的宋词。因为宋词所表达的思想感情,有时似乎比唐诗还更深刻,更细致,更微妙。"(同上:中文序 19)在序的中文文本中,许渊冲对宋词的特点与成就做了介绍,并对自己的翻译追求与翻译特性做了阐述,尤其是对翻译的"三美"做了详细介绍。法文本相比之下,比较简洁。值得关注的是法文序的最后一段:

> J'essaie de rendre ma traduction fidèle et poétique, fidèle à l'original pour le fond comme pour la forme, et rappelant la beauté de l'original pour le sens et pour le son, c'est pourquoi j'ai traduit ces lyriques en vers rimés. J'espère que ma traduction pourrait initier et intéresser le lecteur à la poésie lyrique chinoise. (许渊冲,2019:法文序 35)

许渊冲强调:"我力求自己的翻译忠实而富有诗意,忠实于原文的内容与形式,同时再现原文的意美与音美。为此,我将宋词译成韵文。希望我的翻译能够让读者知之、好之。"作为《大中华文库》收录的译文,《宋词选》和许渊冲翻译的《诗经》《唐诗选》一样,标志着中国翻译的最高水平,在许渊冲的中国文学法译生涯中可以说是里程碑式的成果。

3　许渊冲中国文学法译的特征

　　回顾许渊冲的中国文学法译历程,可以看到许渊冲在实践和理论两个层面的不断求索与进取。那么,他的中国文学法译到底有哪些特征呢?

(1) 许渊冲的中国文学法译活动具有前瞻性和自觉性。从时间上看,许渊冲开始进行严格意义上的文学翻译活动,是在 1950 年代中期。根据我们所掌握的资料,许渊冲的第一部英国文学汉译作品,是约翰·德莱顿的《一切为了爱情》,于 1956 年由上海新文艺出版社出版;第一部法国文学汉译作品,是罗曼·罗兰的《哥拉·布勒尼翁》,于 1958 年由人民文学出版社出版。而第一部中国文学法译作品,是他参与、集体翻译完成的《农村散记》,出版于 1957 年。那个年代,许渊冲还没有中国文学英译作品出版。从许渊冲最早翻译出版的作品看,他的英译汉与法译汉活动,应该说是自觉的选择。他对所翻译的作品,有着深刻的理解,翻译中投入了自己的热诚与热爱。而他参与的第一部中国文学作品的法译,显然不是他个人的自觉选择。当时,许渊冲在北京香山,而承担秦兆阳《农村散记》法译的,是许渊冲当时供职的外国语学校的法语教研室。许渊冲独立翻译了其中的五个短篇。应该说,这部书的翻译,是国家的翻译行为。中国文学外译,是中华人民共和国成立后对外宣传的重要组成部分。这一作品的外译,虽然没有个人的署名,但许渊冲能积极参与,说明他对于国家组织的翻译活动是完全认同的。对于这一活动,许渊冲在多个场合提起,如他在 2017 年 11 月出版的《翻译的艺术》一书的"修订版前言"中,提到他在 1983 年调入北京大学工作之前,"只出版了 6 部书",其中有"半本汉译法:秦兆阳的《农村散记》中的五篇散文"①(许渊冲,2017:前言 7)。可见许渊冲对这次集体合作的翻译活动是很看重的。如果说许渊冲对于英法文学汉译是始于个人兴趣和爱好,那么他的第一次中国文学法译活动则是在国家的召唤下展开的。约十年之后,他在特殊的环境下,开始了《毛主席诗词》的英译与法译活动。此时的翻译,对他而言,已经不仅仅是国家的需要、时代的召唤,而是成为他个人的一种自觉追求。从毛主席的诗词,到中国革命家的诗,再到《唐诗》《宋词》,再译《诗经》、中国戏剧,许渊冲的翻译几乎囊括了中国经典文学的精华。实际上,从上个世纪 80 年代开始,许渊冲就已经先行一步,自觉地把中国文学经典译成英语和法语。就中国文学法译而言,他的翻译基本都被收录进《大中华文库》。在上文中,我们已经论及,《大中华文库》是国家具有标志性和巨大影响力的战略性翻译项目:"中华民族有着悠久的历史和灿烂的文化,系统、准确地将中华民族的文化经典翻译成外文,编辑出版,介绍给全世界,是几代中国人的愿望。"(杨牧之,2014:总序)有学者指出,《大中华文库》体现的是"中国选择"与"中国阐释":"'中国选择'和'中国阐释'是构建系统的中国文化价值观的基础。中国文化经典丰富,《文库》通过组织中国的学者和专家选择具有代表性的作品进行翻译,构建一个系统的中国文化宝库,这里面既包括儒家思想、道家思想、佛教思想典籍,也包括重要的文学、科技、军事、历史典籍,它们都是中国文化的源头和结晶。就'中国选择'而言,通

---

① 确切地说,应该是五篇散记。据原作的简介,该书共有"十四个短篇"。

过文本的选择,体现的是中华文化的价值观,中国人依照自己的价值观念,选择本民族文化的经典著作进行推介,有助于系统全面地反映中国文化的精髓,对于其他国家与民族译介中国文化,可以起到引导与示范的作用。而'中国阐释',则是以对中国文化精髓准确的理解为基础,保证传译的准确性"。许渊冲用法文翻译的中国文化与中国文学经典,能够被《大中华文库》收录,说明他的翻译体现了"中国选择"与"中国阐释"的双重要求。我们都知道,进入 21 世纪,中国明确开始实施中国文化走出去战略。而中国文化走出去,文学外译是必经之路。刘云虹(2023:4)指出:"文学是民族精神与文化的集中体现,文学外译因此被视为最好的文化传播与推广方式之一,在中国文化'走出去'的国家战略背景下,其必要性和迫切性毋容置疑。"在这前后一段时间,学界对于中国文学主动外译,有不少质疑声,甚至反对声。当我们今天回顾许渊冲的中国文学外译活动,我们会把它与整个中国文学外译历程结合起来考虑,这将会对许渊冲的外译活动所具有的前瞻性和自觉性有更深刻的理解。

(2) 许渊冲的中国文学法译活动具有探索性。许渊冲的中国文学法译活动不是孤立的活动,他的法译与其英译有着密切的关系。如上文所梳理的,许渊冲翻译毛主席的诗词,就是用英语和法语两个语种来进行翻译的。他于 1978 年推出的《毛主席诗词四十二首》印刷本系英法格律体译本。许渊冲在此之后的中国文学法译,大都是以英译为基础。许渊冲对中国文化与中国文学经典的外译,倾注了自己的心血。其间他遇到了各种各样的障碍,这样的译介工作于他而言,是一种探索,是一种追求。首先是在理论的层面,他不断探索中国诗词的外译之道。在《毛主席诗词四十二首》印刷本中,许渊冲写了一个很长的代序,题目就是《如何译毛主席诗词》。翻译学界都知道,文学翻译三美论是许渊冲最早提出的。应该说,许渊冲在翻译毛主席的诗词中,进行了探索性的思考。他以鲁迅关于文章三美的论述为基础,明确提出"译诗也要尽可能传达原文的意美、音美、形美"(许渊冲,1978:代序 1)。细读《毛主席诗词四十二首》代序,以及许渊冲撰写的有关中国文化与中国文学经典英译和法译所写的序言、前言或论文中,可以看到许渊冲一直在实践与理论两层面展开探索。许渊冲有多部翻译理论著作,如早期的《翻译的艺术》、1998 年出版《文学翻译谈》、2015 年出版的《西风落叶》,其中最为重要的内容,就是他的中国诗词翻译思考与探索,《翻译的艺术》2017 版中就有一辑"通论",其中有《三美与三似论——〈唐宋词选〉英法、译本代序》,还有一辑《专论》,其中收录了《评毛泽东词〈赠杨开慧〉英法译文》《评〈周恩来诗选〉英、法译文》《评白居易〈长恨歌〉英译文》等多篇相关论文,充分展现了他的翻译探索之路。许渊冲的中国文学法译活动的探索性,还表现在他的中国文学外译活动,在很大程度上是对中外语言关系与翻译可行性的一种实验。基于这种实验,他对西方翻译理论,尤其是西方的语言学派翻译理论提出了质疑。针对早期的翻译等值论和后来的翻译"动态对等论",许渊冲提出了自己的新见,在创造性的理论探索基础上,提出非常重要的观点。许渊冲通过自身中译外和英译法实践,发现中文翻译成外文要比英文译成法语要困难得多。同时,中译外所遭遇的困难与英译法的困难的性质也有区别。许渊冲(2015:19)指出:"从理论上讲,动态对等论可以适用于西方文字之间的互译,因为根据电子计算机的统计,西方主要文字的词汇大约有90%是对等的,例如英文和法文 to be or not to be 译 être ou non pas être,就可以说是对等了。但中文和西方文字大不相同,据电子计算机统计,只有40%多可以对等,而50%以上都找不到对等词,如 to be … 可以译成'生或死''活不活''死不死'等。"基于不同的语言之间的对等关系和翻译所面临的不同障碍,许渊冲提出了基于中外互译实践的翻译优化理论。学界最为熟悉的,就是他提出的"优势论"和"三化论"。如果细读许渊冲自上个世纪70年代末写的有关翻译方法探讨的文章,我们可以发现,许多观点或理论都是立足于他的中国文学外译实践。他在语言、文学、文化和美学的各个层面加以探索,源于实践,又指导实践。如在文字的层面,许渊冲对中文和英语的文字特性加以思考,进行比较,指出:"西方文字基本是言等于意,中文却往往言大于意,典型的例子是李商隐的诗句:'春蚕到死丝方尽'。这句诗可以理解为蚕吐丝一直到死为止,英国译者的译文是:The silkworm dies in spring when her thread is spun,那翻译公式只是1+1=2,但诗人说的是蚕丝,指的却是'相思'('丝'与'思'同音),中国译者的译文是:Spring silkworm till her death spins silk from lovesick heart,这样,译者既译了'丝'(silk),又译了'相思'(lovesick),而且 silk(丝)和 sick(思)不但声音相似,形状也只有一个辅音不同,可以算是生花的译笔,翻译公式可以是1+1=3。"(同上:22)类似这样的探索,许渊冲往往会在中英、中法和英法多种翻译实践之后展开,进行多层面的比较和探索,如在讨论中英翻译之后,他又探讨了"春蚕到死丝方尽"一句的法文翻译:"更妙的是,这句诗还可以从英文译成法语:La soie épuisée, le ver meurt de soif d'amour,而且 soie(丝)和 soif(相思)音形也相似。这就可以看出英文和法文多么容易对等。如果把这句中文诗译成英文我花了1小时,那么从英文再转译为法文多则半小时,少则只要几分钟。由此可以得出三个结论:(1)对等译法比优化译法要容易得多;(2)对等译法可以适用于西方文字之间的互译,不完全适用于中西互译;(3)优化译法既可用于中西文学翻译,也可用于西方文字之间的文学翻译。"(同上)许渊冲的这些探索性的观点或发现,是否完全符合翻译的规律,他得出的"公式"是否具有科学性,这在学界引起了讨论,甚至激起了争鸣,有的看法和观点也的确有值得商榷的地方。但从多种语言互译的实践出发,分析语言的特性,进而探讨翻译的不同可能,提出具有创新性的理论和观点,许渊冲对于翻译的探索可以说是贯穿其整个翻译生涯的。

(3) 许渊冲的中国文学法译活动具有强烈的个性。许渊冲的翻译活动不是盲目的活动,而是具有明确的理论追求。他在《有中国特色的文学翻译理论》一文中,引用了习近平总书记于2016年4月17日在哲学社会科学工作座谈会上的讲话:"我们的哲学社会科学有没有中国特色,归根结底要看有没有主体性、原创性。跟在别人后面亦步亦趋,不仅难以形成中国特色哲学社会科学,而且解决不了我国的实际问题。"(许渊冲,2016:96)许渊冲对习近平总书记这段话的引用和理解,有着自己的特别思考。他要谈的是建立"有中国特色的文学翻译理论",根据习总书记讲话的精神,中国的哲学社会科学能否有中国特色,取决于有没有主体性和原创性。许渊冲积极抓住"主体性"和"原创性"这两个支点,在翻译实践和翻译理论的互动中,独辟蹊径,探索方法,形成了独具个性的翻译。许渊冲(同上)明确指出,要有特色,必须要有主观能动性。"'从心所欲',就是发挥主观能动性,'不逾矩'就是不违反客观规律。"在许渊冲看来,在不违反翻译的基本规律的基础上,应该尽可能发挥译者的主观能动性,弘扬翻译的创造精神,给读者奉献无愧于原作的美的译文。在上文中,我们谈到许渊冲用法文翻译的中国古诗词,有多部被《大中华文库》收录。作为具有"中国选择"和"中国阐释"功能的国家战略性翻译项目,《大中华文库》对翻译的要求是很高的。从许渊冲被收入《大中华文库》的四部法译本看,许渊冲深得文库的精髓,在深刻理解原文的基础上,充分发挥主观能动性,采取优化翻译法,形成独具个性的译文。许渊冲译文所独具的个性,体现在各个层面。首先是表现在理解的层面,许渊冲对中国的古诗词,往往能突破定见,推出新见,并把自己的新见融入翻译之中。比如,他在《宋词选》的中法文双语序言中,把一个"美"字当作一条金线,贯穿他对宋词在思想、艺术、方法、特质等各个方面的理解和阐释。其次,是表现在翻译的再现层面。梳理许渊冲的中国诗词法译历程,我们可以发现,许渊冲同样也是把美的创造放在首位的。无论是1978年推出的《毛主席诗词四十二首》,还是后来陆续翻译出版的《诗经》《唐诗选》《宋词选》,许渊冲的翻译都在求美上用力最著。如《毛主席诗词四十二首》的代序,《诗经》法译前言,《唐诗选》《宋词选》的序等,许渊冲最为强调的,也是"美"的创造的重要性。许渊冲的文学翻译具有的"美"的突出个性和他对美的创造,是许渊冲整个翻译活动的自觉追求,也是许渊冲人生的积极追求,两者合而为一,互为成就。

4 结 语

考察许渊冲的中国文学经典法译实践历程,我们可以发现其翻译还具有一些值得关注的特征,如许渊冲的翻译活动,从翻译观念到翻译动机,再到翻译策略和方法,都具有深刻的一致性。同时,我们也注意到,许渊冲的中译外活动,也引起不同的观点,尤其是其"翻译是两种文化的竞赛"的观点,具体落实到许渊冲两种不同路径的翻译,有不少值得思考的问题。如外译中,我们可以按照许渊冲的观点,发挥汉语优势,超越原文。那么,如果是中译外,比如许渊冲所从事的中国古诗词法译和英译,是否要发挥法语和英语优势,超越原文呢? 这些问题,需要学界加以进一步的关注。

参考文献

［1］刘云虹,2023. 中国文学外译批评研究［M］. 南京:南京大学出版社.

［2］毛泽东,1978. 毛主席诗词四十二首［M］. 许渊冲,译. 洛阳:中国人民解放军洛阳外国语学院.

［3］秦兆阳,1954. 农村散记［M］. 北京:人民文学出版社.

［4］许多,许钧,2015. 中华文化奠基的对外译介与传播——关于《大中华文库》的评价与思考［J］. 外语教学理论与实践,(3):13-17.

［5］许渊冲,1978. 代序［A］. 毛泽东,1978. 毛主席诗词四十二首［M］. 许渊冲,译. 洛阳:中国人民解放军洛阳外国语学院.

［6］许渊冲,1996. 追忆逝水年华［M］. 北京:商务印书馆.

［7］许渊冲,1998. 文学翻译谈［M］. 台北:书林出版有限公司.

［8］许渊冲选译,1999. 中国古诗词三百首(汉法对照)［M］. 照君,注音. 北京:北京大学出版社.

［9］许渊冲,2014. 唐诗选［M］. 北京:五洲传播出版社.

［10］许渊冲,2015. 西风落叶［M］. 北京:外语教学与研究出版社.

［11］许渊冲,2016. 有中国特色的文学翻译理论［J］. 中国翻译,(5):93-99.

［12］许渊冲,2017. 翻译的艺术［M］. 北京:五洲传播出版社.

［13］许渊冲,2019. 宋词选［M］. 北京:五洲传播出版社.

［14］杨牧之,2014. 总序［A］. (唐)李白等著. 唐诗选:汉法对照［M］. 许渊冲,译. 北京:五洲传播出版社.

（责任编辑　骜龙）

晚清西方经济学东渐的日语路径：
场域、行动者网络与翻译策略*

西安外国语大学　刘晓峰　刘禹彤**

摘　要:19世纪末20世纪初,晚清掀起了汉译日书的高潮,其中以经济学著作的译介最为鲜明。日本近代经济学思想源于西方,经由日语经济学著作引入西方经济学思想是清末西学翻译的重要表征。文章以日本经济学著作汉译活动为研究对象,运用社会翻译学的基本理论,从宏观、中观、微观三个层面探析社会语境与文本间的互构关系。首先,本文宏观考察日本经济学著作翻译活动中译者、赞助人以及目标读者三大场域的生成与运行逻辑;其次是以问题化、引起兴趣、招募、动员四个阶段为逻辑脉络,追溯晚清译者、清政府、原著等各类行动者的社会轨迹;最后,文章从微观层面探讨上述场域生成与运行、行动者的社会轨迹对译文生成与呈现的影响,具体表现为译者所选用的翻译策略。文章旨在推动晚清西方经济学思想东渐的日语路径研究。

关键词:西方经济学东渐;日语路径;场域理论;行动者网络;翻译策略

Title: On Translation of Western Economics into China through Japanese in the Late Qing Dynasty from the Perspectives of Field Theory, Actor Network Theory and Translation Strategy

---

* 本文系国家社会科学基金重大项目"中国翻译理论发展史研究"(20&ZD312)、陕西省哲学社会科学规划课题"基于语料库的晚清政治经济学译著对比和经济学翻译史重写研究"(2020K003)、全国科技名词委课题"基于语料库的晚清政治经济学术语译介研究"(YB20200010)、西安外国语大学校级重点课题"近代经济学翻译传播与中国现代性:社会翻译学视角"(22XWF02)、西安外国语大学2023年研究生课程思政示范课程培育项目(23KCSZ010)以及西安外国语大学2024年研究生科研基金项目"晚清西方经济学东渐的日语路径:场域、行动者网络与翻译策略"(2024ZC006)阶段性成果。

** **作者简介:**刘晓峰,博士,西安外国语大学外国语言文学研究中心副教授。研究方向为翻译理论与翻译教学、英语语言文化、翻译史、无本译写研究。联系方式:liuxiaofeng@xisu.edu.cn。刘禹彤,西安外国语大学英文学院硕士研究生。研究方向为翻译理论与实践。联系方式:lyt438023387@163.com。

Abstract: In the late 19th and early 20th centuries, in the complex international situation, the late Qing Dynasty witnessed a peak in the translation of Japanese books into Chinese, with economic works being the most prominent. The origin of Japanese economic thought can be traced back to the West, and the translation of Japanese economic works in the late Qing Dynasty served as a pathway for the diffusion of Western economics in China. This article focuses on the translation activities of Japanese economic works into Chinese and adopts a theoretical perspective from the field of socio-translation studies to explore the interplay between the social context and the text at macro, meso, and micro levels. Firstly, this article examines the generation and operation logic of the translator field, patron field, and target reader field in the translation activities of Japanese economic works at the macro level. Then based on the logical sequence of problematization, interessment, enrolment, and mobilization, it traces the social trajectories of various actors, including translators, the Qing government, and the original authors. Lastly, the paper explores the influence of the generation and operation of the aforementioned fields and the social trajectories of actants on the production and presentation of translated texts at the micro level, specifically the translation strategies employed by translators. It aims to enrich the research on the diffusion of Western economic thought through Japanese in the late Qing Dynasty.

Keywords: Diffusion of Western economic thought in China; Japanese; field theory; actor-network network theory; translation strategy

1 引 言

"'西学东渐'是欧风美雨狂潮下我国近代社会的文化发展主线"(何娟、余炫朴，2022:139)，翻译也成为这一时期救国的一种"武器"。在这一时期的翻译活动中，译介材料的选择不断发生改变，从舆地学到自然科学，又到社会科学类论著，社会环境的影响显著。此外，底本来源也有所改变。甲午战败后，维新人士看到了日本维新自救经验的可鉴之处，于19世纪末20世纪初掀起了翻译日书的狂潮。其中，经济学类书籍的译介较为鲜明，为启蒙国人的思想做出了巨大贡献。日本近代经济学思想源于西方，甲午战后对日本经济学论著的译入是晚清西方经济学东渐的重要路径。

晚清翻译是我国翻译史的重要部分,相关研究对推动我国翻译史重写具有重要意义。国内对于清末翻译活动的研究虽然关注度高,但大多集中在文学翻译方面。例如,廖雨龙(2021)、陈爱阳(2011)、汪帅东(2017)。此外,也有一些研究涉及日本社会科学著作的翻译活动,如,胡照青(2007)、董说平(2004)等。国内学术界对日本文学、部分社会科学和日语路径的西方文学研究较为关注,但是对后世有着重要影响的经由日语转译的西方经济学著作的研究阙如。我们认为,晚清日语路径的西方经济学的转译彰显了独特的社会性特点,亟待开展,毕竟,"翻译不是简单的文字转换工作,而是受历史、文化、社会等多种因素制约的复杂活动"(刘云虹,2012:48)。缘此,本文基于布迪厄(Bourdieu)、拉图尔(Latour)等人提出的社会学理论,试图真实再现晚清经由日语发生的西方经济学著作翻译活动,推动翻译史研究。

2 场域理论视角下的晚清日本经济学著作翻译活动管窥

布迪厄的场域概念多用于分析复杂的社会,布迪厄与华康得(Wacquant)将其定义为位置间客观关系的网络或构型,认为高度分化的社会是由多个相互独立的小世界组成,而这些小世界正是场域(Bourdieu & Wacquant,1992:97)。整个社会又可以分为文化场域,教育场域,经济场域以及政治场域等。这些场域间相对独立,但彼此也会相互影响(同上:97-100)。翻译场域作为其中的一部分也同样会受到来自其他场域的影响。例如,晚清时期,清政府位于权力场域的中心,主导着这一时期的翻译场域。林则徐组织《四洲志》翻译活动时,就是"该场域的主导者,直接决定着翻译活动的原语材料及内容的选择、翻译策略的制定、译文编辑与润色、发刊出版等一系列活动"。(刘晓峰、张发亮,2020:100)而鸦片战争战败后,清朝最高统治者为了平息侵略者对林则徐禁烟的怒火,罢黜林则徐,林则徐班子的翻译活动也就此停止。晚清最高权力场域的主导者直接决定了林则徐组织的翻译活动的离场。场域理论中还有两个关键概念,分别为惯习与资本。在场域中,参与者的惯习是兼具"被结构化"与"结构化"双重意义的一种"性情倾向"(Bourdieu & Wacquant,1992:121)。一方面,参与者自身努力并结合外部环境影响形成惯习;另一方面,参与者惯习则又会在实践过程中外在化(同上:121-122)。具体而言,在翻译场域中,译者所接受的教育、职业经历和家庭背景等都会对其自身产生影响,进而在长期实践过程中内化为译者自身的惯习;与此同时,译者所形成的惯习还会对其具体的翻译活动产生影响,影响翻译策略的选择和译本呈现。资本也是一个重要概念。场域中的不同参与者占有不同的位置,而决定其位置的是各个参与者所拥有的资本。具体而言,在翻译场域中,译者所拥有的各类资本,如经济资本,文化资本,象征资本以及社会资本都会对其翻译策略造成影响,译者的翻译策略可以说是译者合理评估自身资本所作的选择。综上所述,在场域理论视角下,晚清翻译场域受到内外多种因素的影响,场域中的日本经济学著作译介活动也因而呈现出与以往不同的特点。本节从译者、赞助人和目标读者三个次场域来再现作为主场域的晚清翻译场域。

2.1 译者场域

翻译日本经济学著作的译者主体是留日学生(史越,2017:39),他们也是译者场域的主体。在晚清的政治场域、教育场域与权力场域中,清政府皆居于主导地位。甲午战败令清政府的官员反复自省。一方面,这一时期影响清政府的主要力量维新派觉得,必须学习日本才能救中国于水火。另一方面,当时日本在战后为了与俄国争夺远东霸权,有意拉拢清政府,希望与晚清中国建立良好关系,并提出了"保全清国论"和"大隈原则",承诺在各方面帮助中国(迟维霞,2006:17-18)。再加上开展留日活动有距离和语言等客观便利,清政府派遣大量学生留日深造。而这些留日学生在当时的政治场域与权力场域中,一方面应场域主导行动者清政府要求学习以回馈国家;另一方面,在当时的教育场域中,这些学生自小便深知中国正于危难存亡之际,在本国接受传统教育或新式学堂的教育中,早已不自觉地形成为中华之崛起而读书的惯习,开启留日救亡生涯,甚至有些人因官费留日名额有限,选择自费出国学习(邵宝,2013:28)。这些留日学生利用学习之余成立许多翻译团体,翻译大量日文书籍,成为这一时期翻译日文著作的主体。于是,该译者场域之中,译者的翻译目的有了政治和爱国的色彩。

当时的教育场域中,新兴资产阶级洋务派与维新派皆开办了许多新式学堂,这些学堂与以往有着根本的不同,学生在学堂中学习的不再是八股文而是西学,学堂以培养外语人才、军事人才以及其他专门人才或者综合型人才为目标,这些目标很大程度上服务于保家卫国。这种教育场域影响下的译者便"为中华之崛起而读书",无形中救亡图存的目的融入了译者的惯习。在这种惯习影响下,引入国外的先进知识与经验,启民智,为改革者提供借鉴等翻译动机,成为外语习得者的翻译目的。又由于甲午中日战争失败,许多人开始注意到日本的崛起之路:曾与中国处境伯仲,却可以通过明治维新实现自救,且发展愈加强大。由此引起了社会普遍反思,日本的相关经验得到了重视,很多习得日语的人便以救亡图存、为晚清中国传入新思想为目的,开始大量翻译日本著作。

晚清日本经济学著作翻译场域中,留日学生作为译者场域的主体也为这一时期的日本经济学翻译底本来源带来了新的特点。由于他们皆为访日学习深造的学生,听课是其获取知识的重要途径,因此,他们除了翻译一般日本学者所作的经济学著作外,还有一些人选择编译日本教师的授课内容。例如:《日本明治维新小史》由清国留学会馆出版,是萧鸿钧根据野村浩一的授课内容又自行添加了一些其他书的内容编译而成。彼时清政府内忧外患,列强虎视眈眈,而国内又纷争不断。在此背景下,学生们听了野村先生关于明治维新的讲授,也希望国人"知别国之所以兴起,以鉴于本国之所以衰落"(萧鸿钧,1906:序),所以将先生所讲内容编译成文。此外,译著中还编入了一些萧鸿钧认为有益于兴国的内容。比如,萧鸿钧注意到了律法的特别意义,中国自古以来法律并不公之于众,以致阅法者少之又少,国人对法律不甚了了,就认为各省应当有法律研究会、条约研究会,人们也应当了解法律,因此特地在书中介绍了东亚其他国家的律法。又如湖北官书局出版的《法制学经济学》,由数位湖北师范生将葛冈信虎所讲的内容编译而成,分为法制学与经济学两编,在例言中,他们提及编书原因有二:一是为了将之用作中学教科书,二是想以这些先进思想启迪民智(罗伯勋等,1905:例言)。

2.2 赞助人场域

赞助人占有大量资本,同时也是译者在场域中获取各类资本的重要途径,因而赞助人的状态对译者场域,甚至是整个翻译场域起着重要作用。根据可查资料,在晚清翻译场域中,赞助人与翻译机构密切相关,赞助人绝大多数是通过翻译机构行使赞助行为,林则徐就曾组织梁进德和亚猛等翻译外国书籍。这一时期的翻译机构大多集翻译、出版、发售于一体,大部分情况下,翻译机构雇佣译员进行翻译,然后再寻印刷所印刷发行,翻译机构即为出版社,实际上就是译者翻译的赞助机构。

晚清时期,赞助人场域主要由三类机构组成:其一为清朝官员组织的官方译书机构,如南洋公学译书馆。在该类译书馆中,译者是被雇佣者,接受官银作为薪酬,其全部翻译活动也因此极大地受到译书机构中管事官员意愿的影响。历经几次战败,清朝士大夫再也无法无视外国的强劲,转而萌生出学习国外先进思想与科技之意愿,且在资产阶级维新派学习日本主张的影响之下,选取大量日本书籍要求译者进行翻译,经济学也因其启蒙思想的意义而位列其中。其二为民间自营的出版社,如商务印书馆、广智书局、会文学社等,出版的日本经济学书籍在晚清时期占有较大份额。这类出版社绝大多数都是由维新派成立,作为晚清场域中手握资本的赞助人,他们自甲午战后一直主张学习日本,其雇佣的译者翻译了大量日语书籍。此外,留日学生在晚清场域中受各方影响所形成的爱国主义惯习外化为翻译救国的行动,使得他们有极大意愿传播自己在日本所学知识入中国,因而也加入赞助者的行列,组织其他留日学生一起翻译日语著作。其三为由传教士组织、主持的译书机构,如广学会等。传教士希望广传西学,因其作为赞助人在晚清场域中的影响力,其合作的译者也大量翻译西书,以及部分日文书籍。(史越,2017:34-39)

2.3 目标读者场域

在晚清权力场域中,清政府占有中心地位,对其他场域有着绝对的影响力。翻译场域之中,译者是重要的参与者,其翻译动机是改变国家现状,由于清政府处于权力场域的中心，他们便寄希望于清政府，也就是说，翻译场域之中的主要行动者的动机直接决定了作为次场域的目标读者场域本身。这一时期出版的日本经济学译著很大程度上是想劝诚朝中官员或未来会在权力场域中占有重要地位的参与者，即知识分子，他们构成目标读者场域的一部分。例如：1909年出版于财政调查社的《比较财政学》的译序中，译者就提到希望朝中官员可以学习日本经验，关注财政的作用，并改革相关政策（小林丑三郎，1909：序）。又如1903年出版于上海会文学社的《商工地理学》中，译者在译序中也点明，希望政府可以看到工商业的重要性，望其兴盛工商业（永井惟直，1903：序）。可见，译者十分希望能以译本改变当时的政府。

同时，还有许多译者编译了课堂上的内容作教科书，如《法制学经济学》等，这将学生也纳入到了目标读者场域中。而且，各个译书机构还举办赠书活动，如广学会，每年都会在考场外向考生发放出版的译著，同时也向朝中任职的官员发放。可见，目标读者场域之中主要是当时的知识分子与官员，这些人对改变现状有较大的影响力。

3　晚清日本经济学著作翻译的行动者网络探析

劳（Law，2008：141）指出"行动者网络理论是一种独特的物质符号工具与分析方法，将社会和自然世界中的一切都视为它们所处的关系网络中不断生成的因素，用途独特。该理论认为，在这些关系之外，没有任何事物具有实质性的存在或形式"。也就是说，行动者网络理论中，社会和自然社会中的所有事物都处在一种关系网络之中，"没有什么能在这些关系互动之外存在"（张莹，2019：27）。该理论最重要的特点为：所谓的行动者既可以是人，也可以非人（Latour，2005：46）。这就打破了以往理论对行动者的定义，将非人也纳入"行动者"之列。此外，该理论中还有一个关键的概念为"转译（translation）"。各行动者间的利益与需求并不相同，这就需要一个过程来让不同的行动者进行协商和调解各自不同的利益，相互联结，从而共同在网络中实现最终目的。这里的"转译"即是指"界定行动者身份、促使行动者间产生可追踪的联系并推动网络运行的过程"（邢杰等，2019：31）。根据卡隆（Callon，1984：196），这个过程可以细分为四个阶段：问题化（problematisation）、引起兴趣（interessement）、征召（enrolment）和动员（mobilisation）。晚清日本经济学著作翻译活动中，各个翻译团体所组织起来的行动者网络最为典型，本节试图通过行动者网络构建的四个阶段来再现这一行动者网络的整个建立过程。

3.1　问题化阶段

问题化阶段是指界定行动者的身份和遇到的困难，并为他们提供解决办法，使自己成为必经点(obligatory passage point)(同上)。在这一阶段,初始行动者明确其他行动者的身份,并了解他们的需求。晚清时期,中国屡次战败,被迫签订多种不平等条约,被迫打开国门,睁眼看到了世界,于是出现了洋务派、维新派等,希望能向西方学习,"师夷长技以制夷"。上文提到,甲午战后,这一学习的方向有所变化,维新派开始重视日本的经验,再加上日本对清政策的改变,清政府向日本派出了大量留学生。而这些留学生在当时的场域中,心怀报国之志,翻译救国是他们报国的路径之一,而翻译日本各类著作入中国的意愿也成为了问题化阶段的开始,他们便充当这个行动者网络中的"触发型行动者"或"始源性行动者"(张保国、周鹤,2023:64-70)。其中的部分留学生自发联合起来,组建翻译团体,开始引进一系列日本著作,同时也成了这个网络中的"组织型行动者"(同上)。他们联络了众多其他行动者,试图将他们也纳入到该网络中,促进该网络的组建与完善,还作为负责人,监管着行动者网络中的一系列行动。

其一,留日学生在组建翻译团体后,呼吁更多的留日学生加入到翻译救国的行动中来,号召这些留学生成为翻译团体中的译者,成为翻译活动中展开"具体行动的实操性行动者",也即"实践型行动者"(同上)。

其二,留日学生很大程度上控制着翻译材料的选择,这与以往有很大不同。据统计,洋务运动期间,自然科学与应用科学类的译著占比70%以上(邵宝,2013:95);而1896至1911年间,中国译日本书籍中自然科学和应用科学类合计约172本,而社会科学类译书则多达约366本(谭汝谦、实藤惠秀,1980,序:46-47)。受维新派思想的影响,社会科学类书籍成为译书主流,其中能为中国带来许多有益经验的经济学类书籍,满足了这些留日学生翻译救亡的目的,因而成为他们翻译的重点。留日学生选择将这些经济学原作纳入行动者网络中,使之成为其中的行动者。除了实体书籍,留日学生在学习期间获取知识的重要来源是听课,就有部分译者希望引入的行动者是日本教授在课上所讲述的知识。

其三,留日学生将翻译作为救国的武器,就是想通过翻译来唤醒部分特定群体,也就是他们组织翻译作品的目标读者。如前文所述,这批预设读者主要就是清政府的官员。清政府处于权力的中心,在这些留学生看来,只有通过他们,才能改变中国现状。广大学生也是他们的预设读者,因为这些学生即为国家的未来。此外,他们还试图将译著中的内容向大众普及,因为这样有利于政策的推行。这三类人群成为他们的目标受众,他们努力通过满足这些目标群体的需求,将这些人引入到行动者网络中。

3.2 引起兴趣阶段和征召阶段

引起兴趣阶段是指利用各种方式将行动者安排到他们理应充当的角色中(Callon,1984:196),换句话说,就是采用各种方式,通过满足上一阶段所框定的其他行动者的需要,让他们心甘情愿地成为网络中的一部分并发挥作用。而征召阶段是指利用一系列策略明确这些行动者在网络中的角色并使之互相联系起来(同上),"已进一步确立联系的行动者将会被成功征召进行动者网络中"(邢杰等,2019:31)。在这两个阶段中,网络中的组织行动者采用各项技巧与策略引起其他行动者的兴趣,满足其利益需要,进而将他们正式纳入网络中。

其一,一方面,留学生在当时场域下,受到救国热潮的影响,也纷纷想着救国,而响应组织型行动者的号召,加入翻译救国,正好可以满足其救国之志;另一方面,在日本留学开销并不小,而翻译机构提供的经济报酬也吸引着这些留学生。由此,许多留日学生加入了这个行动者网络,成为其中的实践型行动者。

其二,译者在翻译过程中皆极力尊重原作内容和原作者,力图完整地传达原意。如《比较财政学》的译者在例言中所言,"译科学书与译他种议论书异,直译既嫌不达,意译复损失真。本书斟酌二者之间,务使意则明了,语不支离,不敢有增损致失原意"(小林丑三郎,1909:例言)(见图1)。译者译书很重要的目的就是将原文中的先进知识引入中国,因而原著的内容得到了很好的尊重,原著也成为网络中一个重要的行动者。

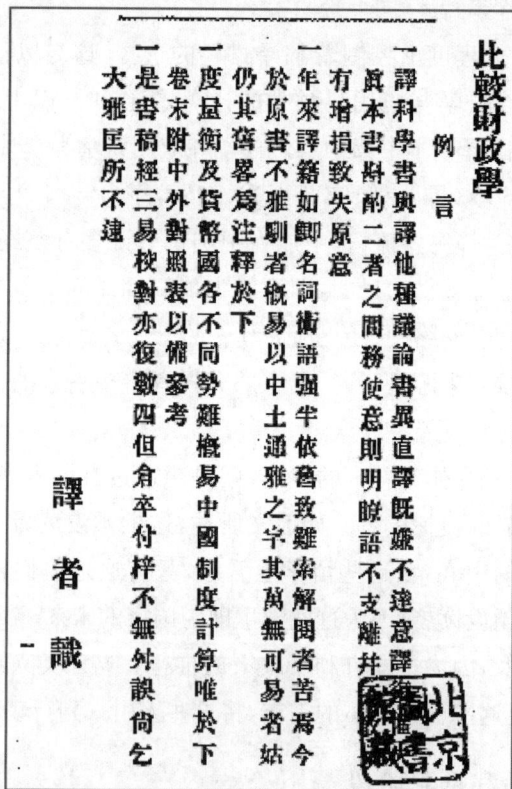

图 1 《比较财政学》译者例言

其三,就目标读者而言,出版社皆付出了很大努力来做宣传活动,以吸引更多的读者。例如:财政调查社出版于 1909 年的《比较财政学》就请张元节题写书名,此外,还请徐尔音、吴冠英为这本书作序。这三人在当时都颇具影响力。又如《日本明治维新小史》也请了杨枢与夏同龢题签,前者是当时的驻日公史,后者是广东高等法政学堂的监督,扩大了本书的影响力。另外一种宣传方式是在其他出版书籍的后页附上对此类译著的简单介绍,作为广告,如图 2 的《欧洲货币史》和《经济政策》。这些宣传活动都有效地吸引了潜在读者。除了一般的宣传方式之外,为了向更多人普及新知,译文中所使用的语言也与以往有些许不同,比起以往晦涩的文言,译文中的语言更加通俗易懂,开始向白话过渡。

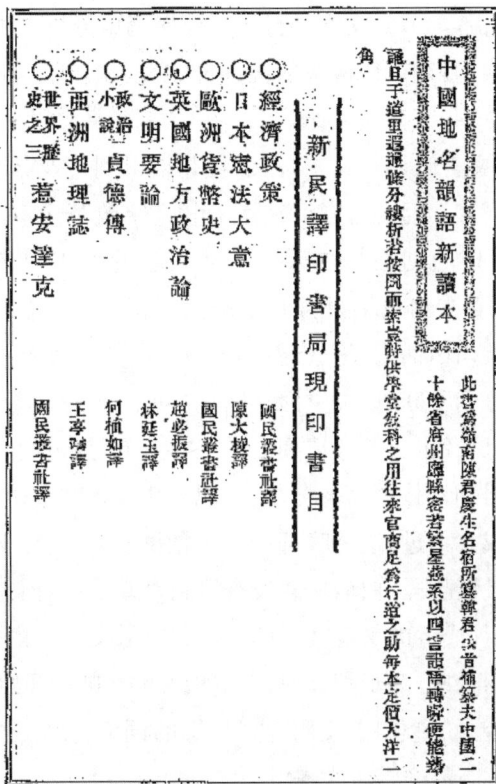

图 2 《法国奇女惹安达克》尾页的广告位

3.3 动员阶段

动员阶段是指"所有被征召的行动者组成联盟并由其代言人将他们动员起来,从而实现最终目标"(邢杰等,2019:31)。在这一阶段,翻译救国的需要、译者、目标读者、原作等行动者都被引入到该行动者网络中,组织翻译团体以及翻译活动的那一部分留日学生,作为组织型行动者,成为其他行动者的代言人,代表其他行动者,组织、监管并影响着整个翻译活动。他们成功"转译(translation)"了其他行动者的利益诉求:留日学生受到鼓舞想要翻译救国,且受经济报酬的吸引;原著以及原作者希望扩大自身的影响力;读者有阅读的需求且受其宣传活动的吸引等等。由于"转译"过程的成功,至此,该行动者网络成功建立。

4 晚清日本经济学译著文本翻译策略分析

上文从场域理论视角和行动者网络理论视角分别对晚清的日本经济学著作翻译活动进行了宏观、中观分析,本节对文本进行微观翻译策略分析。根据前文,甲午战后,翻译活动受到了各种因素的影响,使最终的翻译文本颇具特色。通过对这些经济学译著语言以及内容的分析,这些策略大致如下:

第一,使用浅近的文言语词。清末,白话文并未得到普及,绝大多数作者写作和译者翻译都普遍采用文言文。但此时白话文运动和文字改革运动逐渐兴起,译文语言还是有些许改变。"白话报的创办是白话文运动兴起的标志"(陈大康,2023:5),早在1897年,中国就出现了第一份白话报,即《平湖白话报》。在这之后,又出现了《演义白话报》《无锡白话报》《杭州白话报》等(同上:5-7)。虽然清政府依旧维护文言的正统地位,并试图通过"勒令停刊"抑制这种白话文运动(同上:7-9),但是白话文的兴起实难终止。在这场运动中,译者也逐渐意识到白话文的力量,甚至成为推动白话文传播的重要力量。根据对这一时期译作语言的分析,可以发现,20世纪初开始,越来越多的翻译作品由白话文翻译而成。不过,这一时期绝大多数的日译汉经济学译著则依旧使用文言。此时正处于文白过渡阶段,白话文并没有得到普遍推广,但这一阶段所用的文言与以往有很大不同,是一种浅近的文言文。译者受到白话文推广的影响,同时也有向更广泛读者群体传播思想的希冀,对于翻译时使用的语言的观点开始转变,与其使用复杂、晦涩、难懂的词语,译者更加倾向于使用通俗易懂的词汇,使得这一时期译著中的文言更加浅近、通俗,易读性与易懂性大大提升。

第二,"作为一种具身认知的活动,翻译是由主体的心智活动与具身行为塑造的"(罗迪江,2023:73),晚清日本经济学著作的译介活动显现鲜明的译者主体性。部分译著中,译者有时会对底本的内容进行增加或删减。译者常常会添加一些自己认为是必要的信息,以丰富译著,方便读者理解。例如,译自小林丑三郎的『比較財政学』的《比较财政学》中,译者除了尽可能地在目标语中再现原文完整的信息外,还附录了"中外度量衡及货币对照表";例言中亦交代:因为各国货币与度量衡不同,难以全部用中国单位计算,所以为了方便读者理解,译者额外附上各国单位与中国单位的换算表以供参考(小林丑三郎,1909:例言)。又如1906年广智书局出版的《中国商务志》,该译著译自织田一的『支那貿易』,译者特别在书末增添了副文本"支那外交年表",认为自清开国,一直与外国交流,而这些外交事件是国人所必须了解之事,因此将重要事件总结成表,附于书末(织田一,1906:附录)。此外,译者有时也会对底本内容进行删减。例如,上文提到的《中国商务志》底本原序被删除,由于译者无另序说明,我们无法直接得知删减缘由(同上)。但是可以根据已有的材料作如下推测:原作者织田一在原序中写道,清国的经济问题实际上是日本工商业发展的问题,若日本能利用好清国的资源,在清国发展工商业,其在世界范围内成为强有力的竞争者都是可能的;织田一在清国考察了三个月,并将所见所闻结合英国、德国的书籍中的相关内容写成此书,希望可以引起(日本)公众的注意(織田一,1899:1-3)。可见,虽然原书中的正文内容主要是关于中国各个地区国内外贸易的基本情况,但原序是在讲针对日本民众的写作意图。据上文的分析可推测,译者翻译的目的在于向晚清国人传递书中本国的贸易信息,对于其他无关的副文本信息便予以删减。罗普通过信夫淳平的『欧洲貨幣史』(译自 Shaw William Arthur 所著 *The History of Currency,1252 to 1894*)转译而成的《欧洲货币史》也是一例,该书分为上下两卷,上卷包括日本译者信夫淳平所作的译序以及一、二章正文,下卷则仅包括第三章正文的内容。在中文译本中,上海新民译书局或者译者将"東京專門學校出版部"在日译著中所作的前言、英底本的原序、原作者写给日译者的信、"例言五则"的内容直接删减,仅仅保留了日译者所作的译序以及正文内容。由于中国译者并没有写序,我们无法直接了解删减缘由。但据推测,译者是出于与《中国商务志》类似的原因做出删减。

第三,在词汇翻译方面,日语与中文都采用汉字词,这为两种语言的互译提供了极大的便利。译者在翻译时,通常保留日语底本中的汉字词,例如:

> 例1:夫れ満州の地たる、<u>露國</u>が兵力を費し、財力を盡くし、以て自家立脚の地となさんが爲めに経営せる所たり、(松本敬之,1904:180)
> 译文:夫满洲之地。<u>露国</u>费许多兵力。尽许多财力。百计经营。始得为自家立脚地。(松本敬之,1907:129)

该句来自松本敬之的『富の満洲』。原文中的"露國"是日本对俄国的称呼,马为珑的译文则保留了这个汉字词,并没有将之译为俄国。

> 例2:第十八世紀の末葉、銀の産出額は頗る<u>沈定不動</u>の状況を呈し、(ダブリュー・エー・ショー,1902:189)
> 译文:第十八世纪之末叶。银产出额。颇有<u>沈定不动</u>之状况。(达布留耶西容,1902:1)

该句来自信夫淳平的『欧洲貨幣史』。原句中的"沈定不动"是指停滞不前的状态,整句是在讲该时期的银产出额的停滞,译者直接保留日语书中的汉字词。

第四,在长句翻译方面,多数译作选择的都是直译与意译中和的策略,注重完整、准确地传达原文信息,但同时也重视表达的流畅,采用各种技巧保证译文的可读性。如《比较财政学》的译者在例言中所言,"译科学书与译他种议论书异,直译既嫌不达,意译复损失真。本书斟酌二者之间,务使意则明了,语不支离,不敢有增损致失原意"(小林丑三郎,1909:例言)。通过对该类日译汉著作与其原文进行对比发现,译者采用的翻译技巧主要有两种:倒译与简译。

其一,倒译是日译汉翻译中最常见的翻译技巧。由于日汉语言在语法、习惯等方面存在差异,译者在翻译时经常需要采用倒译的翻译方法。例如:日语的动词常常置于宾语之后,而中文的宾语则普遍位于谓语动词之后,为使行文通顺,符合汉语表达,译者在翻译时就不得不调整语序。具体实例如下:

例3:要するに我國の用語に於ても財政は國家及び公共團體の事に限るを以て穩當なりとせざるを得ず(小林丑三郎,1905:7)

译文:要之虽日本通常用语中、财政一语、亦以限于国家及公共团体之事者为当也(小林丑三郎,1909:5)

分析:该句出自小林丑三郎的『比較財政学』。原文中的"限る"为谓语动词,"國家及び公共團體の事"为宾语,可见,原句中的谓语动词位于宾语之后,而如果直接顺译的话,并不符合中文的语法,因此,需要采用倒译,调换语序。

其二,简译。此种翻译技巧是指对原文某些词句进行省略或提炼,从而使得译文简洁明了。具体实例如下:

例4:然るに我が満州貿易の現状を察するに、綿糸と云ひ、綿布と云ひ、固より其の輸入大ならざるに非らず(松本敬之,1904:181)

译文:兹察满洲贸易之现状。棉线棉布。固大宗也。(松本敬之,1907:129)

该句来自松本敬之的『富の満洲』。原句中"綿糸と云ひ、綿布と云ひ"如若照日文直译,则为"所谓的棉线和所谓的棉布",十分繁复,因此译者采用简译,将原文中的动词直接省略,使译文简洁流畅。

5 结 语

翻译是一种社会性活动,对翻译的研究永远无法脱离其社会语境。本文分别从三个不同的视角,全面审视了晚清时期的日本经济学著作的译介活动。首先,在场域理论视角下,次场域与主场域互相影响,一方面,留日学生作为译者场域的主体为晚清翻译场域的译书来源带来了新的特点,许多留学生选择将课堂授课的内容编译成书;另一方面,晚清翻译场域之中的主要行动者的动机直接决定了作为次场域的目标读者场域本身,译者翻译救国的动机决定了处于权力场域中心的清政府必然位于目标读者场域之中。其次,行动者网络构建的四个阶段理论可真实再现晚清留日学生翻译团体的译介活动:发起组建翻译团体进行翻译活动的组织型行动者组织监管并影响着整个翻译活动,并通过成功"转译"其他行动者的利益诉求建立行动者网络,译介了一批颇有影响力的经济学著作。最后,在微观层面上进行文本对比分析是翻译研究的重要方法,从中可以发现许多时代因素在微观翻译策略上留下的印记。研究发现,经济学译著语言多采用浅近文言,与严复及更早时期的译文中的文言有了极大不同,易懂性与易读性大大提升,潜在地扩大了读者群体。再者,译本还有一大特色:基于启蒙国人思想的翻译动机,译者(或出版社)在翻译时常常会对原文或增或减,增添一些自己认为有益的内容,删减掉与翻译目的无关的部分,这种彰显主体性的翻译策略有着鲜明的时代特征。

参考文献

[1] Bourdieu, P. & L. J. D. Wacquant. 1992. *An Invitation to Reflexive Sociology* [M]. Chicago: The University of Chicago Press.

[2] Callon, M. 1984. Some elements of a sociology of translation: domestication of the scallops and the fishermen of St Brieuc Bay [J]. *The Sociological Review,* 32(1_suppl), 196 – 233.

[3] Latour, B. 2005. *Reassembling the Social: An Introduction to Actor-Network-Theory* [M]. Oxford: Oup Oxford.

[4] Law, J. 2008. Actor network theory and material semiotics [J]. *The New Blackwell Companion to Social Theory,* 141 – 158.

[5] 織田一,1899. 支那貿易[M]. 東京:東京専門学校出版部.

[6] 小林丑三郎,1905. 比較財政学:上[M]. 東京:同文館.

[7] ダブリュー・エー・ショー,1902. 欧洲貨幣史[M].信夫淳平,訳. 東京:東京専門学校出版部.

[8] 松本敬之,1904. 富の満洲[M]. 名古屋:言文社.

[9] 陈爱阳,2011. 晚清翻译通俗小说中的科学话语——押川春浪『塔中の怪』翻译的文本分析[J]. 日语学习与研究,(06):111 – 119.

[10] 陈大康,2023. 长三角地区与晚清白话运动的兴起[J]. 长江学术,(02):5 – 17.

[11] 迟维霞,2006. 论晚清政府教育变革中的人才培养模式[D]. 吉林大学.

[12] 达布留耶西容,1902. 欧洲货币史:下卷[M]. 罗普,译. 上海:新民译书局.

[13] 董说平,2004. 晚清时期日文史书在中国的翻译与传播[D]. 北京师范大学.

[14] 何娟,余炫朴,2022. 晚清西学东渐的译写选择及逻辑转向解读研究[J]. 江西师范大学学报(哲

学社会科学版),55(04):138-144.

[15] 胡照青,2007. 晚清社会变迁中的法学翻译及其影响[D]. 华东政法大学.

[16] 廖雨龙,2021. 文化学派视角下的晚清日本翻译文学的争论与变化(1895-1911)[D]. 广西师范大学.

[17] 刘晓峰,张发亮,2020. 社会翻译学视角下《四洲志》的译介研究[J]. 外国语文研究,6(04):97-107.

[18] 刘云虹,2012. 选择、适应、影响——译者主体性与翻译批评[J]. 外语教学理论与实践,(04):48-54.

[19] 罗伯勋等,1905. 法制学经济学:上卷[M]. 武昌:湖北官书局.

[20] 罗迪江,2023. 身心合一:关于翻译主体性的再思考[J]. 翻译研究,(01):67-79.

[21] 邵宝,2013. 清末留日学生与日本社会[D]. 苏州大学.

[22] 史越,2017. 清末经济译著研究(1900—1911)[D]. 上海社会科学院.

[23] 松本敬之,1907. 富之满洲[M]. 马为珑,译. 上海:普及书局.

[24] 谭汝谦,实藤惠秀,1980. 中国译日本书综合目录[M]. 香港:香港中文大学出版社.

[25] 汪帅东,2017. 悖论与必然:晚清西方文学转译研究[J]. 语言与翻译,(04):57-63.

[26] 萧鸿钧,1906. 日本明治维新小史[M]. 东京:清国留学会馆.

[27] 小林丑三郎,1909. 比较财政学:上卷[M]. 熊钟麟等,译. 东京:财政调查社.

[28] 邢杰,黎壹平,张其帆,2019. 拉图尔行动者网络理论对翻译研究的效用[J]. 中国翻译,40(05):28-36+188.

[29] 永井惟直,1903. 商工地理学[M]. 范迪吉,译. 上海:会文学社.

[30] 张保国,周鹤,2023. 科技翻译生成行动者网络研究——以石声汉的《齐民要术概论》英译本生成为例[J]. 外语教学理论与实践,(04):62-72.

[31] 张莹,2019. 行动者网络理论与中国文化外译——以熊式一英译的 Lady Precious Stream(《王宝川》)为例[J]. 外国语(上海外国语大学学报),42(04):25-34.

[32] 织田一,1906. 中国商务志[M]. 蒋篯方,译. 上海:广智书局.

(责任编辑　汪闻君)

《玩偶之家》在近代中国的译介与传播
——胡、罗合译《娜拉》个案研究[*]

重庆理工大学　吴　萍

杭州师范大学　汪宝荣[**]

摘　要:易卜生的《玩偶之家》(又译《娜拉》《傀儡家庭》等)是近代中国影响最大的社会问题名剧,一定程度上催生了中国现代话剧。其中翻译的作用不言而喻,从英语转译该剧的胡适和罗家伦更有首译之功。目前国内外对胡、罗合译的《娜拉》研究尚有限,且大多关注误译和改写现象,有必要借助新的理论视角加以拓展。本文参照"译介与传播行动者网络"模式,通过文献耙梳和文本细读,分析胡、罗合译《娜拉》项目发起、翻译生产和译作传播的过程和结果,认为三个环节均涉及行动者网络的构建和运作,后者又借助有关行动者资本和职业惯习的介入,由此推动了胡、罗译本的传播,产生了一定的社会反响。

关键词:行动者网络;《玩偶之家》;胡、罗译本;译介与传播

Title: Translation and Dissemination of *A Doll's House* in Modern China: A Case Study of the Hu-Luo Version

Abstract: As the most popular and influential problem play in modern China, Norwegian playwright Ibsen's *A Doll's House* contributed to the genesis of spoken drama in China. However, its first full Chinese version co-translated by Hu Shi and

---

* 本文系重庆市社会科学规划外语专项项目"行动者网络视阈中五四时期易卜生戏剧的汉译研究"(2020WYZX16)、国家社会科学基金项目"中国特色社会翻译学理论建构与实践研究"(22BYY013)的阶段性成果。

** **作者简介:**吴萍,重庆理工大学外国语学院讲师。研究方向为社会翻译学、文学翻译。联系方式:515907877@qq.com。汪宝荣,香港大学哲学博士(翻译学),杭州师范大学外国语学院教授。研究方向为中国文学文化译介与传播、社会翻译学、视听翻译。联系方式:13285815890@163.com。

Luo Jialun is still largely under-researched, with most studies focused on the mistranslations and rewritings that dot Hu-Luo translation. Drawing on the actor-network model for translation and dissemination developed by one of the authors, this paper posits that the processes of project initiation, production and dissemination of Hu-Luo translation hinge on the formation and working of an actor-network, which operates through various forms of capital and the actor's professional habitus. This actor-network contributed to the dissemination of the Hu-Luo version and its repercussions in modern China, though its reception is far from satisfactory.

Keywords: actor-network; *A Doll's House*; Hu-Luo translation; translation and dissemination

1 引 言

挪威戏剧家易卜生(H. Ibsen,1828—1906)被誉为"现代戏剧之父""欧洲先锋作家的代表"(Fulsås & Rem,2017:1)。1879 年发表的三幕剧《玩偶之家》(*A Doll's House*),是其最有名的社会问题剧,"五四"前后以《娜拉》《傀儡家庭》等为剧名被译介到中国,"最受中国戏剧家的推崇"(田本相,1993:136)。国内大概从 1908 年开始译介易卜生剧作(简称"易剧"),至 20 年代蔚为大观。在 1908 年发表的《魔罗诗力说》一文中,鲁迅(1994:27)盛赞易卜生"愤世俗之昏迷,悲真理之匿耀"。1918 年 6 月,《新青年》杂志 4 卷 6 号推出"易卜生号",刊载胡适名篇《易卜生主义》,以及胡适、罗家伦合译的《娜拉》全译本(以下简称"胡、罗译本")和陶履恭翻译的《国民之敌》第一幕等,由此掀起易卜生译介热潮。同年 10 月,商务印书馆出版陈嘏编译的《傀儡家庭》。1921 年,潘家洵译、胡适校的《易卜生集》第一册由商务印书馆出版,收录《娜拉》《群鬼》《国民公敌》3 个剧本。截至 1929 年,包括 4 部社会问题剧在内的 10 余部易卜生戏剧被译介到中国,"对当时的反封建意识、创立新文学和新文化产生过巨大而深远的影响"(赵文静,2006:3),"中国现代话剧的诞生就是紧接着易卜生及其作品的译介而发生的"(王宁,2009:53)。

"五四"前后 4 年内,*A Doll's House* 就有了 3 个中译本,可见当时热度。这 3 个译本质量、特点各异,但均转译自苏格兰剧评家阿彻(W. Archer)的英译本(Xia,2021:238)。潘家洵被誉为易剧"权威译者"(Tam,1984:135),其译文"几乎是完美的"(王宁,

2009:53),曾多次再版并被搬上舞台,可惜目前专门研究很少。国内外对有瑕疵的胡、罗译本的研究也不多:赵文静(2006:315 - 323,338 - 341)认为胡适翻译的《娜拉》倾向于归化和文内注释;石晓岩(2011)探讨了胡、罗译本中的"创造性误读",认为这折射出当时的社会意识形态和译者的文学观念对译本的操纵;邓倩(2018)着重分析了娜拉的形象经译介后发生的变化;刘倩(2021)认为,胡、罗译本中的误译和改写对《娜拉》在中国的接受产生了重要影响:忽视原作的艺术性,强化其思想性即呼吁社会改革和宣扬女权主义;韩国学者李继勇(音译)从意识形态视角讨论胡适译《娜拉》与新文化运动的关联(Lee, 2020)。

目前胡、罗译本研究不足,且大多关注误译和改写现象,有必要从新的理论视角拓展已有研究。本文基于布迪厄和拉图尔的社会学理论,参照汪宝荣(2020,2022)提出的"译介与传播行动者网络"模式,通过文献资料挖掘、耙梳和文本分析,考察胡、罗合译《娜拉》项目发起、翻译生产和译作传播的过程和结果,重估其翻译史价值。

2 译介与传播行动者网络模式

目前广泛应用于翻译研究的社会学理论,一是布迪厄(P. Bourdieu)的场域理论,二是拉图尔(B. Latour)的行动者网络理论。可否将两者整合运用于翻译研究呢?对此,加拿大学者比泽兰率先做了探讨。她指出,一般认为场域理论和行动者网络理论"从根本上是对立的",其实两者是翻译研究中"意外的盟友":后者能弥补前者之不足,尤长于分析人类行动者和非人类行动者(如文本、影视作品、技术、观念等)联结而成的网络的运作机制及翻译生产过程(Buzelin,2005:193 - 195)。

汪宝荣受到比泽兰的启发,认为仅用行动者网络理论不足以有效分析译介与传播过程,因为该理论没有阐明行动者网络的建构机制,对翻译实践的发生机制也语焉不详。而场域理论能弥补这种不足,具体体现在:其一,场域、惯习、资本构成相互建构的关系,可把场域理解为由行为者或机构占据、通过资本及资本转化运作的"网络",这有助于阐明行动者网络的建构机制。其二,布迪厄指出,"行为者的个人惯习与其在场域占据的位置即资本相遇时,实践就发生了"(Wacquant,2006:269),这就阐明了作为社会实践的翻译的发生机制(汪宝荣,2022:95 - 105)。这就是说行动者网络中制订的行动方案,要基于行动者的惯习和资本的运作才能实施。汪宝荣据此构建了"译介与传播行动者网络"模式:译者、编辑、出版商等带着其职业惯习和资本参与翻译实践,通过招募有关人类和非人类行动者,构建起一个"译介与传播行动者网络",它先后运作于项目发起、翻译生产(包括翻译、编辑、出版)、译作传播(包括评论推介、营销流通、学术或社会认可等)3个环节,每个环节均依赖特定行动者网络的构建和运作;而这既借助各种资本,也牵涉行动者职业惯习的介入(汪宝荣,2020:34-36)。

以此模式为分析工具,本文试图回答以下问题:《娜拉》译介项目是如何发起的? 其翻译生产过程是怎样的? 对译本有何影响? 胡、罗译本的传播过程和结果如何? 本文对同类个案研究有何启示?

3　合译《娜拉》项目发起行动者网络构建与运作

作为"易卜生主义"的倡导者,《新青年》4卷6号的轮值编辑,胡适无疑是推出"易卜生号"的核心发起人。《新青年》4卷4号的扉页上登载了一则"本社特别启事":"易卜生(H. Ibsen)为欧洲近代第一文豪,其著作久已风行世界,独吾国尚无译本。本社现拟以六月份之《新青年》为'易卜生号',其中材料专以易卜生(Ibsen)为主体。除拟登载易卜生所著名剧《娜拉》(A Doll's House)全本,及《易卜生传》之外,尚拟征集关于易卜生之著作,以为介绍易卜生入中国之纪念。"

该启事表明当时的《新青年》杂志社已启动易卜生译介项目。《新青年》由陈独秀在上海创立,群益书社发行,1915年9月15日创刊,原名《青年杂志》,第2卷起改称《新青年》。陈独秀在《青年杂志》1卷3号发表《现代欧洲文艺史谭》,强调"现代欧洲文坛第一推重者,厥唯剧本,诗与小说,退居第二流",称易卜生系"以剧称名于世界者也"(陈独秀,1915:31)。《新青年》一度停刊,1918年1月15日复刊后,实行"编辑集议制"。可以推断的是,推出"易卜生号"由胡适提议,但一定得到了陈独秀的支持,即后者是被胡适招募的一个重要行动者。1910年,胡适考取第二批"庚款留学生",开始7年留美生涯。他最早接触易卜生的作品,大约在1914年前后。在2月3日的日记中,他谈及易剧《鬼》(Ghosts,即《群鬼》);在7月18日的日记中他又写道:"自伊卜生(Ibsen)以来,欧洲戏剧巨子多重社会剧,又名'问题剧'(Problem Play)以其每剧意在讨论今日社会重要之问题也。"(胡适,2012:186)1914年,胡适用英文写成《易卜生主义》一文。1915年7月,他在写给《甲寅》杂志编者的信中提到:"今吾国剧界正在过渡时期,需世界名著为范本,颇思译 Ibsen 之 Doll's Family 或 An Enemy of the People,惟何时脱稿,尚未可料。"(姜义华,1998:1)1917年1月,胡适在《新青年》上发表《文学改良刍议》,打响文学革命的第一枪,由此声名鹊起。1917年7月,胡适回国,9月受陈独秀邀请到北京大学任教。1918年,加入《新青年》编辑部,完成《易卜生主义》中文稿,刊于"易卜生号"上。

胡适在留美期间读了易卜生的"问题剧",目睹了美国的女权运动,而当时的中国妇女深陷封建伦理的牢笼,对此胡适不可能无动于衷。他把易卜生的社会问题剧当作攻击中国旧文化和旧文学的利器。1919年,他在《答 T. F. C.〈论译戏剧〉》一文中指出:

"足下试看我们那本《易卜生号》便知道,我们注意的易卜生并不是艺术家的易卜生,乃社会改革家的易卜生。"(姜义华,1998:487)胡愈之认为,"五四"时期的中国剧坛渴望一种能描写现实生活、启蒙社会变革的戏剧,易卜生中期作品中的写实主义,契合了当时中国戏剧"为人生"的价值观(愈之,2004:283)。胡适在《易卜生主义》一文中断言:"易卜生的人生观只是一个写实主义。易卜生把家庭社会的实在情形都写了出来,叫人看了动心,叫人看了觉得我们的家庭社会原来是如此黑暗腐败,叫人看了晓得家庭社会真正不得不维新革命——这就是'易卜生主义'。"(胡适,2013:391-392)胡适选择译介《娜拉》,主要将其用作启蒙社会变革和宣扬妇女解放的工具,这与他作为知识精英和思想家的惯习相契合。此外,"由于他自己的家庭遭遇,妇女的社会地位问题可能是胡适尤为敏感的问题。"(格里德,1996:110)这应是胡适译介《娜拉》的秘不可宣的内因。

胡适留美求学的经历,回国后受聘北大教授,在《新青年》发表重要文章,使他积累了不少文化资本和社会资本,助他在"五四"思想和文化场域中占据重要位置。受个人惯习驱动,他提议推出"易卜生"专号,与主张文学革命的陈独秀的惯习相契合,故获得后者支持。概言之,《娜拉》译介项目由胡适发起并招募陈独秀、《新青年》编辑部、易卜生剧作等参与,形成一个行动者网络,并借助于行动者的惯习和资本得以顺利运作。项目发起后,胡适只需招募译者即可——他选了自己的学生罗家伦。

4 胡、罗译本生产行动者网络构建与运作

译作生产过程主要涉及翻译、编辑和出版(汪宝荣,2022:82)。胡适招募罗家伦为《娜拉》的译者,表面上是因为罗是他的弟子,其实涉及惯习和资本的运作。1917—1920年,罗家伦就读于北大英文系,选修过胡适的英文课和哲学课。1918年,他在陈独秀、胡适等人的指导和支持下,与傅斯年、徐彦之等人成立新潮社,出版《新潮》月刊,可见罗是胡的追随者和"同路人"。胡适到北大任教时才26岁,罗家伦20岁,两人只差6岁,亦师亦友。胡适物色翻译《娜拉》的人选,自然先考虑中英文俱佳(文化资本)、积极响应文学革命(个人惯习)、与自己亦师亦友(社会资本)的罗家伦,即罗家伦因其惯习和资本被选中。罗家伦欣然领命,则主要因为胡适的地位身份和声誉即符号资本。

译文前的"编辑者识"称:"《娜拉》三幕,首二幕为罗家伦君所译,略经编辑者修正。第三幕经胡适君重为移译。胡君并允于暑假内再将第一二幕重译,印成单行本,以慰海内读者。"(易卜生,1918:508)笔者据此推断:胡适本来打算让罗家伦翻译全本,自己负责审校译稿。未料罗译质量达不到预期,胡适决定重译第三幕,因刊期临

近,责编只好对罗译略作修正。因缺乏与编辑相关资料,以下着重分析翻译和出版环节。

4.1　翻译环节

据谭国根(Tam,2001:178)考证,胡、罗所用底本是阿彻英译本 1906 年版。为准确、严谨起见,以下文本分析依据该英文版和《新青年》版译文(笔者将竖排繁体字改为横排简体字,其余照实引述)。

翻译环节直接影响译文面貌,尤其在译稿未经审校或审校不严的情况下。我们发现罗家伦所译第一、二幕偏于直译,译文看似中规中矩,但存在以下问题:

其一,文白夹杂,不够口语化。例如,"倘设果是如此"(易卜生,1918:509),"当时你何以嫁把他呢"①(同上,516),"但是我不懂你其意何居"(同上,549),"柯乐克一定能把这信于未读之先索回"(同上,550)。除了"何以""其意何居""未读之先"等文言文表达,罗译还用"令堂""令弟""尊大人""内人"等古雅的汉语称谓,其手法是归化翻译(又如译"miracle"为"玄机")。《新青年》4 卷 1 号开始使用白话文和新式标点,当时罗家伦的白话文写作不够娴熟,导致译文中文白夹杂。

其二,不时出现误译或不准确译文。例如,柯乐克威胁娜拉——"But this I may tell you, that if I'm flung into the gutter a second time, you shall keep me company."(Ibsen,1906:53)罗家伦译为——"我告诉你,如果我再落下沟去②,你不免要陪陪我"(易卜生,1918:530)。"be flung into the gutter a second time"的字面义是"被再次扔进排水沟",暗指娜拉的丈夫海尔茂升任经理后打算辞退柯乐克。罗译不准确,让读者难解其意。

其三,有些译句过长,读来佶屈聱牙,如下例中的划线部分。

> Rank: I don't know whether, in your part of the country, you have people who go grubbing and sniffing around in search of moral rottenness — and then, when they have found a "case," don't rest till they have got their man into some good position, where they keep a watch upon him. (Ibsen, 1906:34)
>
> 南陵医生:我不知贵处是否有一种人,专找他人道德的病——如果他找到一种症候呀,他就一刻不停的要把那个人搬在一处好点的地方时时的监守着。(易卜生,1918:522)

当时罗家伦是大一新生,缺乏翻译经验,英文尚不精熟,对易剧又无研究,以上瑕疵

---

① "把"应为"给"。该用法在罗译中有多处,又如"他留了点东西把你么?",这可能是罗的行文习惯。
② 原版中用繁体字"講",应为"溝",这两个繁体字容易相混,疑为排版之误。

在情理之中。同时可见编辑确实只对罗译"略作修正",怪不得胡适要"重为移译"第三幕了。

胡适所译第三幕倾向于归化翻译,且有多处细微改写,有时辅以文内注释。首先是改写剧名:胡适不将英文剧名直译为《玩偶之家》,而是以女主人公 Nora 之音译"娜拉"作剧名,以彰显妇女解放问题。此外,该剧在德国演出时曾易名《娜拉》(刘大杰,1928:58),可能启发了胡适。其次是对主题词"doll"的归化处理:

Nora: And you've always been so kind to me. But our house has been nothing but a play-room. Here I have been your **doll**-wife, just as at home I used to be papa's **doll**-child. And the children, in their turn, have been my **dolls**. (Ibsen, 1906:144)

娜拉:你并不曾待差了我。但是我们的家庭实在不过是一座戏台。我是你的**"玩意儿**的妻子",正如我在家时,是我爸爸的**"玩意儿**的孩子";我的孩子们又是我的**"玩意儿"**。(易卜生,1918:567)

胡适把"doll"(洋娃娃)译为"玩意儿"(在中国语境下指小摆设、玩具),以降低原文给国内读者的陌生感。又如:

Krogstad: I cannot believe in all this. It is simply a woman's **romantic** craving for self-sacrifice.

Mrs. Linden: Have you ever found me romantic? (Ibsen, 1906:115)

柯乐克:我不相信,这不过是妇人家的**慷慨心**太重了,使你情愿牺牲自己。

林敦夫人:你觉得我是那样的人吗?(易卜生,1918:555)

胡适未将"romantic"音译为"罗曼蒂克"或"浪漫",而是改译为"慷慨心",可能考虑到林敦夫人慷慨帮助娜拉这一背景,也可能考虑到该音译词还不普及。然而,对话中林敦夫人表示愿意与他破镜重圆,柯乐克将信将疑,以为是女人的"浪漫"心理即因同情他而甘愿"自我牺牲"在作怪。因此,笔者认为此处改译不很妥当。

胡译总体上信实可靠,圆通精熟,自然流畅,风格统一,可说是《玩偶之家》成功的首译。可惜罗译朴拙稚嫩,瑕疵颇多,拉低了胡、罗译本的整体水平。以上文本分析还表明,《娜拉》前二幕的译文质量逊色于第三幕,且两者的翻译策略和风格不一致。这主要是胡、罗"合译"的方式和编辑对罗译审校不严造成的。假如当时胡适重译了第一二幕并印成单行本发行,译本的质量和传播效果都会好很多。

图1 《新青年》"易卜生号"及《娜拉》译文首页书影

4.2 出版环节

因计划刊于"易卜生号",胡、罗译本的出版水到渠成。这里有必要考察早期《新青年》出版行动者网络的构建和运作。从1915年9月15日创刊到1920年9月,《新青年》的出版发行由群益书社承担,而陈独秀是出版行动的发起者。陈独秀创办《新青年》时,既无自主经营的经验,又无相应的财力,须寻找一个既有经济实力又热心文化事业的出版机构作为合作方。他的莫逆之交汪孟邹及其创办的上海亚东图书馆就成为首选目标,但当时亚东图书馆有实际困难,于是汪孟邹向陈独秀推荐了群益书社来承担杂志的印刷和出版发行。群益书社1902年由陈子沛、陈子寿创办于长沙,当时有较强的文化影响力。1913年前后,陈独秀因编纂英语教科书和英文读物而结识群益书社的创办人,他们大多有留学日本的背景。"相似的留学日本的背景,转道日本传播西学、翻译编纂教科书以及出版英汉读本等方面,陈独秀和群益书社主持人有着共同的学术旨趣。"(邹振环,2016:95-96)由上可知,陈独秀能成功招募群益书社,使之成为《新青年》杂志前期的出版发行方,既因为双方惯习上的契合,也依赖资本的运作:陈独秀利用其社会资本联结到汪孟邹,汪又利用其社会资本,使陈联结到群益书社,陈、汪的文化资本和社会资本合力,最终把群益书社招进出版行动者网络中。

笔者最近意外发现,上海一心书店曾于1936年刊行《娜拉》单行本,即为胡、罗译本[①]。该书正文116页,横排字体,题为"前奏曲"的编者序称:易卜生名剧《娜拉》几乎

[①] 据王蔚(2018b),罗、胡所译《娜拉》之前未出过单行本,一心书店是"盗印"的,即未购得再版权。

"尽人皆知";"可惜出演的机会很少,单行译本也没见刊行。现经多方设法,搜集到一本胡适之和罗家伦两君合译的三幕剧,内容结构精彩,译笔畅达流利"(佚名,1936:1)。鉴于此前商务印书馆出版了陈嘏所译《傀儡家庭》和潘家洵的《娜拉》,"单行译本未见刊行"一说不合事实,"译笔畅达流利"主要指胡译第三幕,其意显在宣传。这种做法出自一家"以拼凑盗印为主的皮包书店"(王蔚,2018a),是正常的。《新青年》发表胡、罗译本18年后,一心书店"盗印"单行本,突破了杂志不适合长久保存、流通的局限,使更多读者能读到《娜拉》,这无疑是好事。没有人类行动者出面招募,一心书店为何加入出版行动者网络?一方面是市场有需求即书店主办者被经济资本驱动。1935年,《新社会》杂志发表《"三八"谈"娜拉"》一文指出:"近来《娜拉》似乎又在走运起来了。真想不到埋没了十多年,它还要走一段晚运。"(更夫,1935)而《娜拉》积累的符号资本和胡适的地位身份,都能保证这本书有销路。另一方面是幕后主办者顾凤城、顾其城的职业惯习——爱好文艺又惯于盗印——使然。

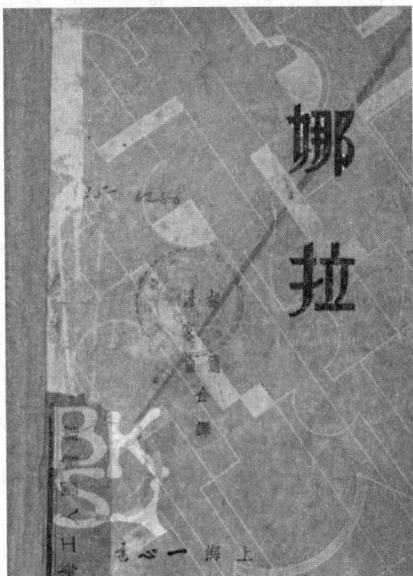

图 2　胡、罗译《娜拉》单行本书影

5　胡、罗译本传播行动者网络构建与运作

译作传播包括评论推介、营销流通、学术或社会认可等(汪宝荣,2022:82)。参与胡、罗译本传播行动者网络构建和运作的,主要有原剧、新文化运动、群益书社主持人、一心书店主办者、胡适、陈独秀、有关论者和评论家等。《玩偶之家》有思想性,而艺术性更突出,本身能吸引中国读者。但被译介到"五四"中国后,因应新文化运动的时代需要,它实际上被重构了,因为胡适、陈独秀等启蒙思想家需要的是"社会改革家易卜生"。《娜拉》刊于《新青年》后,当时的知识精英纷纷讨论娜拉代表的新女性和妇女解放问题及其出路,掀起一股"娜拉热":1918年12月,周作人(2019:147)在《新青年》发表《人的文学》一文,提倡"男女两本位的平等"和"恋爱的结婚";针对易卜生宣扬的女权主义,陈独秀(1981:82)在1921年撰文,不赞成女性离家出走的解放模式;鲁迅(1994:50-51)于1923年发表题为《娜拉走后怎样》的著名演讲,断言娜拉走后"不是堕落,就是回来",等等。以上热议很少直接评论胡、罗译本,但难免会提及,同时构成热奈特(Genette,

1997:5)所说的"外副文本"(epitext),有助于推动译本的传播。

《新青年》最初销路并不好,每期只能卖千余份。群益书社的主持人懂得营销策略,在《新青年》上精准投放针对青年人的文化广告,同时刊登大量自我推销的广告,同时在全国几十个重要城市及新加坡设有代办处。1918年前后,最多一个月可以发行一万五六千本。《新青年》第4卷后,图书广告减少,以杂志广告为主。"杂志相互交换宣传广告,扩大了传播范围,更扩大了读者面,既增强了文化传播影响效果,也促进了杂志的发行销售。"(谢明香、王华光,2010:114)在《新青年》第4卷4号、5号上,群益书社连续发布广告,为"易卜生号"进行宣传造势。1919年,群益书社再版《新青年》1至5卷合订本,有助于扩大《娜拉》的读者面和社会影响力。

一心书店私自印行《娜拉》单行本,但在当时市场有需求的情况下,盗印的做法不会阻止有兴趣的购买者和读者。可惜的是,我们对该书的销量和读者接受尚有待深入研究。此外,利益相关者陈独秀和胡适都会利用自己的符号资本积极宣传《新青年》杂志,从而间接助推胡、罗译本的传播,兹不赘述。

关于胡、罗译本获得的学术或社会认可,笔者找到若干资料以为佐证:在其早年代表作《易卜生研究》中,著名文史学家刘大杰虽未提及胡、罗译本,但在评论《娜拉》第三幕时,多次引用胡译(刘大杰,1928:62-64)。1925年,沈雁冰在《文学周报》上评价道:"六七年前,《新青年》出'易卜生专号',曾把这位北欧的大文豪作为文学革命、妇女解放、反抗传统思想等新运动的象征。那时候,易卜生这个名儿,萦绕于青年的胸中,传述于青年的口头。"(沈雁冰,1925:38)可见当时认可、拥抱易剧的主要是青年学生,其中自然有胡、罗译介《娜拉》之功。钱杏邨(笔名阿英)有相似的观察:"由于这些介绍和翻译,更主要的配合了'五四'社会改革的需要,易卜生在当时的中国社会里,就引起了巨大的波澜,新的人没有一个不狂热地喜欢他,也几乎没有一种报刊不谈论他。"(阿英,1981:741)

值得一提的是,"五四"前后的外国戏剧译介热催生了中国现代话剧。观赏舞台剧不要求观众有一定的受教育水平,受众远远多于剧本读者,因而社会影响更大,有助于翻译剧本的大众传播。笔者掌握的资料显示,胡、罗译本未被改编成舞台剧上演,这无疑影响了它在近代中国的传播和接受。

由于《玩偶之家》本身的魅力,《新青年》杂志及胡适在青年读者群体中的影响力,新文化运动语境下知识精英对"娜拉问题"的热烈讨论,群益书社灵活的营销手段,以及一心书店盗印单行本,一个传播行动者网络得以构建,推动了胡、罗译本的传播,产生了一定的社会反响。然而,由于该译本有明显瑕疵,更忠实流畅的潘译本后来居上,杂志在流通上的局限性,等等,导致胡、罗译本的传播影响力不及潘译本。它的价值或许更多体现在首次译介《玩偶之家》全本到中国,激励、启迪了更多的人来译介和研究易剧。

6 结 语

本文研究表明，"五四"背景下《新青年》"易卜生号"及《娜拉》译介项目的发起、翻译生产过程、译本传播过程和结果，均涉及行动者网络的构建和运作，这需要各种资本的介入，也牵涉行动者职业惯习的在场。国内学界逐渐认识到，文学译介与传播是一个依赖网络运作的系统工程，除了关注"谁来译""怎么译""译什么"，还得重视出版、传播、接受等环节(汪宝荣，2022：32)。本个案研究例证了这一点，并带来以下启示：

项目发起至关重要，是翻译、出版和传播行动的先导，它通过"发起行动者网络"构建和运作实施。翻译生产包括翻译、编辑、出版等环节，分别依赖"翻译行动者网络""编辑行动者网络""出版行动者网络"的构建和运作，才得以完成译本的生产。译作传播包括评论推介、营销流通、学术或社会认可等环节，同样依赖相关行动者网络的构建和运作，最终实现译本传播和接受。以上3个相对自足的子网络交互联结，构成一个系统性的"译介与传播行动者网络"。由是观之，文学译介与传播是一个依赖网络运作的系统工程，而网络的运作又依赖相关行动者(包括原作、影视或戏剧改编本等非人类行动者)的资本和惯习的介入。《娜拉》译介项目的顺利发起，主要依赖胡适等人的资本和惯习，而胡、罗译本的瑕疵和出版流通渠道受限，很大程度上制约了译作的传播。一般情况下，名家、名作、名译、大出版社是一部译作得以顺利出版、有效传播的保障(汪宝荣，2014：64)，其背后其实是网络和资本的有效运作。

迄今，国内的社会学路径翻译研究大多聚焦于中国文学译介与传播，本文尝试对外国文学在中国的译介与传播展开个案分析，希望能引发更多同类研究。拉图尔强调，应用行动者网络理论的研究者应"跟随行动者重组社会"(Latour，2005)，即需要开展田野调查、问卷调查、访谈等，并充分发掘稀见文献、档案、书信等。因资源获取渠道和个人能力所限，笔者未能充分发掘研究所需资料，部分论述有待充实，或只得基于合理推测来解释行动者的行为。这些有待后续研究加以补充完善。

参考文献

[1] Buzelin, H. 2005. Unexpected allies: How Latour's network theory could complement Bourdieusian analysis in translation studies [J]. *The Translator*, 11(2):193 – 218.

[2] Fulsås, N. & T. Rem. 2017. *Ibsen, Scandinavia and the Making of a World Drama* [M]. Cambridge: Cambridge University Press.

[3] Genette, G. 1997. *Paratexts: Thresholds of Interpretation* [M]. Translated by Jane E. Lewin. Cambridge: Cambridge University Press.

[4] Ibsen, H. 1906. *A Doll's House and Ghosts* [M]. W. Archer (ed. & trans.). New York: Charles Scribner's Sons.

[5] Latour, B. 2005. *Reassembling the Social: An Introduction to Actor-Network-Theory* [M]. Oxford & New York: Oxford University Press.

[6] Lee, J. Y. 2020. Translation and ideology: China's New Culture Movement and Hu Shi's translation of *A doll's House* [J]. *The Journal of Chinese Language and Literature*, (125): 249-269.

[7] Tam, K. K. 1984. *Ibsen in China: Reception and Influence* [D]. Ph.D. thesis, University of Illinois at Urbana-Champaign.

[8] Tam, K. K. 2001. *Ibsen in China, 1908-1997: A Critical-Annotated Bibliography of Criticism, Translation and Performance* [M]. Hong Kong: Chinese University of Hong Kong Press.

[9] Wacquant, L. 2006. Pierre Bourdieu [A]. In Stones, R (Ed.). *Key Sociological Thinkers*. (2nd ed.) [C]. London & New York: Palgrave Macmillan, 261-277.

[10] Xia, L. 2021. The silent Noras: Women of the first Chinese performance of *A Doll's House* [J]. *Asian Theatre Journal*, 38(1):218-244.

[11] 阿英,1981. 阿英文集[M]. 北京:生活·读书·新知三联书店.

[12] 陈独秀,1915. 现代欧洲文艺史谭[J]. 青年杂志,1(3):30-31.

[13] 陈独秀,1981. 妇女问题与社会主义[A],载中华全国妇女联合会妇女运动历史研究室(编),五四时期妇女问题文选[C]. 北京:生活·读书·新知三联书店.

[14] 邓倩,2018. 娜拉的翻译与重构——以《玩偶之家》的中韩译本为例[J]. 中国外语研究,(1):67-71.

[15] 格里德,1996. 胡适与中国的文艺复兴[M]. 鲁奇,译. 南京:江苏人民出版社.

[16] 更夫,1935. "三八"谈"娜拉"[J]. 新社会,8(6):56-57.

[17] 姜义华主编,1998. 胡适学术文集·新文学运动[M]. 北京:中华书局.

[18] 胡适,2012. 胡适留学日记[M]. 北京:同心出版社.

[19] 胡适,2013. 胡适文存·第一集[M]. 北京:首都经济贸易大学出版社.

[20] 刘大杰,1928. 易卜生研究[M]. 上海:商务印书馆.

[21] 刘倩,2021. 胡适、罗家伦翻译的《娜拉》与易卜生在现代中国的接受[J]. 清华大学学报(哲学社会科学版),(6):77-84.

[22] 鲁迅,1994. 鲁迅杂文全集[M]. 沁阳:河南人民出版社.

[23] 石晓岩,2011. 从《娇妻》到《娜拉》——民初与五四时期文学翻译的创造性误读[J]. 哈尔滨师范大学社会科学学报,(2):156-160.

[24] 沈雁冰,1925. 谭谭《傀儡之家》[J]. 文学周报,(176):38-40.

[25] 田本相,1993. 中国现代比较戏剧史[M]. 北京:文化艺术出版社.

[26] 汪宝荣,2014. 资本与行动者网路的运作——《红高粱家族》英译本生产及传播之社会学探析[J]. 编译论丛,(2):35-72.

[27] 汪宝荣,2020. 中国文学译介与传播行动者网络模式——以西方商业出版社为中心[J]. 解放军外国语学院学报,(2):34-42.

[28] 汪宝荣,2022. 中国文学译介与传播模式研究——以英译现当代小说为中心[M]. 杭州:浙江大学出版社.

[29] 王宁,2009. "被译介"和"被建构"的易卜生——易卜生在中国的变形[J]. 外国文学研究,(6):50-59.

[30] 王蔚,2018a. 一部文选的包装——《怎样读书》与一心书店[N]. 文汇报:12 月 14 日,https://wenhui. whb. cn/third/baidu/201812/14/230286. html [2024-06-27]

[31] 王蔚,2018b. 从煊赫一时到销声匿迹——《怎样读书》与一心书店[N]. 文汇报:12 月 14 日,https://wenhui. whb. cn/third/baidu/201812/28/232988. html [2024-06-27]

[32] 谢明香,王华光,2010.《新青年》的广告运营及策略定位——从《新青年》广告运营看群益书社的经营之道[J]. 编辑之友,(11):111-114.

[33] 易卜生,1918. 娜拉[M],罗家伦,胡适,译. 新青年,4(6):508-572.

[34] 佚名,1936. 前奏曲[A],易卜生. 娜拉[M],罗家伦,胡适,译. 上海:一心书店.

[35] 愈之,2004. 近世文学上的写实主义[A],载贾植芳,陈思和(编),中外文学关系史资料汇编(1898—1937)上册[C]. 桂林:广西师范大学出版社.

[36] 赵文静,2006. 翻译的文化操控——胡适的改写与新文化的建构(英文)[M]. 上海:复旦大学出版社.

[37] 周作人,2019. 人的文学[A],载陈平原(编),《新青年》文选[C]. 北京:北京大学出版社,143-150.

[38] 邹振环,2016. 作为《新青年》赞助者的群益书社[J]. 史学月刊,(4):91-103.

(责任编辑　汪闻君)

译者行为批评模型视阈下的中国武侠小说
《射雕英雄传》德译本解析

复旦大学　於伟澄　李双志*

摘　要:在中国文学外译的研究中,武侠小说《射雕英雄传》在全世界范围内的传播一直是学界关注的热点之一。然而,学界尚未从译者行为批评的角度对武侠小说在德国传播路径和范式进行整理和总结。近年来,以周领顺为代表的中国翻译学派在全球文化学研究的场域中为翻译学科拓展了新的研究理论框架和体系。他所提出的译者"译内"与"译外"行为理论廓清了文化学研究中众多的理论的界限,为跨学科角度系统性研究译者行为提供了新的范式,同时亦能重新审视德国商业出版体系与译者行为的互动关系。

关键词:武侠小说;译者行为批评;译者批评;文化学转向;德国

Title: A Critical Analysis of the German Translation of the Chinese Wuxia Novel *The Legend of the Condor Heroes* in the Context of Translator Behavior Criticism Model.

Abstract: In the study of foreign translation of Chinese literature, the worldwide spread of the martial arts novel *Legend of the Condor Heroes* has always been one of the hotspots of academic attention. However, scholars have not yet sorted out and summarized the transmission path and paradigm of wuxia novels in the German-speaking world from the perspective of criticism of translators' behavior. Since the beginning of the 21st century, the Chinese translation school represented by Zhou Lingshun has developed a new theoretical framework and system for translation studies in the field of global culturology. His theory of translators' "intra-translation" and "extra-translation"

---

* **作者简介:**於伟澄,复旦大学博士生。研究方向为中国现当代文学在德语区国家的译介与传播。联系方式:gomes56026320cc@163.com。李双志,复旦大学外文学院教授、博士生导师。研究方向为中德文学互译与相互影响、多媒体文化与文学经典关系等。联系方式:lishuangzhi@fudan.edu.cn。

behavior has broken the boundaries of many theories in cultural studies and provided a new paradigm for the systematic study of translators' behavior from an interdisciplinary perspective. At the same time, it re-examines the interaction between the German commercial publishing system and the behavior of translators.

Keywords: Wuxia Novel; translator behavior criticism; translator criticism; cultural turns; Germany

1 引 言

许诗焱、张杰(2020:159-163)提出 21 世纪的文学翻译具有三重性转向。首先,翻译研究方法应由形式走向认知,应关注跨文化语境与读者群体。其次,翻译研究的对象应由传统方法中仅仅关注译本和译者,扩展到关注翻译过程的科学化研究范式。最后,翻译研究应从理论转向方法。这为 21 世纪中国现当代文学在海外的传播指明了方向,但如何将纷繁复杂的翻译文学理论有机结合,进行多维度的探究,是摆在 21 世纪学界面前新的挑战和难题。

在西方译学界于上世纪 60 年代起出现的"文化转向"思潮的影响下,巴斯奈特(Bassnett)、勒菲弗尔(Lefevere)等西方翻译家、文化学家引领了翻译界的"文化转向"浪潮,为文化翻译提供了新的路径。与此同时,哈贝马斯(Habermas)的"交往行为"理论和洛特曼(Lotman)的"文化符号学"理论的兴起,为中国翻译界提供了译者—读者—文本相互关系的新的阐释角度。在中西互动模式的影响下,中国翻译学界也在积极尝试建构具有中国译学特色的理论模型。周领顺(2012:90)提出的一系列的译者行为批评体系,认为"译者行为批评"理论框架是对传统译者批评内容的补充和丰富。译者行为批评是"文化转向"大潮下翻译学界新的研究热点。因此结合西方译学界的理论思潮和中国学派理论模型,从多层级阐释和论证中国现当代文学在海外的传播过程、译者行为、读者群体具有现实意义。

2020 年 11 月,德国海恩出版社(Heyne Verlag)发行了《射雕英雄传》的单行本(*Die Legende der Adlerkrieger*, Band 1),德译本参考的原著是《射雕英雄传》世纪新修版①的第

---

① 1970 年起,金庸着手修订之前连载的所有作品,至 1980 年全部修订完毕,是为"新版",亦称"修订版"。尽管如此,连载版和修订版还是存在一些顺序上的矛盾和主角年龄上的错误,因此金庸在读者的一再建议下,于 1999 年至 2002 年间,着手重新修订了《射雕英雄传》,是为"世纪新修版"。德国海恩出版社正是根据金庸的世纪新修版进行的翻译工作。

一卷(第一至十回)。自《射雕英雄传》第一卷大卖后,2021 年 8 月海恩出版社出版了新修版的第二卷译文(*Der Schwur der Adlerkriege*, Band 2)。2022 年 10 月,新修版的第三卷译文(*Der Pfad der Adlerkrieger*:*Roman*, Band 3)也与德国读者见面。德语译本三卷本的译者是著名汉学家、翻译家白嘉琳(Karin Betz),她生于 1969 年,先后于法兰克福、成都攻读汉学和政治学专业。

伴随着《射雕英雄传》在德语国家的出版,为中国武侠小说"走出去"提供了积极的范式,因此以中国学派理论为根基,坚持中西会通的研究策略有助于进一步探索中国学派在翻译实践研究中的深化,本文尝试借助"求真—务实—连续统"的译者行为批评理论框架和"文化转向"中的理论来分析白嘉琳德译本《射雕英雄传》的语言性和社会性。在德国商业化出版的大背景下,译者作为德国文学出版机制中的新型角色身份值得关注。现详述如下。

2　基于文化翻译的批评模型与白嘉琳"译内"行为的探究

基于"求真—务实—连续统"理论框架下的"译内"行为研究,是为了实现翻译批评标准的科学性,需要从涉及语言转换和意义的维度阐释文本语言代码、文本和语义为起点,结合译者语言性和社会性的双重性和译者遵循"求真—务实—连续统"的"度"以及外部因素中翻译的目标性和选择性,"三位一体"构成科学性体系下的翻译批评标准模型①,内外相结合,从而达到从文本和人本角度审视译本的平衡性。(周领顺、周怡珂,2020:113)结合"三位一体"的翻译批评模型,力求从"译内行为"角度来评估译文质量和译者行为的双向评价具有现实意义。

著名学者巴斯奈特在研究翻译文化嬗变的历程时,亦为中国学派建构的批评模型提供了借鉴。巴斯奈特(Bassnett,1980:87)以勒菲弗尔总结古罗马诗人卡图卢斯的诗歌翻译的操作方法举例,但她对这七种翻译方法②提出了委婉的批评,她认为,这些方法过分追求形式上的逻辑,忽略了整体的翻译效果。除了传统的翻译方法,译者应被赋予一定的自由。她(Bassnett & Lefevere,2000:62-63)指出,可以将"内容为主"和"异域形式"的翻译法合并成"有机翻译法"。此外,巴斯奈特还关注到了诗歌中"不可译性"的问题,文化的"不可译性"构成了文化翻译学的重点,即目的语中找不到与原文文本相

---

① 求真度与务实度高、译者行为合理度高者最佳;求真度低但务实度高、译者行为合理度高者较佳;求真度高但务实度低、译者行为合理度高者较佳;求真度高但务实度低、合理度低者较次;求真度与务实度低、合理度高者较次;求真、务实、合理度皆低者为最次。

② 这七种翻译方法分别为:(1)语音翻译法(Phonemic translation)(2)直译法(Literal translation)(3)音步翻译法(Metrical translation)(4)以散文译诗法(Poetry into prose)(5)韵律翻译法(Rhymed translation)(6)素体诗翻译法(Blank verse translation)(7)阐释法(Interpretation)。

同的语境特点(引自刘军平,2019:432)。

作为传统德国经院派汉学系培养的著名译者,白嘉琳在求学时代积累了扎实的古代汉语的理论体系和翻译技巧。2020 年,白嘉琳以极为专业的译者视角剖析了美国译者艾略特·温伯格(Eliot Weinberger)在《观看王维的十九种方式》(*Neunzehn Arten Wang Wei zu betrachten*)中的文化学翻译方法,并对这种译法给予高度肯定。同时,白嘉琳也关注到了中国古诗词中"不可译性"的问题,她认为德国译者往往以额外的注释和异化来翻译中国古诗词。这种"无异域色彩"(exotismusfreies Deutsch)的翻译方式注定失败,也是译者能力不足的体现。她(Betz,2020a:15)坦言,她将温伯格这本论文集作为她大学开设"翻译文化"课程的阅读材料。就这一点而言,白嘉琳与巴斯奈特的观点不谋而合,这也就能解释,为什么白嘉琳在古诗词翻译中没有加入任何的脚注和异化。以下为《射雕英雄传》中挑选出的五个具有代表性的译例:

编号	原文	译文
1	"小桃无主自开花,烟草茫茫带晚鸦。几处败垣围故井,向来一一是人家。"(金庸,2013:5)	„Die Pfirsichbäume, besitzerlos, öffnen ihre Blüten. Die Tabakfelder, brach und weit, locken die Krähen. An alten Brunnen inmitten verfall'ner Mauern, Sah man einst Familien zusammenstehen. "(Jin, 2020:8)
2	"为人切莫用欺心,举头三尺有神明。若还作恶无报应,天下凶途人吃人。"(金庸,2013:6)	„Wer ein Mensch ist, sieht auf and're nicht herab, aber zu Göttern sieht er auf. Wenn böse Taten nicht vergolten werden, frisst auf Erden bald der Mensch auf Mensch. "(Jin, 2020:9)
3	"山外青山楼外楼,西湖歌舞几时休?暖风熏得游人醉,直把杭州作汴州。"(金庸,2013:10)	„Grüne Hügel, hohe Berge, ein Hof nah am andern, An den Ufern des Westsees Tänze und Lieder. Der Duft des Südens benebelt die Sinne des Wand'res, Bis er meint, er sähe Kaifeng statt Lin'an wieder. "(Jin, 2020:14)
4	"雁霜寒透幕。正护月云轻,嫩冰犹薄。溪奁照梳掠。想含香弄粉,艳妆难学。玉肌瘦弱。更重重、龙绡衬着。倚东风,一笑嫣然,转盼万花羞落。寂寞。家山何在,雪后园林,水边楼阁。瑶池旧约。鳞鸿更杖谁托。粉蝶儿只解,寻桃觅柳,开遍南枝未觉。但伤心,冷落黄昏,数声画角。"(金庸,2013:274)	„ Der Frost des Wildgansflugs, dring durch die Papierfenster. Der Mond von Dunst behütet, zarter Raureif überall. Das Haar gekämmt im Spiegel des Flusses, Ohne Duft und Puder, wie soll sie sich schmücken? Zerbrechliche Jadehaut, Schicht um Schicht. ein Kleid aus schwerer Seide. Gegen den Ostwind gelehnt, lässt ein einziges zartes Lächeln zehntausend Blüten verschämt herabfallen. Einsamkeit. Wo ist der Berg der Kindheit, der schneebedeckte Garten? Der Pavillon am Seeufer? Wem die Botschaft anvertrauen Für das Stelldichein am Jadesee? Der Schmetterling sucht nur Pfirsich und Weidenbaum, die Blüten des Südens kümmern ihn nicht. Traurig fallen sie herab in die kalte Dämmerung, zu den fernen Klängen der Hörner. "(Jin, 2020:322)

续表

编号	原文	译文
5	"把酒花前欲问君,世间何计可留春?纵使青春留得住。虚语,无情花对有情人。任是好花须落去。自古,红颜能得几时新?"(金庸,2013:330)	„Vor mir die Blütenzeit, Wein in der Hand, frage ich meinen edlen Freund: Gibt es einen Weg, den Frühling zu bewahren? Könnt ich ihn doch überreden, zu bleiben? Leere Rede eines sentimentalen Menschen an unsentimentale Blüten. Auch die schönsten Blumen müssen welken. Von alters her hat eine rosige Wange kein zweites Mal geblüht. "(Jin, 2020:369)

译例 1 为南宋著名江湖派诗人戴复古的七言绝句诗,在译文前两句中分别用副词"无主地"(besitzerlos)和"远远地冒出"(brach und weit)来解释原文中对于"茫茫"表达出笼罩的雾气,白嘉琳在翻译时力求德语翻译的行文对仗,是译者求真的直接体现。但是译者对于"烟草"的处理,可以被理解为基于务实基础上对原文的改写,译者加入了自己的意志,将"烟草"异化为"种植烟草的耕地"(die Tabakfelder),将务实举措贯彻于翻译中,一方面是为了解释烟草被焚烧时远远冒出白烟,增加目的语境中的联觉的画面凄凉感。另一方面,"乌鸦"在目的语中并没有中国古诗词语境中所表达荒凉破败的意象,所以译者要加入"白烟吸引了乌鸦"(locken die Krähen),以增强翻译的逻辑性,这是译者牺牲某些位置的直译原则而追求整体效果的最佳例证。

译例 2 为金庸著名的七言绝句诗,"神明"一词在《现代汉语词典》中被定义为"神的总称"。因此,德语译文中的"众神"(Götter)是译者在目的语语境中对异化的"神明"作为复数名词的精准定位。而"莫用欺心"和"举头三尺"则被译者模糊化处理,此处译者务实的思想起到了主导作用,目的是在目标语语境中让两个可分动词"herab/sehen"(俯视),"auf/sehen"(仰视)形成押韵和对仗。而"天下"是东亚儒家文化圈对中国乃至世界的总称,原著中的"天下"是指南宋和被金兵侵占的北宋故土,译者在此处直接将儒家文化圈的自我中心观延伸至整个土地(Erde)的统一原则,使"意"与"境"在此处相合,巧妙地规避了德语区读者对于儒家文化圈专有名词的困惑。在译者探索务实翻译的过程中,尽可能地传达原文作恶皆有因果的本意。

译例 3 是宋代诗人林升的一首七绝《题临安邸》。译者在面对这首具有家国情怀的爱国诗时,过于注重目标语言中的押韵。原诗句中的"休"字代表了作者对于统治者一味求和、偏安一隅的愤慨,译本中的"休"被译者完全省去,因此在译本中已经不见原诗的意向。对于"直"的翻译也存在误译,译者理解为"直到"(bis)。译者将原诗中"汴州"和"杭州"分别用"开封"和"临安"代替,表面上看似是窜改了原文的地名,但其实是译者"求真"行为的展现,因为"汴州"和"杭州"①皆不是小说所设定的时代中正确语境化下

---

① 金灭北宋后,汴州被改名"汴京",康王南迁后,于南宋建炎三年(公元 1129 年)改杭州为临安府。译者在此处使用符合小说语境化时代的正确称谓,是为了规避戴复古在诗歌中对北宋的怀念而产生的误译。

的称谓。

译例 4 中译者展现了兼具求真与务实的相统一的原则。在处理这首辛弃疾的《瑞鹤仙·赋梅》时,她忠实于原文,大多采用了直译的翻译策略。但是,诸如"东风"(Ostwind)的直译,在德语中并没有相同的文化意指,属于典型的直译法,字字对应的翻译破坏了原诗的诗意,有可能会干扰目标语读者的阅读体验。此段译文的亮点在于对"瑶池"的异化为"翡翠湖"(Jadesee),而德语中"翡翠"常被用作于亚洲或中餐馆的名称,成为了具有文化指代意义的名词。译者在这里的操作不仅传递了东方的意象,还通过之前的"玉肌"(Jadehaut)遥相呼应来突出瑶池的神秘与庄重。此外,"家山何在"被译为"童年的山"(Berg der Kindheit),这样的翻译看似有些生硬,又有对于诗句的风格拿捏不够之嫌。虽然译文中没有了原诗的家国情怀的表达,但"童年的山"的指向性更明确。

译例 5 金庸节选了欧阳修的《定风波》。从整体翻译风格而言,译者非常好地把握了这首宋词的意象,努力地在音韵、节奏上再现了原文的风采。例如将"君"准确翻译为"我尊贵的朋友"(mein edler Freund)以及将"红颜"翻译为"红色的面颊"(rosige Wange),"红颜"作为双关语虽然在诗中有别的指向,译者虽然在此处损失了一些原文的多重含义,但"不会第二次开放"(kein zweites Mal geblüht)是译者对于"红颜"的不可译性的弥补,是译者尝试在语用和审美层面上寻找最佳答案的过程,亦是译者务实的直接体现,总的来说,这个译例从结构和内容都展现了极高的求真度和务实度。

前文述及,上述五个译例的"连续统"上变化的"三要素"如下呈现:

三要素		译文		译者行为	主观评价
		1. 求真度	2. 务实度	3. 务实度	
量级 (+/−)	译例 1	−	+	+	较佳
	译例 2	−	+	+	较佳
	译例 3	+	+	+	最佳
	译例 4	+	−	+	较佳
	译例 5	+	+	+	最佳

从五个译例的分析和"连续统"的"三要素"变化来看,译者白嘉琳能够在原语和目标语之间达成较好的平衡,既实现了"求真"的同时,又兼顾了"务实"的原则。译者针对小说中古诗词的"译内效果"达到了相当的水准并体现了极高的专业素养,追求整体翻译效果,将某些文化的"不可译性"采用仿照、借用的技术性方式对原文本的表现力、风格以及修辞进行一定程度的补偿。而译者面对"不可译性"采用的辩证法,与周领顺所倡导的"求真"与"务实"的观点不谋而合。

但作为意志体的译者在努力兼顾平衡的同时,需要面对读者和社会的检验,译者的

"语言性"和"社会性"决定了"译内"与"译外"效果的内外二分。因此对于译者"译外"行为的梳理能够更好地廓清译本在目标语出版界的传播路径,对于译者"译外"行为的研究具有现实的意义。

3　白嘉琳"译外"行为与德国商业化出版模式互动研究

周领顺认为,从"文化转向"视阈下考察翻译文本诞生的历史和译文产生过程中译者因素和意识形态因素,是对于考察意志体译者的语言性和"译内"行为的重要补充,译者"译外"行为研究的价值也弥补了"文化转向"大潮下对于译文忠实标准的忽视。在此基础上,周领顺(2013:73-75)提出了"译内"与"译外"行为的相互结合是翻译学科发展的第三阶段。① 译者"身份"的定性与"角色"的定量,二者之间是支配和被支配的关系,因此对于译者身份和译者扮演的角色研究,是展开翻译批评的有效路径(周领顺,2014b:218)。周领顺(马冬梅,周领顺,2020:59)在接受专访时明确地定义"翻译内研究"与"翻译外研究"的界限,"译内"聚焦于文本与文本之间的文字转换,"译外"则关注制约译者的诸多主、客观因素,例如文化、历史、政治、意识形态、时代、性别、市场、读者群以及译者意志、情绪、心理活动等主观因素。

周领顺对于译者"译外"行为的界定与著名翻译理论家安德烈·勒菲弗尔提出的译者在翻译活动中受到赞助人(patron)影响的观点产生了共鸣。勒菲弗尔认为,赞助人系统是有着鲜明主张的诗学赞助人集团,并从审美的角度赞助翻译文学作品。译者所产出的译本受到文学系统专业人士(又分成系统内对译者进行专业性指导的翻译家、批评理论家)的制约。另一种制约来自于文学系统中的个人和团体,例如出版人和出版商。白嘉琳在2022年法兰克福书展接受专访时表示,2019年她接到了德国海恩出版社的邀请来翻译《射雕英雄传》。② 因此出版社扮演了主导地位,译者作为文学系统的参与者,对于翻译活动已经不再具有决定性的地位,受到出版社的支配(於伟澄,2024:59)。第二是文学系统外的赞助人,赞助者通过意识形态、经济利益和权力地位对译者施加影响。"托莱多计划"(Toledo-Programm)和歌德学院(Goethe Insitut)是白嘉琳翻译活动中的赞助者。第三是主流诗学。主流诗学受到赞助人或改写人的影响,文学文本在社会系统中起到的作用需要符合社会系统的期待,文学作品才

---

① 周领顺将翻译学科聚焦于翻译内的译文和原文对等关系为特征的传统翻译学研究称作为学科发展的第一阶段;以"文化转向"为背景,关注翻译学科外的社会性因素的阶段为翻译学科发展的第二阶段;结合"译内"与"译外"行为的研究被周领顺称作为中国学派对于翻译学界的贡献,亦是在他看来翻译学科发展的第三阶段。

② 详见2022年10月21日法兰克福书展对于白嘉琳的专访:https://www.buchmesse.de/en/timetable/session/martial-arts-hong-kong-literature-jin-yongs-legend-condor-heroes [2024-09-25]。

能受到社会的重视。特定时期的主流诗学有可能将某些文学作品赋予经典的地位,同时社会系统中也会出现针对这些文学作品的重新阐释和经典化的过程(Lefevere,1992:17-21)。

由此可见,关注译者本身对于赞助人的意识形态的认同,是以译者为主体的研究中的"译外"行为开展的基础。"托莱多计划"和译者白嘉琳也形成了优势互补。"托莱多计划"诞生于2018年,是由"德国译者基金"(Deutscher Übersetzerfond)机构建立的一个国际文学线上专栏。"托莱多计划"旨在通过研讨会和专访的形式为德语和国际译者提供了一个场域,加强文学翻译人员作为文化和语言地区之间促进者的身份。借助该计划提供的线上平台,白嘉琳专门开设了个人专栏"关于姓名、身体、文化的动力学"(Über die Kinetik von Namen, Körpern und Kulturen)。以"托莱多计划"的个人专栏为宣传阵地,来详细阐释她在《射雕英雄传》翻译过程中的操作细节和心得,同时为武侠小说的历史背景、译者、各大门派的功夫以及背后的文化意涵做了普及性的梳理。在笔者与白嘉琳的专访中,她也坦言,她是受到"托莱多计划"的邀请进行非商业化性质的《射雕英雄传》文学宣传活动。

白嘉琳开设个人专栏的"译外"行为,可以从两个方面进行解读。首先,"武侠文化"在德语区国家是完全陌生的概念,属于外来文化中陌生的"符号"。洛特曼提出"符号圈"概念,他认为,最强势的语言构成了符号圈的"中心"场域,而"边缘"上则是组织性不强的语言。符号圈"边缘"的文化一旦被强势语言构成的场域接受,就会被"中心"符号圈创建"语法规则",这种"中心规则"的建立不仅用来描述自身,也会被用来描述符号圈"边缘"的边缘部分(康澄,2005:103)。结合上世纪的历史背景和时空场域,与"武侠文化"有关联的功夫(Kong-Fu)概念在德语区国家已经被广为接受,被"中心"符号圈定义为大众文化的典型,与"功夫"捆绑在一起的是李小龙、成龙等动作电影明星四肢发达、头脑简单的形象,这是"中心"符号圈对"边缘"的排挤和一定程度上的误读。换言之,"功夫"的概念在"中心"符号圈中仍然处于边缘的位置,不具有从边缘向中心移动的能动性。白嘉琳开设个人专栏是为了廓清德语区读者对于功夫的误读,力求通过译者"译外"行为的自我诠释,将完整体系的武侠文化原汁原味地展现给德国读者,加速符号圈"中心"场域对武侠文化的接受。她首选了(Kong-Fu Literatur)作为"武侠小说"的译名,是为了能够让功夫这一被德国读者所熟知的符号迅速和武侠文化划上等号。此外,她在个人专栏中还开设了"武侠功夫艺术技巧"(Kampfkunsttechniken)的相关介绍,结合原著中郭靖"比武招亲"的配图和译本的翻译,对原著中江湖文化比武切磋进行诠释(Betz,2020b:38)。在接受法兰克福歌德学院的采访时,白嘉琳就向主持人展示了她在中国香港购买的一系列有关中国功夫的丛书,其中一本名为《基本中国拳法》的书中展示的李小龙的拳法让她如痴如醉,按照书中的拳法教学,她也身体力行地体验功夫文化带给自己的快乐,因此她建议读者们可以按照译本中的描述进行充分地想象和亲身尝试,会获得更好的阅读体验。① 以上"译外"行为都是译者意志的直接体现,也是白嘉琳力求解构和重新定义功夫文化的一种积极尝试,值得肯定。

一年后,白嘉琳出版了"关于姓名、身体、文化的动力学"第二辑,配合宣传和诠释新修版的第二卷中的特有文化现象。第二辑和第一辑最大的不同之处在于,白嘉琳渴望与读者通过文字进行沟通和交流。哈贝马斯(Habermas,1981:45)指出,交往行为是一种主体之间行为的互动,语言是主体之间行为活动的媒介,通过这种媒介的对话,达到人与人之间相互理解的一致。深受文化学理论影响的白嘉琳没有选择将这种交往行为的对话放置在"译内"行为的脚注中。虽然她在译本末尾的注释中解释了一些名词,但是个人专栏的开设也可以被解读为她想与读者加强媒介沟通的例证。如果是第一辑中的选材稍显晦涩难懂,需要一定的中国文学和历史知识才能够理解的话,那么第二辑当中的选材则颇为贴近生活。哈贝马斯(同上:191)提出,交往者的行为无法脱离其生活的境域,他们生存于生活世界中,其言语行为形成与生活世界相互依存的关系,兼具阐释者的角色。因此生活世界对于相互理解的过程来说是最基本的。金庸当年打造了一个互文本的方式,将他的作品与中国古典名著进行"对话",这其中不仅模仿了《红楼梦》《水浒传》等经典作品的描写与情节,而且在部分章节他的写作手法亦参考了托尔斯泰《三十三篇故事》、梅里美《谁来跟我干杯?》等,这些互文本更方便地拉近了原著与读者的关系(姜华,2024:236-237)。尽管如此,互文本的域外传播,仍然需要媒介的引导作用,正如当年金庸创办《明报》连载自己的小说那样,"托莱多计划"成为了线上推广《射雕英雄传》互文本和武侠文化的完美之所。

白嘉琳作为武侠小说的阐释者设置了生活世界的场域,用从文化研究中饮食学的角度来解释叫花鸡、干煸四季豆的做法,迅速拉近了读者和武侠文化中美食之间的距离。她还贴心附上译本中这些菜肴出现的位置,并详细配图解释了"烹"与"调"的不同之处(Betz,2021:16-17)。在这一辑中,她还结合译本重点向读者介绍了《易经》,近年来,风水学(Feng Shui)一词和五行理论在德国被越来越多的人所熟知,但读者们对《易经》本身不甚了解。白嘉琳(同上:29-30)详尽解释了《易经》的历史并附上了五行罗盘图,大大增强了可读性,让读者产生武侠文化贴近日常生活的亲近感。此外,由于读者接受人群的差异,德国读者是无法理解中国书法背后的文化意涵,因此中国书法也被白嘉琳以多图配上文字说明的形式介绍给读者(同上:27-28)。鉴于中德文化交流活动的不断增加,普通德国读者在日常生活中参观中国文化展的机会也不少,这一选材亦是贴近生活的。

白嘉琳的"译外"活动必须满足主流诗学所倡导的社会系统对于文学文本的期待。

---

① 详见 2020 年 10 月 17 日法兰克福歌德学院对白嘉琳的专访:https://www.konfuzius-institut-frankfurt.de/17-10-2020-bookfest-digital-deutsche-erstausgabe-von-jin-yongs-die-legende-der-adlerkrieger-lesung-interview-karin-betz/[2024-09-25]。

《世界报》(*Die Welt*)在推荐这部武侠小说时,认为德译本势必将助推德语区读者更深入地了解武侠文化。但《世界报》也尖锐地指出,金庸笔下的古代英雄们都有着自己的政治诉求①。这是主流诗学肯定翻译活动的同时对中国展现出武侠小说的政治化的文学接受倾向。在"托莱多计划"的个人专栏中,她也努力迎合主流诗学所倡导的期待。她(Betz,2020b:28)认为,与目前德语图书市场上中国科幻主题题材的类型小说不同之处在于,武侠小说长期根植于中国文学史中,是代表试图挣脱儒家文化的束缚以及拒绝固化的阶级统治的类型文学。

有必要指出的是,白嘉琳的"译外"行为属于无偿和自愿的行为。在2024年白嘉琳与笔者的专访中她表示,个人专栏"关于姓名、身体、文化的动力学"是独立于出版社的宣发活动之外的文化专栏,属于约稿性质的通俗类文化传播形式。而且她也坦言,专栏并未显著推动小说德译本的销量,除了首部取得了约1万本的销量并且收到了出版社额外每本约0.03欧的微薄稿酬之外,第二部和第三部的作品销量都不足以让她获得额外的补贴。可以说,这些"译外"行为的本身源自于白嘉琳对武侠文化的热爱,而非商业化利益的推动。商业化出版集团企鹅兰登书屋(Penguin Random House Verlagsgruppe)旗下的海恩出版社近年来几乎垄断了整个中国当代文学,尤其是流行、科幻、悬疑等新文类的作品被快速译介到德国,出版市场日益呈现以企鹅兰登书屋为主体的"集约化"市场布局(卡萨诺瓦,2015:37-38)。尽管如此,在德国文学出版机制(Literaturbetrieb)中的译者地位并不是可有可无。在白嘉琳的案例中也可看到,译者并不一直依附于出版社,而是游离于商业化出版和学术化出版体系之间的地带,发挥着译者在文学出版机制中的能动作用。

此外,白嘉琳的"译外"行为也产生了积极的效果。接受美学的理论认为,作者—作品—读者所形成的三角关系中,读者绝不是无关紧要的因素。相反,读者是文学活动的能动主体。因此在翻译活动中,译者势必要面对两次接受活动的影响,以求达到与读者"期待视野"的融合(马萧,2000:47-48)。"求真"是译者"译外"行为的不懈努力,译者与读者的"期待视野"相互融合。有读者认为,《射雕英雄传》的德译本是"功夫文学"的里程碑,金庸堪比托尔金。小说中以文字形式呈现的功夫比电影中的功夫确实要难懂一些,读者确实需要结合一些动作的想象②。还有读者在新修本第二卷的书评中指出,第二卷中功夫的部分有点过于冗长,但她也被金庸对于打斗场面造诣颇深的文笔所折服。她坦言,这正是"金庸式"的写作方式,描写的视角快速转变的目的是让读者更加被吸引到情节中来③。但更多的读者群体将"功夫文学"理解为奇幻小说的分支,有读者

---

① 详见 https://www.welt.de/kultur/literarischewelt/plus219917708/Martial-Arts-Klassiker-von-Jin-Yong-Die-geheime-Botschaft-des-Kung-Fu.html [2024-09-25]。

② 详见 https://www.phantastik-couch.de/titel/11622-die-legende-der-adlerkrieger/ [2024-09-25]。

③ 详见 https://www.phantastik-couch.de/titel/11982-der-schwur-der-adlerkrieger/ [2024-09-25]。

直言,《射雕英雄传》的情节以纯虚构和历史人物为主,而这些人物又被神话和传说的成分所虚构。另有读者认为白嘉琳的翻译功底非常扎实,小说中打斗的场景具有很强的画面感,没有她的翻译他就无法想象原著中的场景①。有读者指出,这本小说不同于西方人通常以幻想的形式呈现的书。他认为,小说的剧情之所以特别引人入胜,是因为它所描述的战斗扣人心弦,侠士们无论是用剑还是用身体,都可以使用得灵活自如,又能杀敌制胜。此外,让西方读者觉得如此陌生的江湖文化,包括其中的利益冲突和地位差异,恰恰也让他们对这部小说产生了更大迷恋②。由此可见,白嘉琳的译作取得了空前的成功。这源于她在"第二次接受活动"中不断考虑现时读者的审美趣味和接受水平,在整个武侠小说的翻译整体活动中,白嘉琳通过"译外"行为达到了极高的译者与读者的"视野融合",让译本有了较强的社会影响力和社会效果。

4 结　语

周领顺所提出"译者行为批评"的理论框架将"文化转向"背景下的语言学与文化学研究进行有机结合,从译者的文本内的语言性行为和文本外的社会性行为两个方面深入考察译者所受外部场域对译本翻译策略选择施加的影响。"译内"和"译外"行为概念的引入,对于译者视角的翻译行为研究颇具启迪作用,为中国译学界打开了新的研究视角和广阔的研究前景。借助于周领顺的"译者行为批评"理论框架,对于译者的"译外"行为研究不再作为一个个孤立的个案,而是在一个宏观视阈下使用文化学、人类学、哲学等跨学科理论更深入地剖析译者"译外"行为的合理性。

此外,白嘉琳在"译内"翻译策略选择时使用的文化学翻译方法,在求真性与务实性之间谋求平衡,追求整体翻译效果,得到了德国读者群体的高度赞扬。但这并不意味着她的译本就是权威和唯一,在广阔的文化学翻译方法中,对于相同文本不同的翻译方法都值得借鉴和研究。鉴于目前德语区没有别的《射雕英雄传》译本,对于不同译本的译者行为比较和研究尚未能开展。

本文通过对《射雕英雄传》译者白嘉琳社会性的"译外"行为的分析,对于来自于西方价值体系场域中主流诗学和赞助人对于白嘉琳施加的影响还不够深入,有待中国学派从出版社为中心的视角开发出一套新的理论体系,力求从更加宏观的视域来考察整个文学传播机制体系中译者新的角色。综上所述,本文是运用"译者行为批评"方法的

---

① 详见 https://www.literatopia.de/index.php? option = com_content&view = article&id = 27102: die-legende-der-adlerkrieger-jin-yong&catid=62&Itemid=129 [2024-09-25]。

② 详见 https://www.phantastiknews.de/index.php/rezensionen/20163-jin-yong-die-legende-der-adlerkrieger-buch [2024-09-25]。

一次实践性尝试,这套由中国学派建构的翻译学理论体系必将在未来受到越来越多学者的推崇,使得这套理论体系能够走向世界。

参考文献

[1] Almut, 2021. Rezension zu: Jin, Yong: Die Legende der Adlerkrieger, https://www. literatopia. de/index. php? option＝com_content&view＝article&id＝27102: die-legende-der-adlerkrieger-jin-yong&catid＝62&Itemid＝129 [2024.7.17].

[2] Bassnett, S. 1980. *Translation Studies* [M]. London and New York: Routledge.

[3] Bassnett S. & A. Lefevere (Eds.). 1998. *Constructing Cultures: Essays on Literary Translation* [M]. Clevedon: Multilingual Matters.

[4] Betz, K. 2020a. Chinesische Dichtkunst [J]. *Übersetzen*, (2):14-15.

[5] Betz, K. 2020b. Über die Kinetik von Namen, Körpern und Kulturen 1: Ein dynamisches Journal zur Übersetzung des Romans Der Schwur der Adlerkrieger von Jin Yong [J]. *Toledo*, (1): 1-46.

[6] Betz, K. 2021. Über die Kinetik von Namen, Körpern und Kulturen 2: Ein dynamisches Journal zur Übersetzung des Romans Der Schwur der Adlerkrieger von Jin Yong [J]. *Toledo*, (1): 1-41.

[7] Habermas, J. 1981. *Theorie des kommunikativen Handelns — Band 2: Zur Kritik der funktionalistischen Vernunft* [M]. Frankfurt am Main: Suhrkamp.

[8] Jin Y. 2020. *Die Legende der Adlerkrieger* [M]. Karin Betz. Trans. Heyne: München.

[9] Lefevere, A. 1992. *Translation, Rewriting and the Manipulation of Literary Fame* [M]. London and New York: Routledge.

[10] 姜华,2024. 制造知识:作为媒介的书籍与出版[M]. 北京:商务印书馆.

[11] 卡萨诺瓦,2015. 文学世界共和国[M]. 罗国祥,陈新丽,赵妮,译. 北京:北京大学出版社.

[12] 康澄,2005. 文本——洛特曼文化符号学的核心概念[J]. 当代外国文学,(4):45-53.

[13] 刘军平,2019. 西方翻译理论通史(第二版)[M]. 武汉:武汉大学出版社.

[14] 马冬梅,周领顺,2020. 翻译批评理论的本土构建——周领顺教授访谈录[J]. 北京第二外国语学院学报,(1):57-70.

[15] 马萧,2000. 文学翻译的接受美学观[J]. 中国翻译,(2):47-51.

[16] 许诗焱,张杰,2020. 21世纪文学翻译研究的三大转向:认知·过程·方法[J]. 江苏社会科学, (3):159-166+243.

[17] 於伟澄,2024. 从汉学家为主体到出版社为核心——兼论21世纪以来中国现当代文学在德语区的传播范式[J]. 宁夏大学学报(社会科学版),(1):52-59.

[18] 中国社会科学院语言研究所词典编辑室,2012. 现代汉语词典[M]. 北京:商务印书馆.

[19] 周领顺,2012. 译者行为批评:翻译批评新聚焦——译者行为研究(其十)[J]. 外语教学,(3): 90-95.

［20］周领顺,2013. 译者行为批评中的"翻译行为"和"译者行为"［J］. 外语研究,(6):72－76.

［21］周领顺,2014a. 译者行为批评:理论框架［M］. 北京:商务印书馆.

［22］周领顺,2014b. 行为批评:路径探索［M］. 北京:商务印书馆.

［23］周领顺,周怡珂,2020. 翻译批评需要怎样的标准?——译者行为批评模型构建尝试［J］. 外语与外语教学,(5):107－117＋138＋150－151.

（责任编辑　鹜龙）

"红色翻译家"李汉俊译介研究[*]

华中科技大学　王　婷　梁林歆^{**}

摘　要:李汉俊被共产国际代表马林誉为早期"最有理论修养"的同志。关于李汉俊的研究大多关注其推动马克思主义在中国的早期传播、"一大"的组织工作及其协助中国共产党成立的贡献,涉及翻译层面的研究较少。本文以梳理李汉俊有关马克思主义的翻译实践及翻译影响为基础,探究其翻译实践在社会历史背景下的读者定位、主体意识及革命精神的现实性及实践性的时代特点,以期对李汉俊在马克思早期传播阶段的翻译实践研究提供参考。

关键词:李汉俊;译介研究;马克思主义早期翻译与传播

Title: A Review of Research on Li Hanjun's Translation

Abstract: Li Hanjun was honored as "the most theoretically cultivated" comrade by Sneevliet, a representative of the Communist International. Previous studies about Li Hanjun mainly concentrated on his contributions to the early dissemination of Marxism in China, organizational work of "First National Congress" and the establishment of Communist Party of China. Therefore, this paper focuses on Li Hanjun's translation practice and influences regarding Marxism, and analyzes their features respectively. The paper also investigates his reader positioning, translator's

---

* 本文系华中科技大学"党的二十大精神进教材、进课堂、进头脑"校级本科专题教学研究项目"'一带一路'倡议下高端实用翻译人才培养模式研究"(2022194)的阶段性成果。

** 作者简介:王婷,华中科技大学外国语学院硕士生。研究方向为翻译学。联系方式:m202375346@hust.edu.cn。梁林歆,华中科技大学外国语学院副研究员、博士生导师。研究方向为翻译学。联系方式: foreverllx@126.com。

subjectivity and revolutionary spirit in the context of social history. Finally, the paper provides a reference for the future studies.

Keywords: Li Hanjun; research on translation; early translation and dissemination of Marxism in China

1 引 言

李汉俊,1890 年出生于湖北潜江,中共"一大"代表,建党初期被共产国际代表马林誉为"最有理论修养"的同志(李丹阳,2012:60)。他 1904 年留洋日本,1918 年回国,在上海从事写作、翻译工作,并致力于马克思主义及新文化的传播,为建党及中共"一大"的召开做出卓越贡献。李汉俊是最早的马克思主义信仰者之一,在翻译实践、翻译审校、翻译出版等环节推动马克思主义在中国的早期传播,积极宣传唯物史观的阶级斗争及政治经济学理论,被誉为马克思主义的"播火者"(田子渝,2004:18)。

国内学者多聚焦李汉俊关于马克思主义传播、建党贡献及以"一大"为主的党史等方面的研究(田子渝,2004;李丹阳,2012;周行、田子渝,2012)。翻译视角下的李汉俊研究成果屈指可数,缺乏对其翻译实践的系统梳理。仅李丹阳(2008)对李汉俊马克思主义著作翻译情况进行探讨,从史料的角度考察其马克思主义著作翻译活动;工藤贵正、吉田阳子(2020a,2020b)围绕李汉俊关于德国表现主义的译介,分别论述德国未来派和李汉俊的翻译意义,及其关于无产阶级文艺表现手法的问题。鉴于此,本文爬梳李汉俊作为马克思主义者的翻译活动,并从实践哲学的译者主体性视角探究其翻译实践特色,进而探究其翻译影响。

2 李汉俊翻译活动

李汉俊是五四运动前后译介马克思主义著作的译者之一,精通日、德、英、法四门语言。从 1919 年到 1922 年离开上海的这段时间内,他以著述、译文推介日文版及原版的马克思主义经典著作为主,展现出强烈的革命主义和斗争精神。李汉俊曾对芥川龙之介言:"欲进行社会革命,只有靠宣传……予断言,眼下的要务就是著述"(芥川龙之介,2007:46 - 47)。据不完全统计,李汉俊在《星期评论》《新青年》《共产党》等刊物上发表了传播马克思主义和新思想的文章和译文达 100 篇之多(田子渝,2004:58)。通过在"晚清民国期刊全文数据库"中检索"汉俊""先进""海镜""厂晶""李漱石"等李汉俊笔名,查找发表译文总 23 篇,包括文学思潮与作品、俄罗斯研究、马克思主义等。此外,有相当一部分马克思主义相关译作因已翻译未发表、合译、节译、摘译、佚失等原因未列入。

表 1　李汉俊译文(独译且发表未佚失)发文统计

发表时间		题名	原著作者	报刊/出版社
1920 年	5 月 1 日	《人力车夫》	Dye Mahayhi	《星期评论》"劳动纪念号"
		《五一》	J. Lizerovisteb	
	9 月	《我在俄罗斯的生活》	/	《民国日报·觉悟》
		《女子将来的地位》	Bebel	《新青年》
		(二)《俄罗斯同业组合运动》	/	《新青年》"俄罗斯研究"专栏
		(三)《我在新俄罗斯的生活》	Wilfred K. Humphries	
		(四)《苏维埃共和国的产妇和婴儿及科学家》	Lincoln Eyre	
		《马格斯资本论入门》	Mary Marcy	社会主义研究社
	12 月	《法国"劳动总联合会"宣章》	/	《新青年》
	/	《道德底经济的基础》(上)、(下)	A. Loria	《建设》
1921 年	5 月 1—6 日	《小小的梦》五章	高斯华西	《民国日报·觉悟》
	6 月 9 日	《米袋和人》	/	《民国日报·觉悟》
	6 月 10 日	《雾飙(Strum)运动》	黑田礼二	《小说月报》
	7 月 10 日	《犹太文学与宾斯奇》	千叶龟雄	《小说月报》
	8 月 10 日	《近代德国文学的主潮》	山岸光宣	《小说月报》"德国文学研究"专栏
		《"最年轻的德意志"的艺术运动》	金子筑水	
	11 月 10 日	《新希腊文学的近况》	Démétrius Astériotis	《小说月报》
		《民众艺术底理论和实际》	平林初之辅	
		《德国文学家邓南遮》	村松正俊	
	/	《英国煤矿罢工底缘由及其社会革命的意义》	高桥龟吉	《东方杂志》
	/	《后期印象派与表现派》	/	《小说月报》
1922 年	/	《波兰文学的特性》	千叶龟雄	《小说月报》
1925 年	12 月 10 日	《犹太文学与考白林》	L. Blumenfeld	《小说月报》

2.1　马克思主义相关著作的翻译

20世纪初的马克思主义作为社会主义流派之一见诸报刊,处于早期译介阶段。"马克思"一名最早出现于1898年上海出版的《泰西民法志》,随后陆续有译著初步介绍马克思主义,如村上知至著、罗大维译的《社会主义》等。然而,此时译介零散、单一,《天行报》等一些信仰无政府主义者、少数资产阶级革命派对马克思主义的介绍并不深入,甚至曲解与误读。至十月革命及五四运动后,马克思主义在先进知识分子和工人阶级之中广泛传播,其唯物史观、政治经济学及科学社会主义的译介均在质和量上呈大幅度上升趋势。

李汉俊关于马克思主义的译介以马克思主义政治经济学、唯物史观、国际共产主义运动为主。已知的李汉俊最早译文为1919年9月与金刚合译的山川菊荣著《世界思潮之方向》,同月与湖北老乡詹大悲合译了佐野学的《劳动者运动之指导伦理》。仅1920年,李汉俊就在《星期评论》和《新青年》的"俄罗斯研究"专栏发表了相关译文,介绍了俄罗斯、法国和美国的工人运动状况。

李汉俊参与马克思主义相关著作的翻译活动包括:独译《马格斯资本论入门》,节译《〈资本论〉初版序言》及《资本论》部分章节,摘译《政治经济学批判》序言与第一国际大会决议、第二国际布鲁塞尔(1891年)大会决议和第三国际筹备宣言等重要关键段落,合译《资本论解说》,补译《唯物史观解说》,校对《共产党宣言》等。其中,李汉俊最受关注的译本是以远藤无水的日译本为底本翻译的《马格斯资本论入门》(下称《入门》)。《入门》原著名为 *Shop Talks on Economics*,作者马尔西(Mary Marcy),马克思主义者、美国左翼社会党领导人,曾任美国左翼刊物《国际社会主义评论》(*International Socialist Review*)的编辑,撰写《一个革命党》("A Revolutionary Party")等支持马克思主义的文章。马尔西将马克思政治经济学以"通俗的语言"介绍给广大读者,该书曾被译为多国文字,总发行超200万册。原文每章末尾皆提出一系列问题以帮助读者加深概念理解,但日译本及李译本均未译出,《入门》于1920年6月由社会主义研究社出版,是中国共产党早期组织出版的第一本介绍《资本论》的译作。

在《入门》的译者序中,李汉俊提到了同为中国马克思主义最早研究者之一的戴季陶。戴季陶主持翻译了考茨基著的《资本论解说》,自1919年8月至1920年12月在《建设》上连载,于1927年10月结集出版,译者栏戴季陶序一、胡汉民序二。但戴季陶在译作序言中提及:"这一本书的翻译,我和执信先生两人共同作了二分之一……和汉俊共作了二分之一,差不多是汉俊译成初稿,我任校订。"(考茨基,2012:1-2)可见,李汉俊与戴季陶合译了《资本论解说》应是毫无疑问的事实。

在《入门》序言结尾,李汉俊引出另一部马克思的重要经济学著作《价值、价格及利润》。此篇演讲为马克思在国际工人协会(即第一国际)中央委员会会议上所作,经整理后出版成册。李汉俊指出"马格斯经济学说的全体都发露在这里面",并表示:"鄙人现在着手这本书的翻译,大约不久就可以出版。"(马尔西,1920:3-4)1921年9月《新青年》刊载的"人民出版社通告"上,预告了李汉俊翻译的马克思著作《资本论》①《经济学批评》《革命与反革命》已出版或即将出版的消息(李丹阳,2008:138)。再者,考察李汉俊的史料记载及所著的文章的摘引记录,李汉俊也译有《〈资本论〉初版序言》及《工钱劳动与资本》。

在翻译实践之外,李汉俊在审校、出版环节也积极协助马克思主义著作的翻译。1920年4月,陈望道完成了《共产党宣言》的中文全译工作,5月先后交给李汉俊和陈独秀校阅。李达翻译的郭泰著《唯物史观解说》参照德文和日文两版,他在翻译附言中致谢:"译者现在的德文程度不高,上面所说的那些补译的地方,大得了我的朋友李汉俊君的援助。"(郭泰,1921:7)

2.2 文学理论及文学作品的翻译

新文化运动中,"文学革命"逐步向"革命文学"转变,以强化文学的阶级性和政治性。"革命文学"主张文学承担改造精神和社会的使命,文学家应积极投身革命事业,但此时还不具备无产阶级文学的特性。李汉俊此时虽有朦胧的马克思主义文艺理论的思想意识,但其对于唯物辩证法的认识与唯物史观交杂,仍处于情感抒发的阶段,翻译的文学作品也大都是"革命文学"。1920年5月《星期评论》特发的"劳动纪念号"上,刊载了李汉俊所译的两部短篇小说:李则罗维起(J. Lizerovisteb)的《五一》及马哈兰(Mahayhi)的《人力车夫》。《人力车夫》为马哈兰应《星期评论》邀请而特意创作,讲述了上海人力车夫劳累身死的故事,另有短篇小说《米袋和人》同样以人力车夫为主题。新文学中,"人力车夫"这一题材曾掀起短暂的热潮。"人力车夫"可谓"平民文学""人的文学"的形象化表达,也是当时泛劳动主义思潮的审美符号(康馨,2022:145)。此外,李汉俊还翻译了戏剧《小小的梦》,由高斯华西所著,讲述了一位山林少女的经历,隐喻社会的种种问题。

五四运动时期,无产阶级登上了历史舞台,但无产阶级文学尚未萌发。然而,李汉俊1921年发表的日本著名评论家平林初之辅的《民众艺术底理论和实际》译文是"中国最早明确提倡无产阶级文学的译文"(王志松,2015:11)。文中指出民众艺术对经济基础的依赖性和阶级性,民众艺术问题也是社会问题。张闻天读到此篇译文,立即在两天

---

① 此处指《马格斯资本论入门》。1921年"人民出版社通告"所介绍的李汉俊翻译的《资本论》下方有括号,并标注"已出版,定价一角"(李丹阳,2008:138)。故根据出版情况推测,此处的《资本论》应指李汉俊译、马尔西著、已出版的《马格斯资本论入门》。此外,根据目前的史料,李汉俊在其著述中译有马克思著《资本论》部分段落和章节,但并未出版其译本。他参与翻译的与《资本论》相关的马克思主义译作有两本,与戴合译的考茨基著《资本论解说》以及马尔西著《经济漫谈》(即《入门》)。《入门》译本于1920年出版,《资本论解说》译文于1927年出版。

后的《民国日报·觉悟》"评论"栏摘录,发表《民众艺术和社会改造》一文。虽较少学者注意到此篇译文的开拓性,但其无疑在当时为中国无产阶级文学的倡导和发展发出先声,也为唯物主义文学论在 20 年代末的译介高潮提供思想的起点。

鸦片战争以来,民族危机和民族觉醒引发爱国知识分子与被损害民族的共鸣。印度、波兰、犹太、丹麦等被损害民族文学得到密切关注和译介。鲁迅、周作人合译了《域外小说集》,沈雁冰把《小说月报》第 12 卷 10 号设为"被损害民族的文学号"特刊,登载了 12 个被损害民族国家和地区的近 30 篇译文。李汉俊刊登的《新希腊文学的近况》《犹太文学与宾斯奇》《犹太文学与考白林》等介绍被损害民族文学的译文,向读者揭开近代文学史上自强不息的新希腊、饱受欺凌的犹太民族文学的面纱。

此外,李汉俊对德国文学及表现主义展现出较大的兴趣,与程裕青最早向中国介绍"表现主义"。他译有若干关于德国表现主义的日本研究与报道,把在柏林掀起的表现主义运动翻译成"雾飘(Strum)运动"。《小说月报》"德国文学研究"专栏发表了四篇与德国文学有关的译文,其中两篇为李汉俊所译。

3 李汉俊翻译实践特色

纵观李汉俊一生,他作为一名坚定不移的马克思主义者,翻译活动紧紧围绕马克思主义展开,通过直接或间接传播马克思主义理论,从而达到社会革命的目的。从文学翻译批评视角来看,李汉俊并非一位炉火纯青的翻译家,正如陈望道曾评价:"李汉俊译得最快,但文字并不好。"(宁树藩、丁淦林,1980:2)李汉俊翻译马克思主义著作及文献多采用直译的方法,甚至死译,以至于信而不顺,"翻译腔"较为明显,且存在些许漏译、误译之处。然而,翻译实践是个人与时代的产物,在其社会历史背景下存在独特的价值与意义。虽然文字略显粗糙,但置之于中国呼吁新思潮、新文化的政治文化运动之下,李汉俊对读者群体精准定位,译文质而不野、通俗平实,具有鲜明的主体意识和现实意义,译介活动渗透着红色革命精神以及时代特色。

20 世纪 20 年代左右,中国人民遭受封建主义和帝国主义的双重压迫,北洋军阀投靠帝国主义,在我国政治、经济、文化正处于极度动荡的社会历史条件下,五四运动爆发,民众的爱国精神空前觉醒,群众渴求社会革命的欲望愈发强烈。李汉俊自一开始便怀抱彻底的革命精神,在五四运动前后随着马克思主义的广泛传播进入大众视野。他不仅积极投身于宣扬马克思主义及建立马克思主义政党的社会活动,如与陈独秀筹备成立中国共产党(施复亮,1980a:34),帮助董必武筹建武汉共产主义小组(王谦,2001:47)等,也以著述的形式积极传播马克思主义。陈望道曾提及李汉俊"搞翻译"的部分现实原因。当时上海马克思研究会在做宣传,李汉俊、沈雁冰、李达、陈望道这四位研究会成员白天奔波于研究会的组织工会、编刊物、教书等活动,晚上做翻译卖稿给商务印书馆。一千字四五元,他们一夜可译万把字,以此作为活动经费来源。

李汉俊通过精准定位中国读者群体的知识水平以实现翻译目的,在《入门》中以符号标记、设问及译者注等多种便于读者理解的方式普及马克思政治经济学。《入门》一书按原名应译为"经济漫谈",由于李汉俊所面向的读者大多为并不懂马克思主义的、没有经济学基础的知识分子与劳动人民,他"考其内容,审其作用"(马尔西,1920:3),最终敲定为《马格斯资本论入门》,并重点突出文中的基本概念,常以设问、译者注或两者结合的形式帮助读者厘清概念定义。因此,李汉俊在序言中表示,该书虽然内容平易,但也有些许抽象之处,所以他在读者思索困难之处加以注解(同上)。《入门》全文共2.7万字左右,包含11个译者注,个别进行了较为深入的阐释或引申。如:

例1:In saying that the value of a commodity is determined by the quantity of labor worked up or crystalized in it, we mean the quantity of labor necessary for its production in a given state of society, under certain social average conditions of production, with a given social average intensity, and average skill of labor employed. (Marcy, 1911:11)

译文:商品的价值,是由产生他的时候所费劳动量,或是由在他里面结晶的劳动量决定的。这个劳动量的意思,就是在一种社会状态之下,在社会的平均生产条件之下(所谓社会的平均生产条件,就是社会的平均程度和被使用的劳动之平均熟练),为其生产所需要之劳动量的意思。(2)

译者注(2):社会的劳动是为区别个个的劳动而言。个个的劳动是以个个的境遇以及生产时的各种特殊状况的结果,偶然包含于或种特定商品里面的劳动。在这个场合,生产时的各种特殊的社会关系(如物品的有用无用,必要非必要,对于这物品的欲求之多寡及对于这欲求的供给需要关系,科学及其工艺的应用的发达程度,生产行程的社会的结合,生产机关的范围,以及各种自然关系,)各劳动种类的特殊性,各种工具的精良不精良,各个劳动者的勤勉、能力、熟练、不熟练的差异等等都是受考虑的。至于社会的劳动则不然,他是将这个个的境遇,各种特殊状况离开,在一般上将他们都化为平均了的平均劳动。详细点说,社会的劳动就是在一定时代的社会状态之下,将各种特殊的社会关系化为普通平均的关系,将各种劳动种类的特殊性化为普通平均的性质,将各种效率不同的工具的效率化为一般的平均效率,将各个勤勉、能力、熟练程度不同劳动者的这些程度化为一般的平均程度了,而考虑的各个商品里面所包含的劳动。(本文所说社会的平均程度就是指平均的社会关系,平均的劳动性质,平均的机器效率而言,劳动之平均熟练就是指各个劳动者的平均勤勉、努力、能力、熟练程度而言)。所以社会的劳动,亦可以叫作平均的劳动。所谓社会的必要劳动或平均的必要劳动,就是在这种社会的平均生产条件之下,为社会生产有用的或必要的物品所不能不消费的平均劳动。各个商品里面的劳动,本来是无数各个独立生产条件之下的各个独立劳动的总合,但决定一个商品价值的劳动,就只限于这个无差别的一般的社会的平均必要劳动,不是那个各种特殊的独立的劳动了。所以决定商品价值的劳动,完全是抽象的。(马尔西,1920:8-9)

例1是有关商品价值和劳动量的定义。译文中"crystalized"译为"结晶"、"average skill of labor employed"译为"被使用的劳动之平均熟练",表达不够自然、通俗。译者将文中涉及的"商品的价值""生产所需要之劳动(即社会必要劳动)""社会的平均生产条件"拆成三个术语定义,并以句子切分和括号注释的形式使得结构和表达更为清楚和自然。但译者受限于其语言表达,释义内涵并不十分清晰,如"一种社会状态之下"是怎样的社会状态?为助读者厘清概念,译者注2对"社会的劳动"(即译文中的"生产所需要之劳动量""劳动量")进行多达600余字的阐释和拓展,解释"个个的劳动"是个人的境遇以及生产时的各种特殊状况的结果,而"社会的劳动"则是"平均的劳动",处于平均化的社会关系、劳动种类、效率不同的工具等社会状态之下。

李汉俊的译文具有鲜明的主体意识和个人情感,流露出对压迫者的批判与被压迫者的同情,激起目的语读者的共鸣。这一点突出表现在《入门》的人物形象塑造及部分译者注中。如马尔西(Marcy,1911:9)在《入门》第一章末尾声明:"我这书只是把马克思在他著书里所讲的话,用男女劳动者平常所用的语言来讲。"原著整体语言平实易懂,用词简略,以矿工的劳作为例,从劳动者的视角揭示资本主义雇佣劳动中工资、价值、利润等基本概念的本质和关系,最后呼吁劳动阶级团结一致进行战斗。原文中资本家的形象大多为客观的剩余价值剥削者,译文中的资本家、雇主更带有消极、贬义的色彩,译者在塑造这一形象时更突出资本家贪婪、无情的特性。如:

例2:The eight hours of value, or 8.00 worth of coal, which the capitalists appropriate, is **surplus value**, for which they give no equivalent. (Marcy, 1911: 25)

译文:资本家私得了的那个抵得八点钟或是八元美金的煤炭之价值,就是**剩余价值**。这是怎样讲呢?是因为资本家对于这八点钟之价值,丝毫代价都没有出的缘故。(马尔西,1920:22)

例3:This means food, clothing, shelter (the necessities of life) and it means something additional to rear a boy or girl to take your place in the shop or factory when you grow too old to keep up the fierce pace set by the boss. (Marcy, 1911:13)

> 译文:所谓产生劳动力所必须社会的劳动,就是指饮食、衣服、房子等生活必需品,也就是诸君养育幼年儿女,预备诸君老了对于雇主不能<u>完纳血税</u>的时候,好在大小工厂内代替诸君的地位。(马尔西,1920:11-12)

例2中,原文以两个从句解释并强调黑体标出的"surplus value",资本家的形象较为中性,无明显情感色彩。李汉俊将"appropriate""give no equivalent"译为"私得""丝毫代价都没有出",体现出资本家的冷血和吝啬,带有贬义色彩,并以设问的方式,再次强调资本家自私、贪婪的特点。例3中,李汉俊用"完纳血税"来解释"keep up the fierce pace set by the boss",更强烈展现资本家对于工人血汗钱的无情剥削,也体现出当时劳动人民缴纳的赋税之重、受压迫之深。

自李汉俊在最初的译文《世界思潮之方向》之译后文中提及世界及中国的无产革命开始,翻译主题突出,基本观点和动机紧扣马克思主义,深入贯彻革命思想。在《入门》最后一章的译者注9、10、11中,李汉俊多次大篇幅提到"战斗""阶级""劳动运动"等词,即"劳动者所处的地位,就已经贫弱到十分地步了……都非不断地与资本家继续战斗不可","劳动者是一个阶级……以使劳动者成一个阶级来战斗,使劳动运动更为有力","真正的劳动运动只要劳动者有了阶级觉悟……但他们只要能够多数团结起来奋斗,无有不成功的"(马尔西,1920:49-51)。并且译文最后两段采用一系列"非……不可"的句式翻译连动句,语气更为强烈。译者在解释原文资本剥削的逻辑基础上,再三强调劳动者所处的被压迫现状,最后呼吁劳工阶级应团结起来战斗,带有浓厚的革命色彩,其基本精神更接近于马克思主义唯物史观的阶级斗争思想。可以说,李汉俊翻译实践的最终意图十分明显,即通过传播马克思主义,进一步呼吁广大劳动者在国内进行彻底的阶级斗争,最终通过社会革命达到民族解放。

4 李汉俊翻译影响

唐宝林主编的《马克思主义在中国100年》指出早期宣传马克思主义中有特殊贡献者,即北京的一李二陈(即李大钊、陈溥贤、陈启修),上海的二李二陈(即李达、李汉俊、陈独秀、陈望道)以及杨匏安等(田子渝,2001:23)。李汉俊作为"上海二李"之一,以述译者的身份将马克思主义呈辐射之势传播至各地,加强宣传阵地的马克思主义旗帜色彩,积极投身于马克思主义大众化传播的社会活动及早期党组织活动,对马克思主义在中国早期传播及中国共产党的创建做出重要贡献。他的翻译影响可以概括为以下几点：

（1）李汉俊有关马克思主义的相关译介活动为我国马克思主义早期传播引燃思想火种。李汉俊曾把马克思主义比作革命的种子，称"种子就在手中，惟恐力所不及，不能解救万里的荒芜"（芥川龙之介，2007：47）。他携带马克思主义著作和报刊回国，以述译的形式传播马克思主义理论部分的"唯物史观说""经济学说""阶级斗争说"。被瞿秋白（1982：200）称为"中国共产党的'细胞'之一"的《星期评论》刊登了50余篇关于马克思主义的述译文章，其中38篇由李汉俊所作。在传播唯物史观时，李汉俊系统论述了马克思的唯物史观，清晰表明唯物史观在马克思主义中的基础地位，并在《唯物史观不是什么？》一文中论证辩证唯物主义。他的处女作《怎么样进化？》采用马克思主义唯物史观阐释人类发展进化的历史规律。李汉俊通过摘译《政治经济学批判》序言，并在著述中引用序言中的唯物史观公式或直接摘引此序作为理论依据，从而进一步说明唯物史观的本质，即什么是唯物史观、世界与物质、生产力和生产关系、经济基础与上层建筑的关系。不仅如此，李汉俊翻译的《入门》是中国共产党早期组织出版的第一本介绍《资本论》的著作，作为"社会主义研究小丛书第二种"，出版后7个月内在毛泽东创办的长沙文化书社以200余本的销量位居销售额首位。该译文以朴实的无产阶级劳动者为例，通俗地阐明商品、社会的必要劳动、劳动的价值关系、利润等问题，阐释资本主义生产方式的规律，揭示剩余价值论中资本主义雇佣劳动制度的本质。此外，李汉俊还特别关注劳工运动，发表了国内外工人运动、鼓励劳工运动的述译文章。他不仅自己重视翻译，也号召知识分子多做翻译，认为应少做高谈的文章，呼吁"懂外国文字的人……放下功夫，多翻译几本书籍，尤其以社会科学的书籍最要紧"（李丹阳，2008：132）。其选材应以社科为先的观点与胡适、闻一多等译名家名著文学的观点并不类似。

（2）在述译者与编辑的双重身份加持下，李汉俊积极扩大马克思主义宣传舆论阵地，为建党事业做思想准备工作。《新青年》《星期评论》《劳动界》《共产党》等先进刊物是五四运动时期宣传马克思主义的主要力量，以上海为中心推动思想传播至全国各地。《星期评论》是新文化运动时期"舆论界最亮的两颗明星"之一（杨宏雨、肖妮，2012；谭思蓉、苏艳，2022），销路最广，从最初的千份一路涨至十几万份，广受进步青年欢迎，是当时宣传马克思主义最有力的刊物之一。李汉俊是该刊物的核心编辑，1920年初总发行及编辑所迁至其寓所。此外，"一大"召开前夕，以普及新文化运动为宗旨的新时代丛书社宣布创立，由李汉俊、陈独秀、李大钊等15人发起，通讯处也设在李汉俊与其兄的住所。

（3）李汉俊不仅是早期马克思主义翻译家，也是将马克思主义付诸实践的革命者，其翻译实践与社会活动紧密交织。他一方面通过翻译实践启发大众的马克思主义思想，另一方面积极参与马克思主义大众化传播的社会活动及中国共产党早期党组织活动，不断以实践丰富对马克思主义的认知，在马克思主义的指引下进行翻译和社会实践。在《"一大"前后:中国共产党第一次代表大会前后资料选编(二)、(三)》(1980)中部分记载有:1920 年 4 月,共产国际正式代表维金斯基赴上海帮助建立中国共产党,李汉俊积极参与研讨;5 月,与陈独秀等发起组建"马克思主义研究会"(陈望道,1980:23);6 月,并与陈独秀等组建了中国第一个共产主义小组——上海"共产主义小组"并起草类似党纲的草案(施复亮,1980a:35);7、8 月,与施存统等八人共同发起组建中国第一个共青团组织"中国社会主义青年团"(施复亮,1980b:71),此外,与陈独秀等创办了中共第一个工人通俗刊物《劳动界》;10 月,参与中共领导的第一个工会组织,即上海机器工会发起大会;12 月,代理中共上海党组织的书记,负责全面领导工作,身兼 11 月创办的党的第一个秘密性机关刊物《共产党》月刊的撰稿人。次年 7 月,李汉俊以"一大"负责人的身份,会前函约各地党小组参加中国共产党第一次全国代表大会,设会址为他与其兄的住所"李公馆",会中沉着与法租界密探周旋,掩护一大代表(张国焘,1980:179),会后受大会委托与董必武起草《中国共产党第一次代表大会》的报告(董必武,1980:88)。包惠僧(1980:137)表明"中共成立之初,李汉俊在党内的地位仅次于陈独秀"。李汉俊的身影几乎出现于上海从早期党组织发展到"一大"召开期间的所有组织活动,回武汉后则投身于工人运动、教育事业,依然是马克思主义忠实的信仰者。在武昌师范大学(现武汉大学)任教期间,他将"唯物史观"课程引入高等教育,编有《唯物史观讲义初稿》。李汉俊"开创了近代高校进行马克思主义专门化教育的先河与新局面"(唐尚书、程华东,2021:17),与李大钊可谓是在高等院校中把"唯物史观"列为教学科目的先锋。

5　结　语

习近平总书记(2021)指出,"马克思主义是我们立党立国的根本指导思想,是我们党的灵魂和旗帜。"李汉俊是坚定不移的马克思主义信仰者,积极献身于社会革命的红色翻译家,为马克思主义在中国的早期传播与中国共产党的创立做出了卓越而深远的贡献。李汉俊的翻译实践活动在国家制度与思潮极度动荡的社会历史条件下具有强烈的现实性与实践性,其以马克思主义为思想武器,视宣传为实现社会革命的途径,在读者定位、主体意识及革命精神上渗透出鲜明的时代特色。具体而言,李汉俊有关马克思主义的译介活动为我国马克思主义早期传播下了思想的火种,以述译者和编辑的双重身份扩大了马克思主义的革命阵地,积极将马克思主义付诸中国革命实践。

参考文献

[1] Marcy, M. 1911. *Shop Talks on Economics* [M]. Chicago: Charles H. Kerr & Co.

［2］包惠僧,1980. 怀念李汉俊先生[A]. 上海人民出版社编. 党史资料丛刊第1辑[C],上海:上海人民出版社.

［3］陈望道,1980. 回忆党成立时期的一些情况[A]. 社会科学院现代史研究室,中国革命博物馆党史研究室编. "一大"前后:中国共产党第一次代表大会前后资料选编(二)[M]. 北京:人民出版社.

［4］董必武,1980. 董必武给何叔衡的信[A]. 社会科学院现代史研究室,中国革命博物馆党史研究室编. "一大"前后:中国共产党第一次代表大会前后资料选编(三)[C]. 北京:人民出版社.

［5］工藤贵正,吉田阳子,2020a. 李汉俊与表现主义:围绕与俄罗斯未来派的关系以及翻译意义(上)[J]. 上海鲁迅研究,(3):126-142.

［6］工藤贵正,吉田阳子,2020b. 李汉俊与表现主义:作为无产阶级文艺表现手法的可能性(下)[J]. 上海鲁迅研究,(4):152-165.

［7］郭泰,1921. 唯物史观解说[M]. 李达,译. 上海:中华书局.

［8］芥川龙之介,2007. 中国游记[M]. 秦刚,译. 上海:中华书局.

［9］康馨,2022. "人力车夫"形象缺席左翼文学考论[J]. 文艺理论研究,42(6):145-152.

［10］考茨基,2012. 资本论解说[M]. 戴季陶,胡汉民,译. 北京:九州出版社.

［11］李丹阳,2008. 关于李汉俊对马克思主义著作翻译情况的探讨[J]. 上海革命史资料与研究,(0)8(1):132-148.

［12］李丹阳,2012. 李汉俊与中国共产主义运动起源[J]. 史学月刊,381(7):56-64.

［13］马尔西,1920. 马格斯资本论入门[M]. 李汉俊,译. 上海:社会主义研究社.

［14］宁树藩,丁淦林,1980. 关于上海马克思主义研究会活动的回忆——陈望道同志生前谈话记录[J]. 复旦学报(社会科学版),(3):1-4+10.

［15］瞿秋白,1982. 中国党史纲要大纲[A]. 中央档案馆编. 中共党史报告选编[M]. 北京:中共中央党校出版社.

［16］施复亮,1980a. 中国共产党成立时期的几个问题[A]. 社会科学院现代史研究室,中国革命博物馆党史研究室编. "一大"前后:中国共产党第一次代表大会前后资料选编(二)[M]. 北京:人民出版社.

［17］施复亮,1980b. 中国社会主义青年团成立前后的一些情况[A]. 社会科学院现代史研究室,中国革命博物馆党史研究室编. "一大"前后:中国共产党第一次代表大会前后资料选编(二)[M]. 北京:人民出版社.

［18］谭思蓉,苏艳,2022. 五四运动前后场域博弈中《共产党宣言》首译本的诞生[J]. 中国翻译,43(1):39-46.

［19］唐尚书,程华东,2021. 李汉俊与近代高校马克思主义大众化教育[J]. 中国高等教育,(23):16-18.

［20］田子渝,2001. 马克思列宁主义在中国早期传播研究综述[J]. 马克思主义研究,(3):19-27.

［21］田子渝,2004. 中国共产党创始者——李汉俊[M]. 武汉:武汉出版社.

［22］王谦,2001. 董必武与武汉党组织的建立[J]. 百年潮,(7):44-47.

［23］王志松,2015. 日本马克思主义文艺理论在中国的译介[J]. 东北亚外语研究,3(2):10-16.

[24] 习近平,2021. 在庆祝中国共产党成立100周年大会上的讲话[N]. 人民日报,7月2日(2)

[25] 杨宏雨,肖妮,2012.《星期评论》——"五四"时期舆论界的明星[J]. 同济大学学报(社会科学版),23(5):48-57.

[26] 张国焘,1980. 张国焘回忆中国共产党"一大"前后[A]. 社会科学院现代史研究室,中国革命博物馆党史研究室编. "一大"前后:中国共产党第一次代表大会前后资料选编(二)[C]. 北京:人民出版社,122-183.

[27] 周行,田子渝,2012. 李汉俊对中国共产党创建的杰出贡献[J]. 山西大学学报(哲学社会科学版),35(6):75-81.

（责任编辑　鹜龙）

翻译教学导向的翻译研究选题与设计

北京外国语大学　张　威　刘晓红[*]

摘　要：翻译教学实践既是翻译研究选题的重要来源，也是翻译研究的价值导向，利于实现翻译实践、教学与研究的协调配合。为此，本文提出了基于翻译教学实践的研究选题战略，突出了"四位一体"选题思路，明确了翻译教学研究的设计原则与方法，介绍了翻译教学研究的重点领域及话题，旨在强调翻译研究服务翻译教学与实践的基本原则，丰富翻译研究选题范围，强化翻译教学研究对提高翻译技能培养质量的促进作用。

关键词：翻译教学；研究选题；研究方法

Title: Translation Teaching-Oriented Translation Research Topic Selection and Design

Abstract: Translation teaching practice is not only an important source of translation research topics, but also a value guide for translation research, which is conducive to realizing the coordination of translation practice, teaching and research. For this reason, this paper puts forward a strategy of research topic selection based on translation teaching practice, highlights the idea of "four-in-one" topic selection, clarifies the design principles and methods of translation teaching research, and introduces the key areas and topics of translation teaching research. It aims to

---

＊　**作者简介**：张威，北京外国语大学英语学院教授。研究方向为翻译理论与教学、语料库翻译研究、中国话语译介与传播。联系方式：zhangwei030507@bfsu.edu.cn。刘晓红，北京外国语大学英语学院博士生，新疆大学外国语学院讲师。研究方向为翻译理论与实践、语料库翻译学。联系方式：202120300025@bfsu.edu.cn。

emphasize the basic principle that translation research serves translation teaching and practice, enrich the scope of translation research topics and strengthen the active role of translation teaching research in improving the quality of translation skills training.

Keywords: translation teaching; research topic selection; research methods

1 引 言

教师只有对教学进行深入反思,将翻译教学中的问题转化为学术研究问题,才有可能将教学与学术有机结合起来(孙有中等,2017)。尽管翻译教学实践中蕴藏着许多有价值的研究话题,但是一线翻译教师在庞杂、艰难的选题过程中往往望而止步,常常感到无题可选。因此,本文基于翻译教学的特点提出"四位一体"选题思路,着重强调选题的战略意识和思考路径,并结合跨学科、复合式研究方法明确了翻译教学研究中的设计原则与方法,同时对翻译教学研究中重点领域和话题提出了具体的对策建议,以期教师从教学实践中创造出更多的学术增长点,从而实现翻译实践、教学与研究之间的协调配合。

2 翻译教学的特点

翻译教学有明确的学科定位、教学目标、教学重点和培养目标。翻译教师只有掌握了翻译教学的特点,才能思考如何开展教学实践和科学研究。以下将从四个方面阐述翻译教学的重要内涵。

2.1 教学翻译与翻译教学

中国的翻译教学脱胎于外国语言文学教育,经历了从教学翻译到翻译教学的演变,从英语语言文学的一门课程逐渐发展成为一个专业(穆雷、李希希,2019:24)。教学翻译是以翻译作为外语学习的工具,用来提高并检验外语运用的能力,而翻译教学则通过各种教学手段培养学生的翻译能力和从业技巧(穆雷,2004:25)。同时,随着翻译教学的不断发展,翻译教学的侧重点不仅仅是翻译技能的培养,还包括引导学生探索翻译的独特性、体系性,体现翻译的社会文化历史价值。

2.2　理论在翻译教学中的地位与作用

根据理论功能的不同,翻译理论大致分为应用理论和纯理论。其中纯理论不仅可以从应用翻译理论中抽象归纳出翻译活动的规律,也可以吸取相关学科的理论资源,发挥重要的认知功能、解释功能和预测功能(罗列、穆雷,2010:101)。因此,翻译教学活动作为重要的一种翻译实践,只有紧紧依托翻译理论,才能不断深化教师对翻译实践本质的认知,建立能够解释和预测问题的基本原则、探究和阐释翻译策略,从而有意识引导学生实施翻译策略,不断提升学生的认知能力、分析能力和价值判断能力。如以下例句:

例1

原文:她心中升腾起熊熊的怒火,恨不得扑上去,抓破那张厚重的麻脸,但她的腿却难以挪动。(莫言,2012:248)

译文:Rage boiled inside her, and she'd have rushed up and scratched the woman's pock-scarred face if her legs would have done her bidding. (Mo, 2013: 244)

例句1体现了对比语言学对翻译实践的指导作用。由于英、汉语言在人称和物称使用倾向上的差异(连淑能,2010:104－116),原文以"她"作为叙事视角,重点强调人的感受,体现出汉语的典型"主体思维",而译文以抽象名词"Rage"作为叙事视角,更注重事物对人的感知作用,往往带有隐喻或拟人化的修辞效果。同时原文动词"扑""抓"都隐含了动作者"她",属于汉语的典型"意合"结构,这与以"形合"为主的英语形成反差,因此在译文重组时首先就要考虑主谓定位的问题(刘宓庆,2006:112)。

例2

原文:"要是在梁山泊,你就是宋江,我只是李逵……"(贾平凹,2005:249)

译文:"If this were a bandit stronghold, you'd be the bandit chief and I'd be your henchman." (Jia, 1991:283)

例句2中,译文将原汁原味的"实际性文本"转换为"象征性文本",使汉语的独特韵味荡然无存(李建军,2013)。从评价资源再现的视角来看,原文隐喻蕴含着对人物社会价值的积极判断,体现着说话者高强度的情感意义,而译文在一定程度上弱化了原文情感态度的积极性和意义强度。由此,尤其在新的历史时期,我们更要从促进跨文化交流、维护文化多样性、在差异中相交相融平等的文化交流观中再审视这种扁平化的翻译方式(许钧,2021:14)。

2.3 面向翻译实践技能的理念与操作

翻译教学的目的和重点就是培养学生翻译职业的理念与规则,掌握双语转换的能力与技巧,具备能够解决翻译问题的能力(穆雷,2008:41)。围绕这个核心目标的任何教学要素和环节都值得深入探讨,如笔译技能分层教学的课程设计和质量评估、AI 环境下实践型高端翻译人才的培养、基于翻译实践能力培养的实习项目等等。舒晓杨(2021)的"AI 环境下基于工作场所学习的递进式笔译教学工作坊实践探索"典型体现了翻译实践技能培养的具体实施过程。

2.4 "现代化"翻译教学模式

随着 MOOC、微课、翻转课堂、SPOC 等新型教学模式与传统翻译教学不断融合,翻译教学活动已逐渐从"以教为中心"向"以学为中心"转变。由此,基于现代化教学模式的探讨已逐渐成为翻译教学改革的重点讨论话题。在我国翻译教学领域,已有学者展开了该领域的理论探讨和实证分析,如 SPOC 深度翻转口译学习模式、翻转课堂与 MTI 理论课程融合、慕课翻转口译学习模式等(王洪林,2019;姜倩、陶友兰,2018)。

3 翻译教学研究选题的战略思考

基于翻译教学经验的认识是研究选题的前提,但仅有经验认识是不充分的,需要进一步做出系统性提炼,因此翻译教学研究选题不是单纯的感性总结,而是系统战略思考。

3.1 若干逻辑范畴的关系

首先要清楚方法和方法论的区别:方法是使经验事实变得有意义的实际工具,而方法论则是人们对方法原理的理性认识(蓝红军,2019:4)。其次方法论的逻辑范畴主要包括:证实与证伪、描述与解释、历时与共时、微观与宏观、定性与定量、单维与多维(穆雷,2011)。这些方法论或视角可以协助研究者多维度、深层次审视研究材料,精准有效地提取研究所需要的各项素材,直接关系到翻译教学研究成果的质量。

3.2 教学研究的类别属性

教学研究的属性按照研究性质可分为描述和解释(验证)研究;按照研究层次可分为基础性和应用性研究,前者针对概念、本质、理论和模式的研究,后者为实践性验证;

按照数据来源可分为一手(实证)和二手(文献)研究;按照研究方法可分为定性/质化/质性(qualitative)、定量/量化/量性(quantitative)和混合(mixed)研究。

3.3 重要研究意识的确立

在翻译教学中,培养重要的研究意识对于研究选题具有重大战略意义。主要包括:1)经验意识,从教授课程类别、层次、课型展开研究;2)对比意识,从国家、语言对、人员、翻译方向、材料等方面展开对比研究;3)学科意识,从学科发展和理论创新高度挖掘数据背后的理论意义;4)挑战与创新意识,从材料、语言、方法等视角不断拓展研究的深度和新度;5)方法意识,研究工具的科学化应用(如问卷、实验、访谈、语料库、眼动追踪、ERP 等);6)理论意识,探讨教学中术语、体系、"模型"/"模式"的研究。

3.4 主要研究要素的判断

翻译教学活动由多种基本要素构成,每个要素都有各自特有的研究范式,都可以建构单独的研究体系。这些要素主要包括:1)教学主体(参与者),主要探讨"教"与"学"的关系,如教学策略、学习策略、个体特征、管理策略等与翻译教学效果、翻译能力的关系;2)教学媒介,主要探讨教学方法、工具、环境对翻译教学模式、教学效果的影响,如基于翻转课堂、语料库技术、ChatGPT 的翻译教学设计、效果评价等;3)教学教材,主要探讨翻译教材与教辅的研发,如基于个性化、自主化、协同式数字化翻译教辅材料的研制;4)教学活动类型,主要探讨听、说、读、写、译之间的协同效应等;5)研究焦点的厘定,主要聚焦行为表现、策略应用、心理动机等学习者因素与翻译能力的关系;6)教与学的效果评价,主要探讨翻译测试中的评价主体、评价标准、评价程序等重要环节,如基于学生自评、互评的翻译教学效果或者翻译能力的评估模式探讨。

3.5 "四位一体"的选题思路

选题过程是研究者不断增强学术规范意识、提升学术判断能力的过程(罗列、穆雷,2010:100)。正因如此,翻译教学研究者需要不断训练,形成"四位一体"的选题思路(见图1),深刻认识理论、方法、素材和聚焦等四个方面在研究选题中的重要指导作用,不断挖掘其中的创新价值。例如,基于王初明(2016)提出的"续论"理论的翻译研究成果并不多见,研究者可以尝试将其作为选题的一个理论基础,探讨"读后续译""听后续译""观后续译"(王初明,2018)在翻译教学中的创新应用;在方法层面,研究者可以采取个案分析、理论阐释、实验检验,结合有声思维、键盘记录等实证研究法,不断加深对"读/听/观后续译"

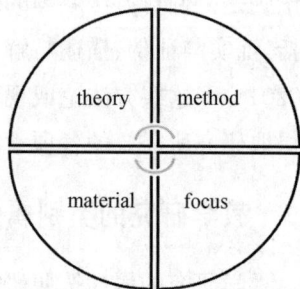

图1 "四位一体"选题思路

协同效应的认识;在素材和聚焦层面,研究者可以不断整合课程类型、传译模式、研究对象类型或层次、翻译方向、实验材料等具体变量,形成新的选题思路,以期强化后续相关研究的系统性和创新性。

4 翻译教学研究的设计原则与方法

明确了研究选题中重要战略思路的同时,还要明确上述选题思路的具体实施路径。以下从跨学科路径、复合化研究方法与手段介绍翻译教学研究设计的具体原则和方法。

4.1 跨学科视野

随着翻译教学内容和范围的不断深化拓展,翻译教学研究势必要借鉴其他学科的理论和研究方法,才能不断突破和创新翻译教学研究范式。

4.1.1 母体学科:教育学、外语教学

翻译教育是翻译学与教育学结合的产物,又脱胎于外语教育(穆雷、李希希,2019:25)。因此,翻译教学研究应充分借鉴教育学、外语教学中关于教学主体(学习者因素、教师发展等)、教学过程(理念、体系、模式、方法等)、课程教学研究、人才培养模式等议题的方法和理论。如武光军(2018)充分借鉴了二语习得研究领域中的学习者因素研究,开展了系列实证研究包括翻译学习观念研究、翻译学习策略研究、翻译学习动机研究、认知风格与翻译学习研究等等。

4.1.2 其他学科

翻译教学是翻译教育体系的一个特殊形态,翻译教育强调的是对翻译教学的系统化、科学化探索,尤其重视教育学、语言学、测试学、心理学和社会学等理论分析框架和研究方法(张威、吕煜,2023)。如当前的比较流行的基于语料库语言学的翻译教学模式/翻译教学质量评估/翻译能力培养等议题的研究、基于实验心理学的口译学习者心理认知研究等等。

4.2 复合化方法与手段

随着翻译教学的跨学科研究日益深入,借鉴跨学科新兴的研究技术和手段已是必然趋势。以下从翻译教学研究方法的跨学科性特点进行介绍。

4.2.1 翻译实验探究

翻译实验是确定翻译教学中各变量之间相关关系和因果联系的定量研究。研究者根据逻辑推理从理论中导出假设,并把假设陈述作为可检验命题,确定具有因果关系的

各种变量(穆雷,2011:63),如将口笔译产出效果作为因变量,将影响因素(如英语能力、文本特征、翻译方向、记忆、心理因素等)作为自变量,运用统计方法运算考察两个或多个变量之间的关系。徐歌(2020)的"中国英语学习者翻译方向性的影响因素探究——基于回归分析的实证研究"就典型体现了翻译实验研究的逻辑性。

4.2.2 翻译 TAPs 研究

TAPs 翻译研究就是让受试者用"有声思维法"(thinking aloud method)口述自己在翻译特定任务时大脑的所思所想并用于文本数据的分析,主要用于翻译能力、宏观规划、问题识别、错误纠正、译者注意力等研究(李德超,2005;2008),除此之外,口述报告也可以探讨情感因素或翻译环境因素(如翻译技术、时间压力、任务类型等)与翻译质量的关系。翟秋兰、王冉等(2013)中"焦虑与笔译策略内在关联实证性研究——基于英语专业大学生的有声思维调查"具有一定的示范性。

4.2.3 语料库翻译学

根据 Holmes (1988)、Toury (2001:10)翻译学总体框架,王克非(2012:27)提出了语料库翻译学体系,既看作是翻译学一个横向分支,又看作是一个纵向分支(见图2)。其中,描写是建立理论的基础,理论又是描写的指导;描写为应用提供指导,应用又促进描写,但理论与应用之间并不是直接关系,而是通过描写的中介(王克非,2012:28-29)。

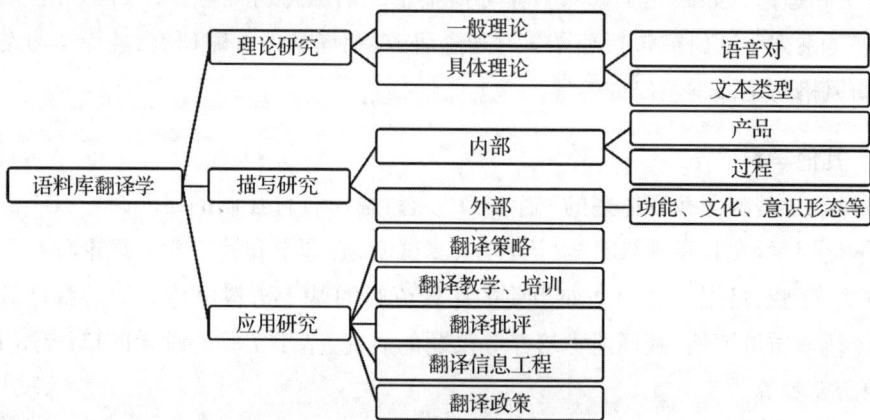

图 2　语料库翻译学体系(王克非,2012:27)

4.2.3.1 实际应用方面

(1)翻译教学法

双语对应语料库辅助的翻译教学从翻译产品入手,通过观摩、对比、分析、借鉴等方式发挥学生主动性,提高学生翻译技能(王克非,2012)。鉴于此,国内已有学者从宏观与微观角度分别开展语料库翻译教学研究,探讨理论框架、教学原则、教学模式,如刘秉栋、曹灵美(2021)"基于语料库的本科生翻译课程教学模式建构研究";赵政廷、柴明颎(2021)"技术时代面向语言服务市场的语料库笔译教学模式研究——基于'译学家'语料库翻译教学平台的教学案例分析"。

(2) 教材编制

语料库的应用可以使翻译教材内容安排及难易程度判断、教材语料选择和翻译练习设计等建立在大量语料的分析统计基础上,能够有效避免编者的直觉和主观经验对教材编写的干扰(胡开宝,2012)。同时随着信息化时代的发展,纸质教材已无法满足日趋庞大的信息需求,基于翻译语料库的电子教材研发将是未来翻译教材的重要形式(陶友兰,2008),如王树槐(2011)"翻译教学专题语料库"、柴明颎、王静(2017)"翻译专业教学语料库"都体现了语料库在翻译教材建设方面的配置优势和集约优势。

(3) 译员培训

语料库应用于翻译教学和译员培训并不少见,但早期研究集中将语料库作为术语提取和双语词典工具,真正将语料库应用于教学实践的研究却很少(黄立波、王克非,2023:773)。近年来,一些相关研究已经开始采用语料库方法,在译员培训领域进行基于语料库的翻译质量评估和翻译能力考查,如葛晓华(2018)"翻译学员双向翻译能力比较的实证研究"。

(4) 翻译批评

基于语料库的翻译批评在研究科学性和客观性方面具有重要价值,主要包括翻译作品中原作风格、原作主题、原作人物形象等再现的分析和评价、不同译本的比较和评价、译者或译者群体策略及翻译思想的分析与评价等(胡开宝,盛丹丹,2020)。由此,通过语料库技术教师可以引导学生从不同层面对翻译作品进行观察和分析,加深对翻译标准和翻译理论的认识。

4.2.3.2 专门用途语料库

(1) 主题/文本类型语料库

专门语料库指"关于特定主题文本的集合"(Kübler,2003:29),双语专门语料库则收集包括原文和译文的专门文本,有助于译员和学生掌握同一领域中不同语言的常用术语、惯用表达方式、文章语气及典型的语篇结构(王克非,2012:210)。如李德超、王克非(2011)"基于双语旅游语料库的 DDL 翻译教学"典型体现了专门用途语料库在翻译教学中的应用。

(2) 学习者语料库

学习者翻译语料库是由相当数量且具有代表性的学生译者翻译文本构成的一种特殊学习者语料库,是翻译教学研究的重要资源(陈怡,2010:91),如文秋芳、王金铨(2008)编著的"中国大学生英汉汉英口笔译语料库"、张威(2020)编著的"中国口译学习者语料库"等。与语言学习者语料库的构建与研究相比,翻译学习者语料库的构建与应用研究严重不足(黄立波、王克非,2023:773),目前基于学习者语料库的研究主要围绕翻译课程设计、翻译能力培养、翻译质量评估等方面进行理论探讨,而相关实证性研究则非常匮乏,如围绕学习者译文共性、翻译测试、翻译策略统计、错误类型分析、副语言特征分析等。

(3) 多模态语料库、跨模态语料库

刘剑、胡开宝(2015)认为,相对于文字语料库,多模态语料库可以直接针对音视频语料进行切分与标注,能够完整保留真实口译场景的语音与视觉信息,对口译教学实践有着重要的辅助作用。因此,翻译教师要充分挖掘音视频语料的教学价值,并对其进行针对性标注,对口译课前准备、口译现象讲解、口译基础能力训练、口译专项训练都具有重要的教学和研究价值(刘剑,2017)。跨模式翻译语料库则聚焦不同传译模式对相同信息加工的影响(王克非、符荣波,2020:15)。如上海交大语料库口译研究团队分别围绕不定量词(谢丽欣、胡开宝,2015)、虚化动词"make"(胡开宝、刘静,2016)探讨了笔译英语、口译英语和原创英语口语之间的语类差异。

5 翻译教学研究的重点话题

如前文所述,翻译教学研究选题是逐步培养战略意识的过程。在明确翻译教学选题战略思路和跨学科研究方法的同时,还需了解新时代中国翻译教学研究的重要趋势和话题,尤其是有利于突出翻译教学研究服务国家战略作用的研究话题。

5.1 翻译"小课堂"

翻译教学和教学科研是相互促进的共同体,只有充分了解本学科、本专业的研究内容、研究特征、研究现状和重要趋势,才能从其他学科最前沿的研究方法上找到突破口。为此,下文从翻译教学中重要因素的潜在研究价值方面出发,结合科学的研究方法,来分析和判断未来翻译教学研究的重要形态特征。

5.1.1 翻译教师研究

目前国内关于翻译教师的研究主要集中在翻译能力方面,且量化多于质性研究(吕冰,2018:52)。相比徐锦芬等(2014:33)列举的外语教师发展研究分类,翻译教师发展的研究明显缺乏完整性。因此,翻译教师发展的研究应多借鉴外语教师相关研究的选题,多借鉴外语教师发展的质性研究方法,多历时研究。吴迪、Zhang(2020)"自我反思对翻译教师发展影响的历时个案研究"和覃俐俐(2016)"汉英翻译教师教学能力研究"都是质性研究的典型案例。

5.1.2 AI 环境下翻译课堂教学创新模式探索

随着 AI 时代的到来,智慧翻译教学的教学理念、教学环境、教学实施、教学资源、教学评价等亟待深入探讨。如张轶骏、周晶(2021)"VR 与 AI 赋能的沉浸式情境口译教学模式研究"展示了 VR 仿真技术在教学管理、译者素质能力培养、教学评价与反馈等方面的应用与特征;王律、王湘玲(2023)通过实证性研究数据论证了"ChatGPT＋MTPE"交互式译后编辑能力培养模式的有效性。

5.1.3 翻译能力的分解式测量、评价与动态监测

肖维青(2012:50)指出当前研究者普遍认为翻译能力是各分项能力的集合。如 PACTE(2008)翻译能力模式;张培欣(2017)汉译英笔译能力测试评分量表;穆雷、王巍巍等(2020)口译能力量表都可以说是多成分模式。因此基于量表的形成性评估是翻译教学中更为高效实用的评估手段,用于动态了解、诊断教学执行情况和学习者的学习进程(穆雷、王巍巍,2020:152)。如苏伟(Su,2020;苏伟,2021)开展了多个基于口译分项量表的学生自评、同伴互评及师评的口译评估研究。总之,量表评估体系内容多元、层次丰富,能够为初级学习者全面成长给出切实可行的操作方案,为本科翻译教育者提供明确且具体的指导路径(苏伟,2021:99)。

5.1.4 译者群体差异的整体评价

随着翻译教学逐步趋向个性化和差异化,翻译教学目标、方法设计、翻译能力的评估都应凸显不同学习者的群体差异。比如基于问卷调查的数据统计和分析来考察不同地区、不同专业背景翻译学习者的学习动机、学习策略与学习效果之间的关系,或者基于翻译过程数据来探究职业译员与学生译员在翻译策略上的异同,以期不断促进具有针对性的翻译教学改革。

5.1.5 外语输出能力的综合测量与评价

从翻译能力的自然观来看,翻译能力与语言输出能力的协同效应值得深入探究(王爱琴、任开兴,2016),如穆雷、张蓉等(2021)"翻译专业本科学生听力能力与口译能力关系的实证研究"、康志峰(2016)"EAP 视听说对英语口译关联迁移的增效性"。由此,如何测量和评估语言能力与翻译效果的关系对翻译教学研究有直接的参考价值。

5.1.6 翻译学习行为语料库的研制与应用

(1) 学习者错误语料库

语料库技术可以对学习者翻译错误的种类、频率、分布进行分析和统计(张雪梅,2008),有助于追踪学习进展和改正翻译错误(穆雷,2011:161)。张威(2020:108)认为借助语料库平台对口译信息的分层、分类标注,教师能够充分观察译文与原文的信息对应情况,直观分析学习者的口译失误,进行基于错误分析的口译教学,研究提出应对策

略,提高翻译质量水平,推动口译教学内容与方法改革。

（2）翻译认知加工过程语料库

目前,语料库辅助的翻译认知过程研究主要以"自然语料库＋认知阐释"、"实验语料库＋实验过程数据分析"和"自然语料库＋实验过程＋实验语料库数据分析"等三类模式为主(侯林平等,2019:70)。如郎玥等(2018)通过汉英同传平行语料库的文化词汇翻译策略逆推翻译认知过程;Serbina等(2015)详细介绍了一个"击键记录翻译语料库"的开发过程,以及如何通过标注和查询这些数据来获得对翻译过程更深层次的分析。这些基于翻译认知语料库的研发与探讨对学习者翻译过程行为的研究具有重要参考价值。

（3）翻译反馈语料库

翻译反馈语料库主要收集和存储翻译过程中的反馈信息,如对学习者翻译作品的评论、建议和批评,学习者可以通过利用检索工具全面、系统了解自身及同伴的译文评价情况,不断促进自我反思和相互比较学习。如余军、王朝晖(2010)通过对学习者历时译文的积极正面评价标注,形成了一个典型的翻译教学型、反馈型语料库。

（4）口译学习者语料库

口译学习者语料库是以口译学习者在学习环境下的真实表现为素材,强调以口译学习过程为目标,关注口译输出的口语化特征、侧重于对口译策略、语言信息、副语言信息等特殊类型信息标注的一种特殊平行语料库(张威,2020:81)。张威(2015a;2015b;2019)分别从中国口译学者语料库的副语言标注、口译策略标注、语言信息标注的方法和意义做了翔实介绍。如王家义、李德凤等(2019)开展了基于中国大学生口译语料库的口译停顿这一副语言信息研究,这对口译认知加工机制、口译策略应用、口译质量评估等领域研究具有重要的促进作用。

（5）特殊口译操作方式语料库

特殊口译操作方式如交替传译中的译者笔记,通过转写后也可进行规模性研究。如杨柳燕(2017)"数字技术辅助下的交传笔记研究"个案研究介绍了Neo smartpen N2智能笔和ELAN标注工具如何实现笔记动态化、多维化呈现。因此,研究者可尝试建设小规模学习者特殊口译操作方式语料库,突破口译中特殊操作方式的过程性研究瓶颈。

（6）多模态学习者语料库

多模态学习者语料库是指包含经过转写、处理与标注的学生翻译文本及与文本紧密关联的音视频数据库,反映学生语言学习过程中语言使用的多个维度(黄立鹤,2015:6)。国内首个多模态口译语料库(刘剑、胡开宝,2015)的建库流程、标注层级设计等具体指标和方法对该领域的教学研究具有重要的参考价值。

（7）多语学习者语料库

国内关于多语学习者语料库建设较为稀缺,如国内外少有中国西班牙语学习者语料库(张慧,2020)。因而,多语学习者语料库在翻译教学领域具有极大的研究空间。如何晓静 2017 年以"中国西班牙语学习者语料库的构建与研究"获得了国家社会科学基金项目,内容主要涉及学习者听说读写语料的收集。可见,多语种学习者口/笔译语料库在翻译教学研究中将更具竞争性。

5.1.7 现代技术语境下翻译专业教材研发

(1) 数字化翻译教材的开发

立体化教材应以纸质教材为基础,同步建设多种类型的数字化资源,形成相互配套的多元结构(王丽,2021:114)。覃军、杨利(2023)阐释了立体化翻译教材的实施路径,对翻译教学改革具有一定启发性。为适应不同群体学习者的差异性和地区院校办学特色等因素,邓军涛(2018)认为翻译教师可通过 iBooks Author、Zine Maker 等工具自主建设电子教材。

(2) 翻译教学的语料资源库的开发

随着信息技术与翻译教学的深度融合,翻译教材的数媒转型是课程教学改革的主要组成部分。如覃军(2023)提出的立体化教材,是以纸质教材为基础,科学整合多媒体、多形态、多层次的教学资源;邓军涛(2016:94;2018:48)提出的口译教学语料资源库是完全在线共享的数字化教学资源,具有主题鲜明、内容丰富、媒介多元、评价动态等特点。邓军涛、刘梦莲(2020)"面向口译教学的视频语料资源库深度开发机制研究"对翻译口/笔译教学语料资源库建设具有一定的启示性。

5.2 翻译"大课堂"

在中华民族伟大复兴和世界百年未有之变局的大背景下,翻译专业教育更加注重服务经济和文化"走出去"、服务中国参与全球治理和构建中国国际话语体系(黄友义,2018:5)。实现翻译教学的全程育人,以文化人,立德树人,具有重大的实践意义和价值(司显柱,2021:99)。翻译教师必须转变教育理念,探索独具翻译课程特色的思政模式(覃军,2023:88)。以下将从翻译课程思政的落实形式、重点研究话题,分析新时代服务国家战略需求的翻译思政路径。

5.2.1 形式

5.2.1.1 课程大纲

翻译课程思政大纲的设计是将思政教育理念付诸实施的过程,对思政课程和翻译课程思政有机结合具有重要指导作用,主要包括课程教学目的、教学方法、课程设置、测试和评估等几个重要因素。国内已有学者从宏观战略意义上,对翻译课程思政建设提出了总体建设思想、原则、实施路径,具有一定的指导意义(司显柱,2021;张敬源、王娜,2021;杨正军、李勇忠,2021)。目前,将上述原则和要求落实到某一具体类型翻译课程大纲的设计研究仍处于起步阶段,需要研究者对具体教学环境、教学对象、教学内容、教学资源等因素进行综合考量。如曹进、陈霞(2019)"翻译硕士培养过程中的思政教育实践研究——以西北师范大学'国策与省情'课程为例"典型体现了具体类型翻译课程思政大纲的设计逻辑,值得借鉴。

5.2.1.2 课堂改革:MOOC、SPOC

翻译课程思政应当积极借鉴翻译教学创新模式,紧紧依托翻转课堂教学模式,将思政元素融入到翻译技能培养的各个环节中去,充分利用行动研究、实验、调查等研究方法开展翻译课程思政的教学模式、教学效果评估、教学资源平台研发等议题的探讨。如周亚莉、周继霞(2021)"混合式教学模式下课程思政教学实践探索——以笔译工作坊为例"典型体现了"微课+慕课+雨课堂"混合式教学模式在翻译课程思政的实践路径。

5.2.1.3 系列教材

教材是开展教学活动的根本依据。要将翻译课程思政建设落到实处,当务之急便是进行教材建设(覃军,2023:88),形成"中华优秀传统文化""革命文化""社会主义先进文化"系列创新性翻译文化类"教材链"(刘宏,2021:63)。如高等学校外国语言文学类专业推出的"理解当代中国"系列翻译教材,将习近平新时代中国特色社会主义思想与翻译技能有机融合,以期培养出具有国家情怀、融通中外的高素质翻译人才。同时,还可以围绕中国优秀传统文化、地区革命文化等红色资源建设特色化的翻译思政系列教材,如西安外国语大学基于陕西历史文化、红色文化研发的系列翻译硕士专业教材典型体现了价值塑造、知识传播和能力培养的联动机制。

5.2.2 主题

(1)中国特色话语的对外翻译与传播

当前形势下加强国际传播能力,构建融通中外的话语体系已成为国家发展战略方向和重点(张威,2022:108)。《习近平谈治国理政》翻译经验对如何有效开展我国对外话语翻译有重要的借鉴作用(司显柱、曾剑平,2021:18),尤其基于语料库的《习近平谈治国理政》翻译语言特征和翻译策略的研究可以直接应用于翻译教学中(李晓倩、胡开宝,2021:86-87)。因此基于以《习近平谈治国理政》为代表的中国特色话语的翻译实践和教学研究可以从以下几个方面展开:1)中国特色话语翻译策略的系统化认识,系统总结中国特色话语语言特征及其翻译策略的分布特征(如数字化表达、重复/排比、隐含叙事/主语等)(张威、杨嘉欣,2023);2)中国特色话语翻译质量的客观评价,引导学习者通过语言对比如平行/类比语料库的方法,进行基于目的语规范的中国特色话语翻译效果的评价,并紧密依托相关理论分析框架(如评价理论、语用学、修辞学等),强化语言效果评价的客观性;3)中国特色话语对外传播效果的评价,引导学习者以中国特色话语核心术语为研究对象,搭建海外主流媒体的报道语料库,并通过批评话语分析视角和方法对语料库进行深入检索和探讨,客观认识中国特色话语对外翻译和传播存在的不足,引导学习者从国家翻译实践高度积极认识译者的翻译使命、翻译文化立场,不断反思和探索有效的应对翻译策略,有效提升中国特色话语对外传播的实际效果。

(2)中国文化核心概念的阐释与解释

中华思想文化术语库是诠释和译写中华思想文化核心术语的国家级项目,是中国文化、话语走出去的有力尝试(黄鑫宇、魏向清,2020:88)。因此,基于术语库的翻译思政教学,不仅有助于加强对中华哲学思想、人文精神、价值理念的理解,更能通过术语翻译的重难点阐释,加深对中华核心概念外译方法论的重要性认识。国内已有学者对中国文化核心术语翻译提出了自己的见解(黄鑫宇、魏向清,2020;娄宝翠、赵东阳,2022;魏向清,2018;陈海燕,2015),对翻译课程思政具有一定的启发性。翻译教师可借助中华思想文化术语库作为学生线上线下的重要资源渠道,帮助学生参与到国家重要文化交流活动中去。

6 结 语

总之,翻译教学不仅是翻译实践和翻译研究之间的重要纽带,更是一项复杂的社会交际活动,需要进行系统性的充分描写和阐释。翻译教师更应着眼于教学实践,牢牢守住科研主阵地,充分挖掘翻译教学活动中最直接、最珍贵的研究素材、紧紧依托"四位一体"的选题思路,在翻译教学过程中不断发现问题,尝试应用相关理论进行反思、审视和探讨翻译教学中出现的各种问题现象,同时还要不断培养跨学科研究意识、强化复合方法的设计理念,创造学术研究中新的增长点,形成自我学术的价值观点,系统深入地开展翻译教学研究,强化自身研究成果对翻译教学的反哺作用。同时,翻译教师既是教学的实践者,也是科研的探索者,更肩负着对外讲好中国故事、传播好中国声音的光荣使命。如何将自己的课题研究与国家战略需求相结合是翻译师资需要积极主动思考的科研规划任务,必将为翻译教学研究带来更多的研究议题和探索空间。

参考文献

[1] Holmes, J. S. 1988. The name and nature of translation studies [A], In Holmes. J. S. *Translated!: Papers on literary translation and translation studies* [M]. Amsterdam: Rodopi, 67-80.

[2] Jia, P. W. [贾平凹]. 1991. *Turbulence* [M]. H. Goldblatt, trans. Baton Rouge: Louisiana State University Press.

[3] Kübler, N. 2003. Corpora and LSP Translation [A]. In Zanettin, F. et al. (Eds.). *Corpora in Translator Education* [C], Manchester: St. Jerome, 25-42

［4］Mo, Y. ［莫言］. 2013. *Sandalwood Death* ［M］. H. Goldblatt, trans. Norman: University Press of Oklahoma.

［5］PACTE, 2008. First result of a translation competence experiment: "knowledge of translation" and "efficacy of the translation process" ［A］. In Kearns, J. (Ed.). *Translator and interpreter training: issue, methods and debates* ［C］. London: Continuum, 104 – 126.

［6］Su, W. ［苏伟］. 2020. Exploring how rubric training influences students' assessment and awareness of interpreting ［J］. *Language Awareness*, 29(2):178 – 196.

［7］Serbina, T. et al. 2015. Development of a keystroke logged translation corpus ［A］. In Fantinuoli, C. & F. Zanettin (Eds.). *New Directions in Corpus-based Translation Studies* ［C］. Berlin: Language Science Press, 11 – 34.

［8］Toury, G. 2001. *Descriptive Translation Studies and Beyond* ［M］. Shanghai: Shanghai Foreign Language Education Press.

［9］曹进,陈霞,2019. 翻译硕士培养过程中的思政教育实践研究——以西北师范大学"国策与省情"课程为例[J]. 中国翻译,(3):105 – 113.

［10］柴明颎,王静,2017. 技术时代的翻译教学改革——翻译专业教学语料库的建库探索[J]. 外语电化教学,(6):25 – 31.

［11］陈海燕,2015. 浅析中华思想文化术语翻译中的难点[J]. 中国翻译,(5):13 – 17.

［12］陈怡,2010. 学习者翻译语料库与汉英文本翻译测试[J]. 外语教学理论与实践,(2):91 – 97＋90.

［13］邓军涛,2016. 数字化口译教学资源的语境重构——以 IVY 资源库为例[J]. 现代教育技术,(11):94 – 99.

［14］邓军涛,2018. 口译教学语料库:内涵、机制与展望[J]. 外语界,(3):46 – 54.

［15］邓军涛,刘梦莲,2020. 面向口译教学的视频语料资源库深度开发机制研究[J]. 外语教育研究前沿,(1):37 – 43＋88.

［16］葛晓华,2018. 翻译学员双向翻译能力比较的实证研究[J]. 外语教学(4):80 – 85.

［17］侯林平等,2019. 语料库辅助的翻译认知过程研究模式:特征与趋势[J]. 外语研究,(6):69 – 75.

［18］胡开宝,2012. 语料库翻译学:内涵与意义[J]. 外国语,(5):59 – 70.

［19］胡开宝,刘静,2016. 记者招待会汉英口译中虚化动词 make 的应用研究[J]. 外语学刊,(4):109 – 114.

［20］胡开宝,盛丹丹,2020. 基于语料库的文学翻译批评研究:内涵、意义与未来[J]. 外语电化教学,(5):19 – 24.

［21］黄立鹤,2015. 语料库 4.0:多模态语料库建设及其应用[J]. 解放军外国语学院学报,(3):1 – 7＋48.

［22］黄立波,王克非,2023. 语料库翻译学发展阶段与前沿动向分析[J]. 外语教学与研究,(5):764 – 776.

［23］黄鑫宇,魏向清,2020. 认知术语学视角下中华思想文化核心术语翻译的概念建构模型——以"天"相关术语为例[J]. 中国翻译,(5):88 – 97.

[24] 黄友义,2018. 服务改革开放 40 年,翻译实践与翻译教育迎来转型发展的新时代[J]. 中国翻译,
    (3):5-8.

[25] 贾平凹,2005. 浮躁[M]. 北京:作家出版社.

[26] 姜倩,陶友兰,2018. "翻转课堂"在 MTI 翻译理论教学中的应用与效果分析——以 MTI《翻译概
    论》课教学为例[J]. 外语教学,(5):70-74.

[27] 康志峰,2016. EAP 视听说对英语口译关联迁移的增效性——以交替传译为例[J]. 外语教学理
    论与实践,(2):77-84.

[28] 蓝红军,2019. 译学方法论研究[M]. 北京:外语教学与研究出版社.

[29] 郎玥等,2018. 同声传译中记忆配对的认知研究[J]. 现代外语,(6):840-851.

[30] 李德超,2005. TAPs 翻译过程研究二十年:回顾与展望[J]. 中国翻译,(1):29-34.

[31] 李德超,2008. 有声思维法在翻译教学中的运用——TAPs 翻译研究对翻译教学的启示[J]. 中国
    翻译,(6):34-39.

[32] 李德超,王克非,2011. 基于双语旅游语料库的 DDL 翻译教学[J]. 外语电化教学,(1):20-26.

[33] 李建军,2013. 直议莫言与诺奖[N]. 文学报,1 月 10 日(18).

[34] 李晓倩,胡开宝,2021.《习近平谈治国理政》多语平行语料库的建设与应用[J]. 外语电化教学,
    (3):83-88.

[35] 连淑能,2010. 英汉对比研究[M]. 北京:高等教育出版社.

[36] 刘秉栋,曹灵美,2021. 基于语料库的本科生翻译课程教学模式建构研究[J]. 外语电化教学,
    (5):68-73.

[37] 刘宏,2021. 新时代新阶段高水平翻译人才培养刍议[J]. 中国翻译,(4):61-64.

[38] 刘剑,2017. 基于多模态语料库的口译教学模式研究[J]. 外语电化教学,(2):9-14.

[39] 刘剑,胡开宝,2015. 多模态口译语料库的建设与应用研究[J]. 中国外语,(5):77-85.

[40] 刘宓庆,2006. 新编汉英对比与翻译[M]. 北京:中国对外翻译出版公司.

[41] 娄宝翠,赵东阳,2022. 互文性视角下翻译与文化的互动——基于《孟子》核心概念英译的考察
    [J]. 河南师范大学学报(哲学社会科学版),(3):135-141.

[42] 罗列,穆雷,2010. 选题:翻译学研究方法的重要组成部分[J]. 中国外语,(6):98-106.

[43] 吕冰,2018. 近二十年国内外翻译教师研究综述[J]. 上海翻译,(2):48-53.

[44] 莫言,2012. 檀香刑[M]. 上海:上海文艺出版社.

[45] 穆雷,2004. 翻译教学发展的途径[J]. 中国翻译,(5):25-26.

[46] 穆雷,2008. 建设完整的翻译教学体系[J]. 中国翻译,(1):41-45.

[47] 穆雷,2011. 翻译研究方法概论[M]. 北京:外语教学与研究出版社.

[48] 穆雷等,2020. 中国英语能力等级量表——口译能力量表研究[M]. 北京:高等教育出版社.

[49] 穆雷等,2021. 翻译专业本科学生听力能力与口译能力关系的实证研究[J]. 外语教学,(3):
    88-93.

[50] 穆雷,李希希,2019. 中国翻译教育研究:现状与未来[J]. 外语界,(2):24-32.

[51] 舒晓杨,2021. AI 环境下基于工作场所学习的递进式笔译教学工作坊实践探索[J]. 外语电化教
    学,(2):65-72.

[52] 司显柱,2021. 翻译教学的课程思政理念与实践[J]. 中国外语,(2):97-103.

[53] 司显柱,曾剑平,2021. 对外政治话语翻译:原则、策略、成效——以《习近平谈治国理政》的英译为例[J]. 上海翻译,(2):18-24.

[54] 苏伟,2021. 本科阶段基于量表的口译评估研究[M]. 北京:外语教学与研究出版社.

[55] 孙有中等,2017. 教研相长,做学者型优秀教师——"在教学中研究,在研究中发展"笔谈[J]. 外语电化教学,(5):3-8+22.

[56] 覃军,2023. 热观察与冷思考:翻译课程思政建设的现状、问题与实践路向探究[J]. 中国翻译,(1):85-91.

[57] 覃军,杨利,2023. 智能时代立体化翻译教材建设探究[J]. 外语界,(1):84-91.

[58] 覃俐俐,2016. 汉英翻译教师教学能力研究[M]. 北京:中央民族大学出版社.

[59] 陶友兰,2008. 翻译专业汉英翻译教材的建构模式新探[J]. 外语界,(2):10-19.

[60] 王爱琴,任开兴,2016. 语言与翻译能力同步提升之模式[J]. 上海翻译,(4):28-32.

[61] 王初明,2016. 以"续"促学[J]. 现代外语,(6):784-793.

[62] 王初明,2018. 续译——提高翻译水平的有效方法[J]. 中国翻译,(2):36-39.

[63] 王洪林,2019. AI 时代基于 SPOC 的深度翻转口译学习模式研究[J]. 外语电化教学,(3):69-75.

[64] 王家义等,2019. 学习者口译产出中的停顿——一项基于中国大学生口译语料库的研究[J]. 外语教学,(5):78-83.

[65] 王克非,2012. 语料库翻译学探索[M]. 上海:上海交通大学出版社.

[66] 王克非,符荣波,2020. 语料库口译研究:进展与走向[J]. 中国翻译,(6):13-20.

[67] 王丽,2021. 高校教材立体化建设思考[J]. 编辑学刊,(1):112-115.

[68] 王律,王湘玲,2023. ChatGPT 时代机器翻译译后编辑能力培养模式研究[J]. 外语电化教学,(4):16-23.

[69] 王树槐,2011. 论汉英翻译教材的编写原则[J]. 外语教学理论与实践,(2):85-91.

[70] 魏向清,2018. 从"中华思想文化术语"英译看文化术语翻译的实践理性及其有效性原则[J]. 外语研究,(3):66-71.

[71] 文秋芳,王金铨,2008. 中国大学生英汉汉英口笔译语料库[C]. 北京:外语教学与研究出版社.

[72] 吴迪,J. L. Zhang,2020. 自我反思对翻译教师发展影响的历时个案研究[J]. 外语与外语教学,(4):51-59.

[73] 武光军,2018. 翻译教学中的学习者因素研究[M]. 上海:上海交通大学出版社.

[74] 肖维青,2012. 本科翻译专业测试研究[M]. 北京:人民出版社.

[75] 谢丽欣,胡开宝,2015. 记者招待会汉英口译中不定量词的应用研究[J]. 外语电化教学,(1):17-22.

[76] 徐歌,2020. 中国英语学习者翻译方向性的影响因素探究——基于回归分析的实证研究[J]. 西安外国语大学学报,(3):76-81.

[77] 徐锦芬,文灵玲,秦凯利,2014. 21 世纪国内外外语/二语教师专业发展研究对比分析[J]. 外语与外语教学,(3):29-35.

[78] 许钧,2021. 翻译选择与文化立场——关于翻译教学的思考[J]. 中国外语,(5):1+12-15.

[79] 杨柳燕,2017. 数字技术辅助下的交传笔记研究[J]. 外语教学理论与实践,(3):91-97.

[80] 杨正军,李勇忠,2021. 翻译专业课程思政建设研究[J]. 中国外语,(2):104-109.

[81] 余军,王朝晖,2010. 基于比较翻译教学法的教学型语料库构建与应用[J]. 中国翻译,(5):57-62+95.

[82] 翟秋兰等,2013. 焦虑与笔译策略内在关联实证性研究——基于英语专业大学生的有声思维调查[J]. 兰州大学学报(社会科学版),(4):150-154.

[83] 张慧,2020. 西班牙语翻译教学在数字化时代的转型[J]. 中国科技翻译,(3):27-30.

[84] 张静,2023. 融合式翻译课程思政教学模式的建构[J]. 当代外语研究,(2):106-112.

[85] 张敬源,王娜,2021. 基于价值塑造的外语课程思政教学任务设计——以《新时代明德大学英语综合教程 2》为例[J]. 中国外语,(2):33-38.

[86] 张培欣,2017. 翻译教学中的汉译英笔译能力测试分项评分量表研究[M]. 厦门:厦门大学出版社.

[87] 张威,2015a. 中国口译学习者语料库的副语言标注:标准与程序[J]. 外语电化教学,(1):23-30.

[88] 张威,2015b. 中国口译学习者语料库的口译策略标注:方法与意义[J]. 外国语(上海外国语大学学报),(5):63-73.

[89] 张威,2019. 中国口译学习者语料库的语言信息标注:策略及分析[J]. 外国语(上海外国语大学学报),(1):83-93.

[90] 张威,2020. 语料库口译研究[M]. 北京:外语教学与研究出版社.

[91] 张威,2022. 新时代服务国家战略需求的中国翻译研究:趋势与重点[J]. 中国翻译,(1):107-114.

[92] 张威,吕煜,2023. 翻译教育的概念界定与框架关系[J]. 上海翻译,(2):42-48.

[93] 张威,杨嘉欣,2023. 中国政治话语"隐含叙事"的翻译规范分析——以《习近平谈治国理政》(第三卷)为例[J]. 外语教学,(5):81-87.

[94] 张雪梅,2008. 谈谈 CEM 语料库中翻译语料的标注[J]. 外语界,(4):13-19.

[95] 张轶骏,周晶,2021. VR 与 AI 赋能的沉浸式情境口译教学模式研究[J]. 外语电化教学,(1):78-84.

[96] 赵政廷,柴明颎,2021. 技术时代面向语言服务市场的语料库笔译教学模式研究——基于"译学家"语料库翻译教学平台的教学案例分析[J]. 外语电化教学,(5):88-95.

[97] 周亚莉,周继霞,2021. 混合式教学模式下课程思政教学实践探索——以笔译工作坊为例[J]. 中国翻译,(6):54-60.

（责任编辑　施雪莹）

话语·翻译·权力

——《翻译话语分析的进展：语言学方法在
社会文化阐释中的应用》述评*

上海外国语大学　陈秋蒙　耿强**

摘　要：《翻译话语分析的进展：语言学方法在社会文化阐释中的应用》收录了11篇关于翻译研究中话语分析应用的论文，力图从翻译研究中的译者定位与意识形态、话语分析与社会文化阐释、新闻翻译话语研究、多模态与符际翻译话语分析，共四个模块体现该研究领域的新进展。本文将针对此论文集先综后述，旨在从研究对象、研究框架、研究视野三方面展现其对翻译话语研究的价值与启发。

关键词：翻译研究；话语分析；意识形态；《翻译话语分析的进展：语言学方法在社会文化阐释中的应用》

Title: Discourse, Translation, and Power: A Review of *Advances in Discourse Analysis of Translation and Interpreting: Linking linguistic Approaches to Sociocultural Interpretation*

Abstract: *Advances in Discourse Analysis of Translation and Interpreting:*

---

*　本文系 2023 年度教育部哲学社会科学研究重大课题攻关项目"中国翻译话语文献整理研究与数据库建设(1840—2022)"(23JZD038)；上海外国语大学导师学术引领计划项目"20 世纪 80 年代国外人文社会科学知识在中国的译介与传播研究"(2023DSYL005)的阶段性研究成果。

**　作者简介：陈秋蒙，女，上海外国语大学英语学院英语语言文学系，笔译研究方向硕士研究生。联系方式：chenqm2023@163.com；耿强，男，上海外国语大学语料库研究院教授，博士生导师。研究方向为语料库翻译学、翻译研究与话语分析。联系方式：2019039@shisu.edu.cn。

Linking linguistic Approaches to Socio-cultural Interpretation includes eleven academic papers on discourse analysis in translation and interpreting studies. The collection tracks the latest developments in this field from four perspectives: uncovering positioning and ideology in interpreting and translation, linking linguistic approach with socio-cultural interpretation, discourse analysis into news translation, and analysis of multimodal and intersemiotic discourse in translation. This review will present the collection's implications for discourse analysis in translation and interpreting studies by discussing research objects, frameworks and approaches, and interdisciplinary perspectives.

Keywords: translation studies; discourse analysis; ideology; *Advances in Discourse Analysis of Translation and Interpreting: Linking linguistic Approaches to Socio-cultural Interpretation*

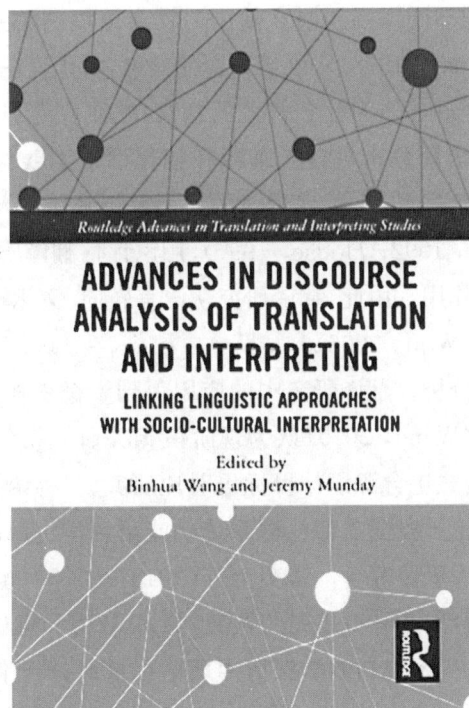

图 1　《翻译话语分析的进展：语言学方法在社会文化阐释中的应用》

2021 年，劳特里奇出版社（Routledge）推出了由王斌华和杰里米·芒迪（Jeremy Munday）主编的论文集《翻译话语分析的进展：语言学方法在社会文化阐释中的应用》

（*Advances in Discourse Analysis of Translation and Interpreting: Linking linguistic Approaches to Socio-cultural Interpretation*），以下简称《翻译话语分析的进展》，进一步关注了翻译研究中话语分析的应用。该书编者（Wang & Munday，2021:1）强调，语言选择、交际功能与社会文化语境间有较强关联。话语分析能很好地将微观语言工具和宏观理论分析结合起来，在阐释社会文化方面深受翻译研究者青睐。本文将先介绍本论文集的研究背景；然后梳理其研究框架与内容；接着再从研究对象、框架、视野三个角度分析此论文集的特色与创新之处，凸显话语分析路径在翻译研究中的新进展；最后，本文会对论文集所忽视之处加以补充，展望相关研究前景。

1 研究背景

传统的话语分析主要采取两种路径：以韩礼德为代表的语言学和以费尔克劳为代表的社会学。前者提供了微观的语言分析工具，而后者则支撑起宏观的研究框架。两条路径虽侧重点不同，但却同样强调语言使用与社会语境的关系（潘韩婷，2022:21）。具体而言，韩礼德（Halliday，1978）从语域分析的角度，将语言三大元功能与话语范围，基调与方式相联系，阐释语言作为社会符号的意义；费尔克劳（Fairclough，1992）的批评话语分析则旨在通过语篇分析，描述、阐释和解释话语实践与社会实践的关系。自20世纪末，结合社会语言学、语用学、符号学的话语分析开始进入翻译研究领域（Hatim & Mason，1990；Baker，1992；House，1997），用以评估翻译质量，阐释译者及其话语在意义建构和调节中的作用。由此，翻译研究从语言转向、文化转向逐渐走入以话语为研究对象的"权力转向"（Wolf，2006）。

历经30余年，话语分析在翻译研究中的应用得到了稳步发展，目前形成了较为多元的研究图景。王斌华（Wang，2019）认为现阶段相关研究视角多聚焦于语言、语用、社会文化三方面；研究范式包含源语与目标语对比研究、目标语描写研究、目标语对比研究、翻译过程研究；理论手段涵盖韩礼德系统功能语言学、批评话语分析、叙事分析、语用交际分析以及语料库手段等等。张美芳等（2015:28-30）也揭示了目前话语分析在翻译研究中的新兴路径以及有待拓展的领域，例如，权力和意识形态在翻译话语中的具体表现形式，评价理论等系统功能学派衍生理论在量性分析中的优势以及多模态翻译研究中话语分析的手段。对于上述问题，2021年出版的《翻译话语分析的进展》在研究对象、研究框架、研究视野等方面都呈现出了新图景，可为相关研究未来发展提供借鉴。

2 《翻译话语分析的进展》框架内容

《翻译话语分析的进展》收录了 2018 年中国香港浸会大学举办的第六届国际翻译与跨文化研究国际论坛(IATIS-6)的 11 篇优秀论文,并将其分为 4 个模块:翻译中的译者立场与意识形态、语言学分析与社会文化阐释、新闻翻译话语分析、多模态与符际翻译话语分析。

第一部分关注了核心政治概念的再表征与口译员的定位与调节作用,揭示了翻译背后的意识形态作用。王斌华(Wang,2021:9-23)通过对比中外媒体中有关"一带一路"的核心政治话语语义韵,观察语境重构过程中中国形象的变异与变迁。高非(Gao,2021:24-39)搭建了达沃斯世界经济论坛中英口译语料库,借助批评话语分析的框架和评价理论,考察口译员通过何种翻译策略与语言资源,操纵源语,重构目标话语。顾宠龙(Gu,2021:40-63)从批评话语分析的角度考察中国故事如何被口译员的元话语重构。欧阳倩华与徐启亮(Ouyang & Xu,2021:64-82)借用叙事理论,考察了口译员在社会文化语境的影响下,在一些关键时刻的叙事策略选择。

第二部分主要为读者展现语言学理论在分析翻译话语,阐释社会文化中的优势。于海玲和吴灿中(Yu & Wu,2021:85-105)借用系统功能语法中的人际功能与概念功能,分析二十年来中国政府工作报告英译里"we"的使用,及其对中国形象塑造的影响。李鑫和张冉冉(Li & Zhang,2021:106-128)基于批判话语分析与系统功能语法的框架,考察 2016—2018 年外交部答记者问中国口译员"守门人"的角色,分析其信息筛选背后的意识形态因素。

第三部分聚焦于新闻翻译话语,利用话语分析、评价理论、框架理论等手段,重点分析新闻框架、隐喻翻译与国家形象重构之间的关系。潘莉和黄楚欣(Pan & Huang,2021:131-149)借助评价理论,考察习近平主席的隐喻翻译,进而比较中、英、美三国对中国国家主席的形象再现。平原(Ping,2021:150-169)在批评性话语分析的框架下,分别考察中国内地、中国香港、英、美对 2014 年香港抗议事件的英文报道,通过分析语料的关键词、搭配等,剖析此事件在新闻翻译中如何得到再表征。覃斌健(Qin,2021:170-186)借用评价理论,考察中国新华网对于中国南海争端的多语报道,分析中国立场及其形象如何在新闻翻译中重塑。

第四部分不再局限于语际翻译,将视角扩大到了符际翻译中话语分析的作用。陈曦(Chen,2021:189-211)利用视觉社会符号学理论,结合文本类型学与语言交际元功能,考察澳门不同机构的公告翻译,探究语言和视觉符号间如何相互协作来实现语言的呼吁功能。马里纳·曼弗雷迪(Manfredi,2021:212-225)从语音、词汇与元话语三个层面出发,考察译入意大利的情景喜剧中语言变体的翻译策略与多元文化身份再表征之间的联系。

3 特色与创新

《翻译话语分析的进展》在研究对象、框架以及视野三方面均有值得借鉴之处。

3.1 研究对象:从语言进一步走向话语

在翻译研究中,无论是"文化转向"还是"权力/社会转向"的发生,追根溯源,都可归结于对研究对象"语言"认知的转变。"话语"不只是指称事物的符号,它既是权力的产物也是权力的工具(Foucault,1972,1978)。在翻译实践的过程中,话语产生的变形便能体现交流双方权力或意识形态之间的差异。为了更显著地突出权力因素与意识形态如何作用于译者,如何再表征特定形象,本论文集的研究对象大多是政府工作报告、政治演讲、新闻文本,是渗透着极其显化的意识形态和权力的文本。

更值得注意的是,本论文集的研究对象在更微观的层面上,将话语本质特点与翻译研究结合得更加紧密。顾宠龙通过对原文译文中"the fact that"等元话语的考察与对比,探究权力如何通过翻译元话语塑造事实与真理,译员在其中又如何调动语言资源发挥调节作用。这种对元话语的分析体现着研究者对"真理意志"(Foucault,1981)的观照。作为一套话语外部排斥性程序,"真理意志"的作用是在虚假与真实的陈述间建立区分,形成"权威",完成权力与话语的相互作用。因此,本文通过将研究对象具体到"元话语",分析这一具体的语言资源,进一步将话语、真理与知识、权力结合起来,明确权力和意识形态在翻译话语中的具体再表征形式,更加凸显出"话语"分析的内核。

3.2 研究框架:系统性与科学性

《翻译话语分析的进展》的另一特色体现在方法论层面,即在语料库工具的支持下,系统功能语法与话语分析进一步结合,形成"共时历时对比＋质性量性分析"的三角论证,凸显出本论文集的系统性与科学性。

本论文集中,韩礼德系统功能语法的理论框架,或是评价理论和多模态理论等衍生理论得到了充分的应用,突出了研究的系统性。韩礼德的系统功能语法以语言的三大元功能,概念功能、人际功能以及语篇功能为主框架,每项元功能下面又有众多的子系统,将语言资源根据功能整合规划。以评价理论(Martin & White,2005)为例,它从人际功能出发,将语言资源分为态度资源、级差资源和介入资源三个子系统,与说话者的情感态度以及价值判断紧密联系在一起,为翻译中的形象塑造、叙事重构等问题提供了系统的分析工具与抓手。

除了理论的系统性外,语料库也为翻译话语分析提供了良好的量化工具。传统的批评话语分析曾因样本量少且不全面(Baker & Levon, 2015:222)而受到批判,语料库研究的兴起无疑可以弥补这一不足。这 11 篇论文中,有 8 篇采用了语料库辅助的手段,通过类符、形符、类符/形符、平均句长、词频、关键词表以及语义韵等多种指标,进行量性论证。此外,王斌华还突破了传统的共时对比研究,用到了同义词浮现(thesaurus sketch),搜索"带"(belt)和"一带一路"(OBOR)在再表征过程中的相关词列表,得出中国英文报道和外国媒体 2017 年前后对相关政治概念的历时认知变化,使得研究结果更为客观、科学与全面。

3.3 研究视野:范式创新与跨符际研究

《翻译话语分析的进展》对翻译话语研究的一大贡献也体现在其广阔的研究视野,即研究范式的创新与跨符际研究的多样性。

目标语对比分析是如今常见的翻译话语研究范式之一,指的是通过比较多个译自同一源语的目标语文本来考察不同意识形态的研究(Wang, 2019:616)。然而,王斌华对于"一带一路"在英文世界的"再表征"考察,则体现出了这一范式下的创新。两个子库并非全是译自完全相同源语文本的翻译话语,而是可比语料库,即中方提供的中译英语料库与西方英文语料库进行对比。第二个语料库并非是传统意义上的翻译话语,而是对于某个源语概念的再现/再表征(representation, Hall, 1997)。这一研究范式的创新也能引发学者对于翻译本质和翻译话语研究的再思考。

此外,《翻译话语分析的进展》一书也将视野拓宽到了语际翻译之外,跳脱出研究者通常审视的翻译边界,运用多模态研究理论,关注视觉、听觉中的符际翻译话语。本书的第四部分中,陈曦基于克莱斯和范列文(Kress & van Leeuwen, 1996)的视觉语法理论框架,对澳门公示语的语言与图像翻译等语言景观展开系统的共时研究,重点探讨了视觉模态如何再表征话语,分析了不同机构、不同图像背后体现的不同交际目的。曼弗雷迪则选取了具有多文化背景的情景喜剧及其意大利配音版,探究方言、口音等听觉元素如何在图像与字幕翻译的配合下展现,以及多模态的翻译话语如何重塑剧中的多文化背景的人物形象。

4 未来展望

除了上述特色与突破外,本书也能让读者对于翻译研究与话语分析的进一步结合产生些新思考。

关于意识形态。论文集的研究材料多为政治文本,某种程度上体现出现如今相关研究仍聚焦于上层建筑,对意识形态的概念理解相对狭隘,忽视了话语其实与人们的生活息息相关,是一种普遍的社会实践(田海龙,2017)。因此,像食物、医疗、翻译(Cheung et al.,2006)、学科教育(Foucault,1981:19)等与人们生活更加密切的领域中的话语或是文学文本的副文本话语也应得到关注。此外,经济较不发达社会(Blommaert,2005)的意识形态,非权威方的话语(李桔元、李鸿雁,2014)也值得关注。

关于研究理论。本论文集虽详尽地展示了韩礼德系统功能语法在翻译研究与话语分析中的强势地位,但恐会让读者认为谈及话语分析的语言学手段,唯有韩礼德一家之言。研究者还可以进一步结合修辞学理论,对翻译话语的转义(刘禾,2014)进行研究,探讨修辞手段在翻译话语中的调节作用,进一步关注“词汇、修辞、意象”(萨义德,2019:52)对意识形态以及形象塑造的作用。

关于研究手段。尽管语料库手段迎合了数字人文研究的潮流,但是其在话语研究与翻译研究中的应用还值得进一步探究。部分研究与语料库的结合还停留在“唾手可得”或是“意料之中”的分析层面(Gu,2022)。除了语料库外,其他的数字人文手段,例如在历时分析上运用“使用波动分析法”(Usage Fluctuation Analysis,McEnery et al.,2019),考察某一特定概念或特定领域话语的历时变迁;利用 ConText 工具进行主题建模,应用 N-Grams 检测出数据中最为常用的语段型式等(耿强、周知非,2023),考察历时的主题演变。这些自然语言处理、统计技术也可为相关研究呈现一番新景观。

5 结 语

总体而言,《翻译话语分析的进展:语言学方法在社会文化阐释中的应用》集中讨论了翻译研究中话语分析的应用,体现语言学手段与社会文化阐释间的适配性。此论文集不仅将焦点集中在“话语”,利用话语分析的手段探索了翻译与意识形态之间的关联,还关注了译者,尤其是口译员的身份与政治社会功能。此外,在理论框架方面,论文集再次展现了韩礼德系统功能语言学及其衍生的评价理论在话语分析中的适配性和系统性。在语料库手段的辅助下,系统功能语言学与翻译研究的结合得到了更加严谨的量性验证,为未来的翻译话语分析提供了一些科学理论指导,也为翻译实践,尤其是政治军事话语的翻译提供了些许思考。最后,本论文集的研究范式创新与跨符际的视野无疑能为未来的中国翻译研究,尤其是中国文学外译接受效果研究提供新视野、新路径、新方法。

参考文献

［1］Baker, M. 1992. *In Other Words: A Coursebook on Translation* ［M］. London and New York: Routledge.

［2］Baker, P. & E. Levon. 2015. Picking the right cherries? A comparison of corpus-based and qualitative analyses of news articles about masculinity ［J］, *Discourse & Communication*, （2）: 221 - 236.

［3］Blommaert, J. 2005. *Discourse: A Critical Introduction* ［M］. Cam-bridge: CUP.

［4］Chen, X. 2021. Translations of public notices in Macao: a multimodal perspective ［A］. In B. H. Wang & J. Munday (eds.). *Advances in Discourse Analysis of Translation and Interpreting: Linking Linguistic Approaches with Socio-cultural Interpretation* ［C］. New York, London: Routledge. 189 - 211.

［5］Cheung, M. et al. 2006. *An Anthology of Chinese Discourse on Translation* ［M］. Manchester: St. Jerome Publishing.

［6］Fairclough, N. 1992. *Discourse and Social Change* ［M］. Oxford: Blackwell.

［7］Foucault, M. 1972. *The Archaeology of Knowledge* ［M］. A. M. Sheridan Smith trans. New York: Pantheon Books.

［8］Foucault, M. 1978. *The History of Sexuality* ［M］. Robert Hurley trans. New York: Vintage Books.

［9］Foucault, M. 1981. The order of discourse ［A］. In R. Young (ed.). *Untying the Text: A Post-Structuralist Reader* ［C］. Boston, London & Henley: Routledge & Kegan Paul Ltd. 51 - 78.

［10］Gao, F. 2021. From linguistic manipulation to discourse reconstruction: a case study of conference interpreting at the World Economic Forum in China ［A］. In B. H. Wang & J. Munday (eds.). *Advances in Discourse Analysis of Translation and Interpreting: Linking Linguistic Approaches with Socio-cultural Interpretation* ［C］. New York, London: Routledge. 24 - 39

［11］Gu, C. L. 2021. 'The main problems in China-Japan relations lie in the FACT that some leaders in Japan keep on visiting the Yasukuni Shrine': a corpus-based CDA on government interpreters' metadiscursive (re)construction of truth, fact and reality ［A］. In B. H. Wang & J. Munday (eds.). *Advances in Discourse Analysis of Translation and Interpreting: Linking Linguistic Approaches with Socio-cultural Interpretation* ［C］. New York, London: Routledge. 40 - 63.

［12］Gu, C. L. 2022. Low-hanging fruits, usual suspects, and pure serendipity: towards a layered methodological framework on translators and interpreters' ideological language use drawing on the synergy of CDA and corpus linguistics ［J］. *Perspectives*, 6:1014 - 1032.

［13］Hall, S (ed.). 1997. *Representation: Cultural Representations and Signifying Practices* ［M］. London: Sage Publications Ltd.

［14］Halliday, M. A. K. 1978. *Language as Social Semiotic: The Social Interpretation of*

Language and Meaning [M]. London: Arnold.

[15] Hatim, B. & I. Mason. 1990. *Discourse and the Translator* [M]. London: Longman.

[16] House, J. 1997. *Translation Quality Assessment: A Model Revisited* [M]. Tübingen: Gunter Narr.

[17] Kress, G. & T. van Leeuwen. 1996. *Reading Images: The Grammar of Visual Design* [M]. London: Routledge.

[18] Li, X. & R. R. Zhang. 2021. Interpreting as institutional gatekeeping: a critical discourse analysis of interpreted questions at the Chinese foreign minister's press conferences [A]. In B. H. Wang & J. Munday (eds.). *Advances in Discourse Analysis of Translation and Interpreting: Linking Linguistic Approaches with Socio-cultural Interpretation* [C]. New York, London: Routledge. 106–128.

[19] Manfredi, M. 2021. Representation of identity in dubbed Italian versions of multicultural sitcoms: an SFL perspective [A]. In B. H. Wang & J. Munday (eds.). *Advances in Discourse Analysis of Translation and Interpreting: Linking Linguistic Approaches with Socio-cultural Interpretation* [C]. New York, London: Routledge. 212–225.

[20] Martin, J. R. & P. R. R. White. 2005. *The Language of Evaluation: Appraisal in English* [M]. Houndmills, Basingstoke: Palgrave Macmillan.

[21] McEnery, T., et al. 2019. Usage fluctuation analysis: A new way of analysing shifts in historical discourse [J]. *International Journal of Corpus Linguistics*, 24(4):413–444.

[22] Ouyang, Y. Q. & Q. L. Xu. 2021. Competing narratives and military interpreters' choices: a case study on China-US disaster-relief joint military exercise [A]. In B. H. Wang & J. Munday (eds.). *Advances in Discourse Analysis of Translation and Interpreting: Linking Linguistic Approaches with Socio-cultural Interpretation* [C]. New York, London: Routledge. 64–82.

[23] Pan, L. & C. X. Huang. 2021. Stance mediation in media translation of political speeches: an analytical model of appraisal and framing in news discourse [A]. In B. H. Wang & J. Munday (eds.). *Advances in Discourse Analysis of Translation and Interpreting: Linking Linguistic Approaches with Socio-cultural Interpretation* [C]. New York, London: Routledge. 131–149.

[24] Ping, Y. 2021. Representations of the 2014 Hong Kong protests in news translation: a corpus-based critical discourse analysis [A]. In B. H. Wang & J. Munday (eds.). *Advances in Discourse Analysis of Translation and Interpreting: Linking Linguistic Approaches with Socio-cultural Interpretation* [C]. New York, London: Routledge. 150-169.

[25] Qin, B. J. 2021. Reframing China in conflicts: a case study of English translation of the South China Sea dispute [A]. In B. H. Wang & J. Munday (eds.). *Advances in Discourse Analysis of Translation and Interpreting: Linking Linguistic Approaches with Socio-cultural Interpretation* [C]. New York, London: Routledge. 170–186.

[26] Wang, B. H. 2019. Discourse analysis in Chinese interpreting and translation studies [A]. In S. Chris (ed.). *The Routledge Handbook of Chinese Discourse Analysis* [C]. New York:

Routledge. 613 – 627.

[27] Wang, B. H. 2021. Presentation, re-presentation and perception of China's political discourse: an analysis about core concepts on the 'Belt and Road' based on a comparable corpus [A]. In B. H. Wang & J. Munday (eds.). *Advances in Discourse Analysis of Translation and Interpreting: Linking Linguistic Approaches with Socio-cultural Interpretation* [C]. New York, London: Routledge. 9 – 23.

[28] Wang, B. H. & J. Munday. (eds.). 2021. *Advances in Discourse Analysis of Translation and Interpreting: Linking Linguistic Approaches with Socio-cultural Interpretation* [C]. New York, London: Routledge.

[29] Wolf, M. (ed.). 2006. *Übersetzen — Translating — Traduire: Towards a 'Social Turn'?* [M], Münster, Hamburg, Berlin, Wien, & London: LIT-Verlag.

[30] Yu, H. L. & C. Z. Wu. 2021. Functions of the pronoun 'we' in the English translations of Chinese government reports [A]. In B. H. Wang & J. Munday (eds.). *Advances in Discourse Analysis of Translation and Interpreting: Linking Linguistic Approaches with Socio-cultural Interpretation* [C]. New York, London: Routledge. 85 – 105.

[31] 耿强，周知非，2023. 数字人文视域下《人民日报》(1949—1966)生产的中国翻译话语研究[J]. 外语电化教学，(1)：18 – 24＋107.

[32] 李桔元，李鸿雁，2014. 批评话语分析研究最新进展及相关问题再思考[J]. 外国语(上海外国语大学学报)，(4)：88 – 96.

[33] 刘禾，2014. 跨语际实践：文学、民族文化和被译介的现代性[M]. 北京：三联书店.

[34] 潘韩婷，2022. 翻译研究的语言学途径——从比较语言学到多模态话语分析[J]. 中国翻译，(1)：18 – 28＋187.

[35] 萨义德，2019. 东方学(第3版)[M]. 王宇根，译. 北京：生活·读书·新知三联书店.

[36] 田海龙，2017. 作为社会实践的翻译——基于批评话语分析的理论思考与方法探索[J]. 外语研究，(3)：60 – 64＋71＋112.

[37] 张美芳等，2015. 语篇分析途径的翻译研究——回顾与展望[J]. 中国翻译，(5)：25 – 32＋127.

（责任编辑　汪闻君）

《翻译研究》征稿启事

《翻译研究》是以翻译理论探索为主的学术出版物,由南京大学外国语学院主办,2023 年正式创刊,刘云虹教授担任主编,上海译文出版社出版,每年出版两辑。

南京大学外国语学院历史悠久,底蕴深厚。作为近代中国公立高等学校开办最早的外语专业之一,南京大学外语专业自创办起就倡导中西文化融通,促进中外文学、文化与思想的交流与互鉴,涌现出闻一多、吴宓、梅光迪、楼光来、柳无忌、范存忠、陈嘉、徐仲年、何如、张威廉等一大批知名学者,在翻译与跨文化研究方面引领全国潮流。改革开放以来,张柏然、许钧等教授在翻译实践、翻译研究、翻译人才培养等方面不断探索、不懈努力,取得斐然成绩,奠定了南京大学翻译学科的特色与优势。《翻译研究》的创办,正是为继承与发扬这一优良传统,为国内外有志从事翻译理论探索的研究者提供交流平台,推动中国翻译学科的发展。

《翻译研究》常设翻译观察、译论探索、译史研究、译家研究、文学翻译研究、译介与传播研究、术语翻译研究、翻译教学研究、翻译技术研究、学术访谈、书刊评介等栏目,实行编辑部初审、专家匿名外审、主编终审相结合的三审制度,欢迎广大学人来稿。来稿敬请遵循以下要求:

1. 仅接受研究性论文,不接受翻译实践或文学创作类稿件。

2. 论文须为首发,未在其他刊物、书籍和网络等媒体上公开发表过,每篇字数在 8 000—12 000 字为宜,长文不超过 15 000 字。

3. 来稿请提供中英文标题、摘要、关键词,如为各类基金项目阶段性成果,请提供项目信息。摘要 200—300 字为宜,关键词 3—5 个为宜。论文体例请参照本书及南京大学《外国语文研究》格式。

4. 本刊审稿时间为 3 个月,来稿超过审稿周期而未收到编辑部通知,可自行处理。对录用的稿件,本刊不收取任何形式的版面费。论文发表后,将寄送作者样书两册。

5. 来稿文责自负,严禁侵权与学术不端等行为。

6. 仅接受邮箱投稿,投稿邮箱为:nju_fyyj@163.com。请在邮件主题中注明"《翻译研究》投稿"。

图书在版编目(CIP)数据

翻译研究. 第四辑，翻译与文化跨域传播 / 刘云虹
主编. -- 上海：上海译文出版社，2024. 12. -- ISBN
978-7-5327-9766-0

Ⅰ. H059

中国国家版本馆 CIP 数据核字第 2024BL8350 号

翻译研究（第四辑）
翻译与文化跨域传播
刘云虹　主编
责任编辑/张颖　张嫣　　装帧设计/董茹嘉

上海译文出版社有限公司出版、发行
网址：www.yiwen.com.cn
201101　上海市闵行区号景路 159 弄 B 座
上海中华印刷有限公司印刷

开本 787×1092　1/16　印张 12.5　插页 2　字数 225,000
2024 年 12 月第 1 版　2024 年 12 月第 1 次印刷

ISBN 978 - 7 - 5327 - 9766 - 0
定价：68.00 元